Industrial Development and Empirical Research
under Resource and Environment Constraints
—— A Case Study of ShanXi Province

资源环境约束下
产业发展及其实证研究

——以陕西省为例

段 婕 ◎ 著

图书在版编目（CIP）数据

资源环境约束下产业发展及其实证研究——以陕西省为例／段婕著．—北京：经济管理出版社，2019.8
ISBN 978-7-5096-6611-1

Ⅰ.①资…　Ⅱ.①段…　Ⅲ.①环境资源—影响—产业发展—研究—陕西　Ⅳ.①F127.41

中国版本图书馆 CIP 数据核字（2019）第 101247 号

组稿编辑：任爱清
责任编辑：任爱清
责任印制：黄章平
责任校对：王纪慧

出版发行：经济管理出版社
　　　　（北京市海淀区北蜂窝 8 号中雅大厦 A 座 11 层　100038）
网　　址：www.E-mp.com.cn
电　　话：（010）51915602
印　　刷：北京虎彩文化传播有限公司
经　　销：新华书店
开　　本：720mm×1000mm/16
印　　张：15.75
字　　数：292 千字
版　　次：2019 年 9 月第 1 版　2019 年 9 月第 1 次印刷
书　　号：ISBN 978-7-5096-6611-1
定　　价：69.00 元

·版权所有　翻印必究·

凡购本社图书，如有印装错误，由本社读者服务部负责调换。
联系地址：北京阜外月坛北小街 2 号
电话：（010）68022974　　邮编：100836

前　言

改革开放 40 年来,我国充分发挥劳动力资源丰富和市场需求潜力巨大等优势,通过对内放权搞活和对外扩大开放,产业发展经历了由劳动密集型向技术密集型和资本密集型的巨大转变,产业发展取得了举世瞩目的成就。产业已经成为经济之本,科学总结改革开放 40 年来我国产业发展取得的成就和经验,准确把握前进道路上面临的问题和挑战,前瞻性地提出切实可行的对策措施,对推动我国产业转型升级、加快建设现代化经济体系、实现"两个一百年"奋斗目标,具有重大意义。改革开放以来的 40 年,既是我国产业规模和体量不断壮大、产业体系不断完善的 40 年,也是产业结构不断优化升级的 40 年。我国工业体系不断完善、门类齐全,钢铁、汽车、手机等 220 多种工业品产量居世界第一,2017 年,制造业增加值达到 24.3 万亿元。服务业快速增长,较好地满足了人民日益增长的消费需求。我国产业结构呈现由"二一三"向"二三一",再向"三二一"演变的趋势,2017 年三种产业结构比例为 7.9∶40.5∶51.6,第三产业占据国民经济半壁江山。新技术、新产业、新业态不断涌现,数字经济、平台经济、智能经济等新经济快速发展,产业结构加快从以劳动密集型消费品工业和原材料型重化工业为主,向以资本、技术密集型制造业和满足生产生活需要的现代服务业为主转型。我国先后设立经济技术开发区、高新技术产业园区、海关保税区等一批产业园区,集聚发展相关产业。截至 2017 年,我国已建成国家高新技术开发区 168 个、国家级经济技术开发区 219 个,加上各省、直辖市、自治区建立的各类产业园区,有效地推动了我国产业集聚发展,形成了一批在国内外有影响力的产业集群,"园区经济"和"块状经济"规模不断壮大、占比稳步提高,成为拉动国家和区域经济的增长点。产业深度融入国际分工体系,在众多工业制成品领域成为全球供应链不可或缺的重要环节,外资成为我国产业发展的主要推动力量,纺织、服装、玩具、电子信息产品等具有劳动密集比较优势的出口导向型行业获得快速发展。尽管我国在经济发展中取得了举世瞩目的成绩,产业规模和体量不断壮大、产业体系不断完善、产业结构不断优化升级。但产业发展受制于经济资源的约束,与发达国家相比较,我国在经济和产业发展中尚处于中低梯度发展阶段,尤其是制造业在世界价值链分工体系中依旧处于中低端。鉴于此,抓住机遇，如何利用已经积累的资源在新起点上推动产业高质量的发展，尤其是西部地区如何正确解决在资源约束条件下的产业发展，以及与区域经济的协调发展都显得至关重要。

从国内外产业发展的历史和实践来看，美国经济在"二战"后的发展依次经历了三个不同阶段，第一阶段是在 20 世纪五六十年代，美国经济持续快速发展，西南部地区繁荣。原因是美国占据了广阔的国际市场；大力发展科技教育，利用高新技术成果，改进传统工业生产技术，发展新兴工业和军事工业；政府加强对经济的调控，改善人民生活，创造比较有利的发展环境；加大了对教育和科学研究的经费投入，培养高素质人才，涌现出了许多高新科技成果等。第二阶段是在 20 世纪七八十年代，美国经济地位下降，经济发展受到限制，原因是经济发展弊端显露，受到经济危机的严重影响，美国债务增加，成为最大的负债国。第三阶段是在 20 世纪 90 年代后，美国经济稳定增长，进入新经济时代，原因是美国对社会经济进行了改革，加大发展教育、科技事业的力度，促进以信息产业为代表的高新技术的发展，完成了传统产业的技术改造等。

我国经济发展也先后经历了工业布局由沿海转向内陆、沿海地区率先发展、"四大板块"区域发展总体战略出台三个阶段。第一阶段是从新中国成立初期到改革开放前，是我国工业布局由沿海向内陆推进的阶段。1978 年，党的十一届三中全会提出我国当时区域发展战略要优先解决如何通过扩大开放加快发展的问题。第二阶段是从 20 世纪 90 年代中后期开始，针对地区差距带来的突出矛盾，中央适时对我国的区域发展战略进行了不断完善。1994 年国家颁布实施了"八七"扶贫攻坚计划，1999 年中央做出了实施西部大开发战略的决策，2003 年中央决定实施振兴东北地区等老工业基地的战略。第三阶段是 2006 年 4 月中央发布了《关于促进中部地区崛起的若干意见》。"十三五"规划纲要（草案）也特别提出，"以区域发展总体战略为基础，以'一带一路'建设、京津冀协同发展、长江经济带发展为引领，形成沿海沿江沿线经济带为主的纵向横向经济轴带，塑造要素有序自由流动、主体功能约束有效、基本公共服务均等、资源环境可承载的区域协调发展新格局。"在这些区域经济发展战略的引导下，我国提出"一带一路"倡议不仅促进周边国家的经济联系和经济发展，而且也顺应中国要素流动转型和国际产业转移的需要，有助于提高我国产业发展的国际竞争力，带动我国整体区域经济协同创新发展。

本书的完成是在前期一系列研究课题及其相关研究成果的基础上，以陕西省为例，采用理论分析与实证分析相结合、制度分析与计量分析相结合的方法，综合运用发展经济学、新制度经济学、协同学、计量经济学和统计学等多个学科的知识来研究新时期资源约束条件下的产业发展问题，并给出促进产业发展与区域经济协同发展的对策建议。全书共分为五个部分来研究。主要内容如下：

第一部分为优势产业选择与发展的实证研究。首先，在归纳总结国内外学者对优势产业研究的理论和方法的基础上，给出优势产业的内涵和特征分析，认为优势产业的选择需具备动态性、特色性、综合性、层次性的特点；具有较大的生产规模、劳动生产率高、处于产业生命周期的成熟期、有一定的产业关联度、有较高的产业增长率的突出特征。并以陕西省发展优势产业为例，认为发展优势产业不仅可以在资源约束条件下避免产业趋同，有效优化产业结构；而且有利于充分发挥自身的自然资源和区位优势，能够促进在更大范围上实现经济协调发展。其次，给出优势产业的评价原则、基准、模型，并构建西安市优势产业选择评价的指标体系。在此基础上，运用因子分析法对优势产业的选择进行实证研究。最后，给出优势产业的筛选结果，并以制造业为例，指出该产业发展中具有的明显比较优势和竞争优势，在此基础上给出产业发展的对策建议。

第二部分为基于资源环境约束下产业发展与主导产业选择的实证研究。本部分以资源环境约束为前提条件，明确主导产业选择的原则、条件和路径。在理论上丰富和发展了主导产业选择基准，对主导产业选择研究提供了借鉴；在实践上，随着资源的逐步耗竭和环境的日趋恶化，对区域经济的可持续发展带来了巨大挑战，尤其是资源型城市的转型已经迫在眉睫。而资源型城市的转型必须以本地区主导产业的转型与升级为基础，产业结构调整的重点在于由传统的能源主导"高碳型"产业调整为新兴的技术主导"低碳型"产业，这样不仅有利于提高能源利用效率，降低资源浪费，大力发展循环经济，而且有助于解决资源约束条件下的产业增长动力，以及当前所面临的全国性和区域性日趋严峻的环境污染和经济增长之间的矛盾问题。研究主要涉及四个方面的内容。首先，对主导产业的基本理论和主导产业选择基准进行综述，明确主导产业的概念、内涵、特征和意义以及主导产业的选择基准。其次，分析陕西省工业经济现状，提出工业经济发展所面临的问题和资源环境约束，同时也分析了陕西省工业主导产业的发展历程和当前政府对主导产业的发展政策。再次，构建资源环境约束条件下主导产业理论模型，提出发展循环型区域主导产业所要考虑的影响因素，选取指标形成了资源环境约束下主导产业选择基准框架，建立一套相对科学完整的区域主导产业选择指标体系。最后，选取陕西省2013年工业统计面板数据，采用因子分析和聚类分析的方法进行实证研究，并依据分析结果提出发展对策建议。

第三部分为高技术产业、传统产业与区域经济耦合协调度的实证研究。高技术产业对国家经济起到支撑作用和突破作用，尤其是我国当前处于整体经济转型的大背景下，高技术产业对经济发展的作用被提升到了一个新的高度。发展高技术产业是我国建设创新型国家，实现产业结构升级的必然选择。传统产业在过去

很长一段时间内是国民经济的主要支撑,但随着社会生产力的不断发展,部分传统产业已经呈现出无法适应经济大环境的状态,尤其是近年来信息社会的高速发展更是加剧恶化了传统产业的生存环境,传统产业要想继续生存并进一步实现发展,走以高技术驱动创新型的产业道路成为必由之路。本书从区域经济角度研究高技术产业、传统产业与区域经济之间的耦合互动性,以产业与区域间的耦合关系为分析纽带,探究高技术产业和传统产业的耦合关系,同时解决产业与区域经济之间的耦合问题。本部分的研究从系统论视角阐述了高技术产业、传统产业与区域经济之间的耦合关系,并将高技术产业、传统产业和区域经济视为三个独立的子系统,根据物理学中容量耦合的概念建立了三个子系统间耦合关系模型,并以陕西省为例,测算了高技术产业、传统产业与区域经济系统耦合度和耦合协调度。根据理论和实证分析结果对高技术产业、传统产业与区域经济耦合发展提出对策建议。

第四部分为高技术产业协同创新对西部区域创新影响的实证研究。高技术产业协同创新能够有效推动区域创新能力的提升,对区域经济发展具有重要的引领作用。近年来,虽然西部区域创新能力逐年增强,但是与东部相比仍有较大差距,对区域经济发展的带动作用也弱于东部,区域间差异明显。鉴于此,本书分析了西部高技术产业协同创新与区域创新现状,构建西部区域创新能力评价指标体系,基于空间计量视角,运用空间计量模型实证分析高技术产业协同创新对西部区域创新的影响机理,并针对西部区域创新中存在的问题,提出促进西部创新能力提升的对策建议。

第五部分为西部地区装备制造产业与生产性服务产业耦合发展的实证研究。本篇从"国家需求""区域需求""现实基础"三个维度提出西部装备制造产业与生产性服务产业耦合发展的两种方式。一方面,从空间逻辑和时间逻辑双角度综合研究两子系统的耦合度与协调度,通过对西部运输设备制造产业及软件与信息技术服务两产业的实证分析,表明两子系统处于低度耦合状态,协调度也较低;另一方面,通过 ADF 单位根检验和协整分析,说明所选数据的有效性,能够继续进行两子系统耦合。为了更好地实现产业间耦合互动、协调发展,在政府层面上需要正确引导,在产业层面上需要积极配合;双轮驱动,形成自上而下的良性的多种业态发展模式。

目 录

第一章 引 言 ... 1
    一、中国区域经济增长继续保持"西快东慢"态势 ... 1
    二、战略性新兴产业成为区域经济增长重要支撑 ... 1
    三、区域供给侧结构性改革深入推进 ... 2
    四、区域创新能力建设步伐加快 ... 2
    五、国家级新区对区域经济发展的引领作用逐渐显现 ... 2
  第一节 研究背景 ... 2
    一、信息技术的发展并未改变我国产业发展的粗放式经济增长方式 ... 3
    二、资源环境约束下产业发展需整体顺应经济社会发展需求 ... 3
    三、高技术产业与传统产业的协调发展是提升区域经济整体竞争力的有效途径 ... 4
    四、高技术产业是区域创新能力高低的重要体现 ... 5
  第二节 研究意义 ... 7
    一、理论意义 ... 7
    二、实践意义 ... 8
  第三节 基本概念的界定 ... 10
    一、优势产业的内涵及特征分析 ... 11
    二、主导产业的内涵及特征 ... 12
    三、高技术产业、传统产业、产业耦合的内涵 ... 15
  第四节 研究目的与方法 ... 16
    一、研究目的 ... 16
    二、研究方法 ... 16

　　第五节　基本框架 …………………………………………………… 17

第二章　文献综述 …………………………………………………………… 19
　　第一节　高技术产业、传统产业以及区域经济的研究 ………………… 19
　　　　一、国外相关研究综述 ……………………………………………… 19
　　　　二、国内研究综述 …………………………………………………… 21
　　　　三、文献评述 ………………………………………………………… 25
　　第二节　高技术产业与协同创新、区域创新的研究 …………………… 25
　　　　一、关于协同创新的研究 …………………………………………… 26
　　　　二、关于高技术产业协同创新的研究 ……………………………… 27
　　　　三、关于区域创新的研究 …………………………………………… 28
　　　　四、关于区域创新与协同创新的研究 ……………………………… 29
　　　　五、文献评述 ………………………………………………………… 30
　　第三节　装备制造业、生产性服务业研究 ……………………………… 30
　　　　一、装备制造业产业优化升级 ……………………………………… 30
　　　　二、装备制造业全球价值链攀升 …………………………………… 31
　　　　三、生产性服务业研究 ……………………………………………… 31
　　　　四、装备制造业与生产性服务业耦合研究 ………………………… 32
　　　　五、国内外研究现状评述 …………………………………………… 35
　　第四节　研究的基础理论 ………………………………………………… 36
　　　　一、产业发展理论 …………………………………………………… 36
　　　　二、系统论及协同学有关理论 ……………………………………… 37

第三章　优势产业选择与发展的实证研究 ………………………………… 41
　　第一节　发展优势产业的必要性 ………………………………………… 41
　　　　一、避免城市产业趋同，有效优化产业结构 ……………………… 41
　　　　二、充分发挥城市丰富的自然资源和区位优势 …………………… 41
　　　　三、促进城市在更大范围内实现经济协调发展 …………………… 42
　　第二节　优势产业的评价原则、基准、模型 …………………………… 42
　　　　一、评价的基本原则 ………………………………………………… 42
　　　　二、评价的基准 ……………………………………………………… 43
　　　　三、评价的模型设计 ………………………………………………… 43
　　　　四、评价的指标体系设计 …………………………………………… 43

第三节　优势产业评价的实证分析——以西安市为例……………… 46
　　　　一、原始数据的标准化处理…………………………………… 46
　　　　二、因子分析的检验…………………………………………… 46
　　　　三、求特征值…………………………………………………… 49
　　　　四、因子得分以及综合得分…………………………………… 50
　　　　五、基本结论…………………………………………………… 53
　　第四节　对具体制造业的测算过程……………………………………… 53
　　　　一、数据标准化处理…………………………………………… 54
　　　　二、因子分析的检验…………………………………………… 54
　　　　三、求特征值…………………………………………………… 57
　　　　四、因子得分以及综合得分…………………………………… 58
　　　　五、基本结论…………………………………………………… 61
　　第五节　优势产业发展现状分析………………………………………… 61
　　　　一、产业发展环境优势………………………………………… 61
　　　　二、高新技术产业的发展……………………………………… 64
　　　　三、装备制造业………………………………………………… 65
　　　　四、文化旅游业………………………………………………… 68
　　　　五、房地产业…………………………………………………… 71
　　　　六、金融业……………………………………………………… 72
　　　　七、信息传输、软件和信息技术服务业……………………… 74
　　　　八、建筑业……………………………………………………… 76

第四章　基于资源环境约束下产业发展与主导产业选择的实证研究 …………………………………………………… 78

　　第一节　陕西省工业经济发展问题分析………………………………… 78
　　　　一、陕西省工业主导产业发展历程…………………………… 78
　　　　二、陕西省工业经济发展现状………………………………… 80
　　　　三、陕西省工业经济发展中存在的问题……………………… 82
　　　　四、资源环境对陕西工业发展的约束………………………… 84
　　第二节　陕西省工业经济主导产业选择评价体系的构建……………… 85
　　　　一、工业主导产业选择评价体系的构建原则………………… 85
　　　　二、主导产业选择指标体系…………………………………… 86
　　第三节　陕西省主导产业选择的实证研究……………………………… 89

一、主导产业选择模型的确立 …………………………… 89
　　二、陕西省主导产业选择实证 …………………………… 91
第四节　基于资源环境约束下陕西主导工业产业选择的
　　　　实证分析 ……………………………………………… 100
　　一、影响因素 ……………………………………………… 100
　　二、基准分析 ……………………………………………… 102
　　三、实证分析 ……………………………………………… 104
　　四、基本结论 ……………………………………………… 105
　　五、资源环境约束下的陕西主导产业的最终确定 ……… 106
第五节　基于资源环境约束下发展陕西主导产业的对策建议 … 107
　　一、政府应充分运用宏观调控优化主导产业布局 ……… 108
　　二、探索产业转型新路径，促进主导产业向产业集群
　　　　方向发展 …………………………………………… 110
　　三、提高自主研发创新能力，探索循环型企业发展
　　　　模式 ………………………………………………… 113
第六节　基于资源环境约束下陕西主导产业的发展路径 …… 114
　　一、加大政府扶持力度，优化产业发展环境 …………… 114
　　二、积极发展循环经济，实现可持续性发展 …………… 115
　　三、推动产学研用联盟，完善技术创新体系 …………… 115
　　四、引导产业空间布局，提升产业集群效益 …………… 116
　　五、拓宽多元融资渠道，支持服务业重点领域加快
　　　　发展 ………………………………………………… 116

第五章　高技术产业、传统产业与区域经济耦合协调度的实证研究 …………………………………… 118

第一节　产业耦合、产业关联和产业融合之间的关系 ……… 118
第二节　高技术产业、传统产业与区域经济耦合系统的
　　　　理论分析 …………………………………………… 119
　　一、系统耦合模型的理论框架 …………………………… 119
　　二、耦合系统协调发展内涵分析 ………………………… 120
　　三、耦合系统协调发展的条件 …………………………… 121
　　四、耦合系统内部子系统的竞争与协同 ………………… 122
　　五、开放系统负熵流的引入 ……………………………… 123

六、耦合系统的发展周期 ………………………………… 125
第三节　三系统耦合理论的实证分析 ………………………… 127
　　一、指标选择与标准化 …………………………………… 127
　　二、指标体系的建立 ……………………………………… 129
　　三、指标的标准化 ………………………………………… 130
　　四、各子系统的发展水平评价值计算 …………………… 131
　　五、指标权重的确定 ……………………………………… 131
　　六、耦合协调度模型 ……………………………………… 132
第四节　耦合协调度的 BP 人工神经网络模型的构建与
　　　　因子贡献度计算 ……………………………………… 133
　　一、耦合协调度的 BP 人工神经网络构建 ……………… 133
　　二、因子贡献度的计算 …………………………………… 134
　　三、实证结果与分析 ……………………………………… 135
　　四、耦合协调因子贡献度实证结果与分析 ……………… 140
　　五、耦合协调值的模拟 …………………………………… 144
第五节　促进耦合发展的政策建议 …………………………… 146
　　一、政府区域调控政策 …………………………………… 147
　　二、高技术产业相关政策 ………………………………… 147
　　三、传统产业相关政策 …………………………………… 148
第六节　本章总结和展望 ……………………………………… 149

第六章　高技术产业协同创新对西部区域创新影响的实证研究 …………………………………………… 151
第一节　西部高技术产业协同创新的现状 …………………… 151
　　一、区域差距明显 ………………………………………… 152
　　二、省域效益不均衡 ……………………………………… 154
　　三、西部区域创新的现状 ………………………………… 155
　　四、区域创新能力逐年增强 ……………………………… 156
　　五、省域创新能力有待提升 ……………………………… 157
第二节　评价方法 ……………………………………………… 160
　　一、主观评价方法 ………………………………………… 160
　　二、客观评价方法 ………………………………………… 161
第三节　指标体系 ……………………………………………… 162

一、指标设计原则 …………………………………………… 162
　　二、指标体系建立 …………………………………………… 163
　第四节　实证结果与分析 …………………………………… 164
　第五节　高技术产业协同创新对区域创新的影响机理
　　　　　分析 ……………………………………………………… 168
　　一、高技术产业协同创新与区域创新的关系 …………… 168
　　二、高技术产业协同创新对区域创新的影响 …………… 169
　第六节　高技术产业协同创新指标的建立 ………………… 171
　第七节　高技术产业协同创新对西部区域创新影响的分析
　　　　　——基于空间计量模型 ……………………………… 172
　　一、空间关联的度量 ………………………………………… 172
　　二、空间计量模型的构建 …………………………………… 175
　　三、实证分析 ………………………………………………… 178
　　四、模型的选择与实证结果 ………………………………… 179
　第八节　提高西部区域创新能力的对策建议 ……………… 185
　　一、加大高技术产业投入，保障创新活动开展 ………… 185
　　二、协调经济资源，促进区域协调发展 ………………… 186
　　三、破除资源流动壁垒，促进资源有效流动 …………… 187
　　四、优化创新环境，加大政府支持力度 ………………… 188
　　五、加快协同创新平台建设，服务区域创新活动 ……… 189

第七章　西部地区装备制造业与生产性服务业耦合发展的实证研究 …………………………………………………… 190

　第一节　两系统耦合的理论分析 …………………………… 190
　　一、两系统耦合类型分析 …………………………………… 190
　　二、两系统耦合特征分析 …………………………………… 191
　　三、两系统耦合条件分析 …………………………………… 192
　　四、两系统耦合要素分析 …………………………………… 193
　　五、两系统耦合发展过程 …………………………………… 194
　　六、两系统耦合作用力 ……………………………………… 195
　　七、两系统耦合理论模型 …………………………………… 197
　第二节　两系统耦合发展的实证分析 ……………………… 198
　　一、指标体系的构建 ………………………………………… 198

二、评价指标二次筛选 …………………………………………… 201
三、指标权重计算 ………………………………………………… 205
四、综合指标评价（产业发展水平评价）………………………… 206
五、耦合协调度测算——以西部运输设备制造业与
软件信息技术服务为例 ……………………………………… 208
第三节　两系统耦合发展方式与对策 ……………………………… 217
一、总体思路 ……………………………………………………… 217
二、耦合发展方式 ………………………………………………… 218
第四节　对策建议 …………………………………………………… 220
一、政府层面 ……………………………………………………… 220
二、产业层面 ……………………………………………………… 221

参考文献 …………………………………………………………… 223

后　记 ……………………………………………………………… 236

第一章 引 言

产业高质量发展是构建现代化经济体系的基本命题,是产业迈向中高端,在更宽领域、更深层次的实现与升华。评价一个经济体的产业发展质量,大体可以从供给结构、生产效率和价值创造三个维度展开。其中,供给结构包括产业结构和产品结构,体现供给与需求之间的适配性;生产效率包括要素效率和组织效率,体现产业体系的整体有机性;价值创造包括产品和服务附加值,体现生产活动的创造性。产业高质量发展,是发展方式、结构、动力的多重转向,是结构高级化、效率最佳化和价值最大化三者的有机统一。目前,我国产业发展质量不高,虽然部分行业已经接近或赶上国际领先水平,但整体仍处于产业链、价值链中低端,核心竞争力不强,与发达国家差距依然明显。

随着区域发展总体战略的深入实施,我国区域经济发展呈现区域经济增长分化态势加剧、新兴产业日益成为我国经济稳增长的重要支撑、区域供给侧结构性改革深入推进、区域创新能力建设步伐加快,国家级新区对区域经济发展的引领作用呈现五大新态势:

一、中国区域经济增长继续保持"西快东慢"态势

近年来,受国际市场需求低迷及国内经济发展转型综合影响,我国区域经济分化加剧。一方面,经济结构调整步伐加快,产业发展基础较好的省份经济发展势头良好;另一方面,重工业及资源型产业比重较大的省份因产业结构单一,在"去库存""去产能"背景下,经济发展的下行压力加大。区域经济增长格局仍延续"西快东慢"的分化态势。近几年东部省份多以发展外向型经济为主,受全球经济发展低迷的影响,经济增速有所下降;西部地区经济增长速度在2013年之前一直保持两位数增长,但生产总值增速继续处于"四大板块"首位。

二、战略性新兴产业成为区域经济增长重要支撑

2010年,中国战略性新兴产业产值为1.64万亿元,占GDP比重为4%,

2015年增长到 5.41 亿元,占 GDP 的比重达到 8%。2015 年以来,我国战略性新兴产业中有 27 个新兴产业保持较快增长,对区域经济的支撑作用日益增大。新兴产业引领支撑优势凸显,高技术产业投资带动作用突出。

三、区域供给侧结构性改革深入推进

2016 年,中国多个省市相继制定了供给侧结构性改革的综合方案与专项方案。其中,东北地区在"去库存""去产能",优化企事业机构软环境"补短板"等方面进展顺利;东部地区供给侧改革以新兴产业培育与创新驱动为要点,中、西部地区以"去产能"为突破口,均取得相应成效。

四、区域创新能力建设步伐加快

创新创业资源集聚区域,在国家"双创"政策的引导下,加速构建创业创新生态。随着创新驱动战略的深入实施,新产业新业态蓬勃发展,成为区域经济转型的新动力。例如,3D 打印、云计算、大数据等新技术产业化发展迅速,互联网金融、移动医疗、互联网教育等新业态加速发展,生物医药、节能环保、新能源等新兴产业持续发展。

五、国家级新区对区域经济发展的引领作用逐渐显现

国家级新区在我国区域的分布为:东部地区七个、中部地区两个、西部地区六个、东北地区三个。大多数新区成立后,GDP 呈快速增长趋势,例如,天津滨海新区 GDP 占天津的比重达 56.2%;同时,国家级新区也成为区域财政收入的主要来源;例如,2015 年浦东新区实现税收收入 2658.1 亿元,占上海市税收总量(不含证交印花税)的 26.9%。

本书就是在基于产业发展和区域经济发展两个系统之间的协同发展基础上研究产业选择与产业发展,并以陕西省为例进行分析研究。

第一节 研究背景

产业发展和区域经济发展两个系统都离不开资源支撑,然而资源优势逐渐稀

缺，尤其对于西部地区来说，资源稀缺性体现得尤为突出。本书的研究主要是围绕新时期我国经济发展中面临资源约束条件下的背景，具体如下：

一、信息技术的发展并未改变我国产业发展的粗放式经济增长方式

近年来，随着信息技术的迅速发展，经济全球化浪潮的逐步加深，世界经济新一轮产业结构调整和转移呈现高速发展的态势，世界各国围绕如何更加广泛地参与国际竞争、迅速占领国际市场，纷纷从产业发展角度出发，着力打造自己的主导产业。我国自改革开放以来，顺应国际经济全球化的趋势，实现了经济快速增长与产业结构调整的同步进行。我国早在"九五"计划及未来长远规划中就提出要着力振兴机电、石化、汽车及建筑四大支柱产业，各地方政府也纷纷选择和培育自己的区域主导产业，促进了经济的迅速发展和转型。然而，由于多年来经济的高速增长，资源能源消耗和污染排放大量增加，导致煤、电、油运的全面紧张，然而"高增长、高能耗、高排放、不协调、难循环、低效率"的粗放式经济增长方式并未根本改变。

二、资源环境约束下产业发展需整体顺应经济社会发展需求

面对国际信息科技技术的迅速发展、经济全球化浪潮逐步深入、世界经济新一轮产业结构调整和转移加速、区域性资源环境气候迅速恶化的经济背景，我国"十二五"发展规划把提高产业自主创新研发能力、转变经济发展方式、调整产业结构和加快建设资源节约型、环境友好型社会作为今后经济发展的目标和方向。党的十六大提出要走出一条科技含量高、经济效益好、能源消耗低、环境污染少、人力资源优势得到充分发挥的新型工业化道路；党的十七大提出依靠科技创新推动产业升级和健全节能减排激励约束机制，遵循减量化、再利用、资源化的原则，以提高资源的投入产出效率为手段，积极推进生产、流通、消费各环节全面实现物质资源的闭路循环和能量功能的梯次利用，加快构建基于企业、产业、区域三个层次之上、覆盖全社会的生态循环网络体系；党的十八大提出坚持节约资源和保护环境的基本国策，坚持以节约优先、保护优先、自然恢复为主的方针，着力推进绿色发展、循环发展、低碳发展，形成节约资源和保护环境的空间格局、产业结构、生产方式、生活方式，从源头上扭转生态环境恶化趋势，为人民创造良好生产生活环境，为全球生态安全做出贡献；党的十九大提出，我们

要建设的现代化是人与自然和谐共生的现代化，既要创造更多物质财富和精神财富以满足人民日益增长的美好生活需要，也要提供更多的优质生态产品以满足人民日益增长的需要。必须坚持节约优先、保护优先、自然恢复为主的方针，形成节约资源和保护环境的空间格局、产业结构、生产方式、生活方式，还自然以宁静、和谐、美丽。

三、高技术产业与传统产业的协调发展是提升区域经济整体竞争力的有效途径

近年来，世界经济整体保持低速增长，欧美主要国家先后调整科技和创新战略投资方向，集中有限资源发展高技术、高附加值产业。事实上世界各国早在20世纪80年代就意识到高技术产业的发展是未来经济发展的主要力量。在1985年，具有高技术性的"尤里卡计划"在西欧18个国家内共同设定。在1993年由美国提出先进制造技术计划（AMT），随后在1996年和2006年又相继提出美国先进制造技术发展重点计划和美国竞争力计划。2008年法国提出了《2012年数字法国五年计划》和《信息社会行动计划》，旨在利用数字化高技术推动法国工业经济发展，不断促进社会经济向前发展。在2013年德国为促进新工业进程以及进一步提高德国工业智能化水平，开始推行"工业4.0"科技策略计划。

为紧跟高技术产业国际发展的大趋势，国内在1986年及1988年逐步实施了"863计划"及"火炬计划"，并有效地推进了高新技术产业开发区的建设，使我国高技术产业得到了迅猛发展。在2015年的国家"十三五"规划方案提议中，进一步提出"支持战略性新兴产业发展，发挥产业政策导向和促进竞争，更好地发挥国家产业投资引导资金作用，培育一批战略性产业"的政策方案。可见加速发展高技术产业并充分发挥其对经济增长的支撑作用和突破作用，是国内促进创新性发展策略，迈向产业结构升级的必然之路。同时也指出要"增强发展协调性，必须坚持区域协同、城乡一体、物质文明精神文明并重、经济建设国防建设融合，在协调发展中拓展发展空间，在加强薄弱领域中增强发展后劲"。尤其在国内经济增长提升速度不高的情况下，需要进一步优化产业结构，大力培育高技术产业，有效提升高技术产业及传统产业在不同地区内共同协调发展，成为优化产业结构促进经济增长的重要内容。目前世界部分发达国家高技术产业已经较为成熟，高技术产业在其经济体系中占有重要地位，对经济发展的有效拉动作用十分显著。我国作为发展中国家，高技术产业还处在起步阶段，还不足以支撑经济的快速发展，但近年来高技术产业的发展已经取得了一系列的成就。例如，已经建立了较为完整的高技术产业门类，涵盖了航空、能源、新材料、电子信息、生

物、核能、地球、空间与海洋开发等一系列完备的工业部门，取得了许多辉煌成就，例如，3D打印技术、量子计算机、空间探测器等。

国内西部地区所占人口数量为总人数的27%，对国内经济发展具有非常重要的影响。历经多年，西部地区已形成了规模庞大的传统产业，高技术产业也具有一定的发展规模。尤其以陕西省为代表，高校和科研机构的创新成果数量明显增加，高技术对传统产业的影响也逐渐明显。引导陕西省区域经济内部高技术产业与传统产业的协调发展，形成相互关联、相互带动的区域经济发展模式，成为西部地区提升区域经济整体竞争力的有效途径；形成高技术产业以传统产业为发展基础，在改造传统产业的同时大力发展高技术产业，两产业协同并进同时带动区域经济发展，区域经济为高技术产业与传统产业提供基础保障的耦合协调发展模式，符合国家"十三五"整体发展目标，同时对我国西部地区产业结构升级，促进经济转型具有重大作用。

四、高技术产业是区域创新能力高低的重要体现

创新是一个民族进步的灵魂，也是国家兴旺发达的不竭动力。国家创新系统的重要组成部分——区域创新系统是国家经济发展、创新竞争力的重要基础，提高区域创新能力、创新水平是推进区域经济发展的一条重要途径，也是国家战略发展的需要。在党的十八大报告中明确提出："科技创新是提高社会生产力和综合国力的战略支撑，必须摆在国家发展全局的核心位置"，并且强调要坚持走中国特色自主创新道路、实施创新驱动发展战略。习近平总书记在党的十九大报告中指出，"要贯彻新发展理念，加快建设创新型国家"，报告中指出，"创新是引领发展的第一动力，是建设现代化经济体系的战略支撑"，由此可以看出创新在国民经济发展中占据了越来越重要的地位。

《国家中长期科学和技术发展规划纲要（2006～2020）》明确指出，"要打造中国特色的国家创新体系，现阶段的重点是建立以企业为创新主体的产、学、研协同创新体系，实现企业与高校、科研机构的有机结合"。习近平总书记在党的十九大报告中指出，"要实施区域协调发展战略，加大力度支持革命老区、民族地区、边疆地区、贫困地区加快发展，强化举措推进西部大开发形成新格局，深化改革加快东北等老工业基地振兴，发挥优势推动中部地区崛起，创新引领率先实现东部地区优化发展，建立更加有效的区域协调发展新机制。"由此可见，从大到整个国家层面来讲区域间要协同发展，小到每个产业方面也要协同发展，才能共同促进国家创新能力的提升。按照国家统计局分类标准将我国划分为四大经济地带：东部地区、中部地区、西部地区和东北地区，其中西部地区包括贵

州、四川、云南、重庆、广西、甘肃、青海、宁夏、陕西、西藏、新疆、内蒙古十二个省、自治区和直辖市，土地面积 681 万平方公里，占全国总面积的 71%；人口约 3.9 亿，占全国总人口的 29%，历经数年西部大开发战略，西部高技术产业也具有一定规模，对经济的影响力越来越大。在西部地区中，以陕西省为例，高校、科研机构创新成果显著，创新能力逐年提升。从《中国区域创新能力监测报告》中得知，近年来，在西部地区中，尽管陕西省、四川省、贵州省的创新能力排名不断上升，但是与东部地区的相关省份相比创新能力仍然较弱，地区之间分化趋势开始显现。根据《中国区域科技创新评价报告（2016~2017）》统计，2016~2017 年度北京市、上海市、天津市等地的区域科技创新水平已经达到了 80% 以上，西部地区大多省份（市、自治区）的综合科技创新水平值均低于全国平均值 67.57%，创新水平远远低于东部地区；而且西部地区各省份（市、自治区）科技促进经济社会发展的水平值均低于全国平均水平，仅有陕西省科技创新环境指数、科技活动产出指数，四川省、贵州省、广西壮族自治区的高技术产业化指数高于全国平均值。可见，西部区域科技与经济社会发展并不协调。

　　高技术产业以其科技含量高、市场潜力大、产业关联度高、附加价值高、污染程度低等优势吸引各国争先发展高技术产业，并对各国经济、政治、文化、军事等的影响程度越来越高。高技术产业作为一国科技实力的重要体现，是现代社会生产力发展水平的最高体现，目前已经成为我国和地区战略先导产业，日益成为国家经济发展新的增长点。从微观层面来看，高技术产业是区域创新能力高低的重要体现，在国民经济中占据重要地位，可以推动我国经济由"投资驱动"型向"技术驱动"型转变，也是提高经济效益、经济高质量发展的重要途径。但从宏观层面来看，我国高技术产业处于起步发展阶段，同时我国高技术产业发展存在地域资源分布不均匀、区域差异明显等问题。从《中国高技术产业统计年鉴（2016）》中得知，2016 年我国高技术产业有效发明专利数为 31.67 万件，占比高达 22.9%。高技术产业不仅可以推动国民经济的增长，而且还可以推动区域创新，进而提升区域的创新能力。对于西部地区来说，要提高创新能力，提高创新对经济发展的贡献度，最重要的是要提高高技术产业整体发展水平。从《中国区域科技创新评价报告（2016~2017）》统计得知，西部地区大多省份（市、自治区）高技术产业化水平高于全国平均水平，但高技术产业化效益要低于全国平均水平。对于高技术产业来说，要想摆脱这种困境，协同发展是重要的手段。高技术产业作为战略性先导产业，在发展过程中只有将其内部与外部资源有效协同，才能发挥协同创新效应，推动区域创新能力的提升，实现区域间协调发展。

　　基于此，本书在资源约束条件下对以高技术产业等为主的支柱产业的发展与路径选择进行研究具有重要的理论意义和实践价值。自改革开放以来，我国经济建设重心一直在东部沿海地区，西部地区发展相对落后，东、西部经济发展水平差距逐渐加大。国内西部地区对于我国综合国力发展具有战略性作用，同时也是国家经济发展不可缺失的重要地区。随着"一带一路"倡议的持续推进，作为"丝绸之路"起始位置的陕西省也迎来了前所未有的发展机遇。目前，我国正处于经济转型升级的关键时期，陕西省面临着经济转型的压力，对传统产业进行技术改造和对高技术产业培育扶持问题亟待解决。同时，本书基于空间计量视角，实证分析高技术产业协同创新对西部区域创新的影响，通过理论分析与实证研究找出影响西部区域创新的产业因素，通过高技术产业协同创新的提升带动西部区域创新绩效值的增加，并提出提升西部区域创新能力的对策建议。最后，随着科学技术的日益发达，创新已经推动一国经济发展的不竭动力。区域创新能力、创新水平不仅是区域科技水平的重要体现，同时也是国家实施区域创新发展战略、区域协调发展战略的重要保障。研究高技术产业协同对西部区域创新的影响，为国家实行区域协同发展战略、实现区域间协调发展提供新的思路，为提高西部区域创新能力寻找切实可行的路径。因此，本书研究高技术产业协同创新对西部区域创新的影响，在理论上和实际上均具有相当重要的意义。

第二节 研究意义

一、理论意义

1. 以西安市为例

以西安市产业为分析样本，进行优势产业筛选及发展研究，具有重要的理论意义和现实价值。

首先，完善区域城市优势产业的判别标准。目前对区域优势产业的理论研究还很有限，优势产业的判别方法、标准不统一。从现有文献和资料分析来看，绝大部分研究主要集中于主导产业和支柱产业，对西安市优势产业研究并不多见。在分析方法上，一般以定性分析为主，定量分析指标体系较为单一化。

其次，构建西安市优势产业选择体系，以丰富区域城市产业发展理论为主，探索区域城市优势产业选择遵循的基本原则，构建包括区域城市优势产业测度、城市优势产业比较、优势产业评价、优势产业调控等环节的区域城市优势产业选择体系，对区域城市优势产业研究是一个有益的补充发展。

最后，探索西安市产业发展与区域环境、产业基础、产业生产效率等因素的匹配，丰富区域城市优势产业发展对生态环境适应性的相关理论。

2. 根据罗斯托的理论

不同的经济发展阶段主导产业不同，在不同指标约束下，区域主导产业选择也会不同。到目前为止，国内外学者对区域主导产业选择基准的研究只是停留在最普遍的研究基准之上，从而忽略了不同区域要素禀赋及约束条件会有很大的差异，虽然日本在其发展经济的过程中提出了"环境与就业基准"规定，但它不能进行精确的定量描述，也并不能准确反映出社会现实的发展要求。现今社会，资源和环境的承载压力与人口迅速扩张、城市化加速推进之间的矛盾越来越激化，如何把资源环境约束加入区域主导产业的选择研究当中已经成为当下学者们研究的重点。本书将资源环境作为一个新的变量加入选择模型当中，使研究更加注重区域实际情况，对主导产业内涵、选择原则和指标体系进行重新研究。进而可以丰富和发展区域主导产业选择理论，并对各区域主导产业选择提供理论借鉴。

3. 立足于陕西省经济发展

本书研究以产业经济学与区域经济学为基础，借鉴物理学中耦合概念，从中观层面考察高技术产业、传统产业与区域经济间的耦合协调发展情况，以陕西为例，系统地对产业耦合协调发展机制进行分析、协调程度进行比较，同时找出对高技术产业、传统产业与区域经济耦合产生重大影响的因素。弥补相关研究仅单一考察高技术产业与传统产业的不足，深化对高技术产业、传统产业与区域经济协调发展的认识。

4. 结合国内外相关理论

本书在对国内外相关研究总结和分析的基础上，对关于协同创新和区域创新的相关研究文献进行了梳理分析，厘清在这一领域研究的现状以及不足之处。在协同学、技术创新、区域创新理论方面分析了高技术产业协同创新对西部区域创新的影响机理，基于空间计量视角构建空间计量实证模型进行实证分析。本书从空间计量视角出发，补充了现有对区域创新绩效研究忽略空间因素的不足，为西部区域创新能力的提升提供新的思路以及一定的理论支撑。

二、实践意义

1. 在新常态下

如何调整经济发展方式，促进产业结构优化升级，使经济发展向效率型集约（型）转变是各地政府实现经济健康发展所要考虑的首要问题。高技术产业作为资源、能量消耗少，知识、技术密集性高，研发投入大的产业，具有智力性、创新性、战略性和污染低等独特优势，在促进产业结构调整和升级、转变经济发展方式、增强经济竞争力、提高劳动生产率和经济效益等方面发挥着重要的作用。本书运用统计分析方法对我国西部区域创新绩效值进行测量，就高技术产业协同创新对西部区域创新的影响进行空间计量回归分析，这有利于了解西部各省（市、自治区）的协同创新以及区域创新水平，对相关政策的制定和实施具有参考作用。分析空间要素对区域创新绩效的影响，为区域内政府制定政策提供新的思路；政策的制定不仅要考虑本区域的影响，也要考虑到其他区域对本区域的影响。目前我国区域间发展不协调，东部、中部、西部发展不平衡问题日益突出，本书在分析高技术产业协同创新、西部区域创新现状的基础上，分析西部创新能力不足的原因以及问题所在，这对于提高区域创新能力、实现区域间协调发展、实现国家自主创新以及建设创新型国家具有重要的现实意义。

2. 在实践上

随着资源的逐步耗竭和环境的日趋恶化，资源环境约束日益严重，对资源型城市的可持续发展带来了巨大挑战，资源型城市的转型已经迫在眉睫。而资源型城市的转型必须以产业结构转型为基础，产业结构调整的重点在于本地区主导产业的转型与升级，使其由传统的能源主导"高碳型"产业转换为新兴的技术主导"低碳型"产业，这样做不仅有利于提高能源利用效率，降低资源浪费，大力发展循环经济，而且还有助于解决资源约束条件下的产业增长，以及解决所面临全国性和区域性日趋严峻的环境污染和经济增长之间矛盾的重要问题。本书从资源环境约束角度出发，对陕西省主导产业选择进行研究具有重要的意义。

（1）本书丰富和发展了主导产业选择基准，对主导产业选择研究提供了借鉴。主导产业的选择结合"比较优势及非均衡增长"理论、"发展极"理论和"经济增长阶段"理论以及"主导产业选择基准"理论，是近年来区域经济学家、产业经济学家和发展经济学家共同研究的热点。传统的主导产业选择理论大多集中于对主导产业选择基准的研究，使主导产业选择的基准范围不断拓宽，并没有形成一套公认完整的选择准则。本书以资源环境为约束条件，明确主导产业选择的原则、条件和路径，缩小主导产业选择基准的范围，为在资源环境约束下进行区域主导产业选择提供了理论依据。

（2）本书建立资源环境约束下主导产业选择优化模型并进行实证分析，为区域主导产业选择提供依据。资源的逐步耗竭，环境的日趋恶化，就业压力的大幅增加，给陕西省可持续发展带来了巨大挑战，面对日益严重的资源环境约束，传统的能源主导"高碳型"产业转换为新兴的技术主导"低碳型"产业已经迫在眉睫。本书以资源环境指标为约束条件，依据资源环境双约束下主导产业选择

"五基准",建立主导产业优化选择模型,遴选出资源约束下陕西省主导产业,并就如何促进陕西省主导产业更替与发展、合理配置资源、发挥经济优势,为促进陕西省经济的科学和谐发展提出了建议。

(3)"一带一路"倡议和国家"十三五"等有关内容对于促进国内西部区域发展具有非常大的影响,本书通过对高技术产业、传统产业与区域经济系统耦合度与耦合协调度的系统研究,深化对其耦合关系的研究,对提升陕西省高技术产业和传统产业的发展水平具有一定的指导意义,同时对调节区域内部产业结构,进一步促进经济发展具有重要意义。

(4)为地方产业结构调整找到突破口。调整产业结构是实现产业现代化发展的重要途径。研究区域城市具有比较优势的产业,并以此为主导产业和支柱产业,重点发展,营造产业竞争优势,优化城市产业结构,为西安市产业结构调整找到突破口,对促进西安市经济社会发展具有重要的现实价值。特别是在"一带一路"倡议下进行优势产业的研究,对于西安市寻找经济发展的途径,推进"一带一路"战略建设也具有现实价值。同时,也为地方优化产业布局提供科学依据。寻找优势产业发展,实行科学布局,分步实施,对于做到适应性强、有特色、有龙头、有品牌、有技术支撑体系、有社会化服务网络、有效益、有市场竞争力具有现实意义。为西安市优势产业布局提供科学依据,力求充分整合区域资源优势,按照区域优化布局、专业化生产和产业化经营的原则;同时推动优势产业向优势区域集中,特色产业向规模效益集约,支柱产业向品牌效应发展,初步形成各具特色且具有综合竞争力的主导产业布局。为提高地方产业竞争力,提高产业效益,加快经济发展提供途径。由此可以突出区域特色,优化区域城市布局,逐步培育发展优势产业,建立一批资源转化型的龙头企业,进而带动相关产业的发展,推动西安市城市经济结构的调整。

第三节 基本概念的界定

从产品的相似性角度来看,产业是指同类产品及其可替代品的总和。从生产的角度来看,产业是指同类产品及其可替代产品的生产活动的总和;从经济实体的角度来看,产业是指生产和经营同类产品及其可替代产品的企业的总和。产业的实质含义是同类产品及其可替代产品的总和。产业有多种分类方法,有按社会再生产两大部类划分法,有按农、轻、重的部门划分法、按统计口径标准划分法,还可以按生产结构、生产要素密集程度、经济活动性质等划分。一般而言,最重要的是三次产业分类法,第一次产业是以自然资源为劳动对象的产业,主要是农业、矿业及采矿业,我国第一产业泛指农业,包括农、林、牧、渔业;第二产业是以第一产业的产品为劳动对象的加工和再加工业,主要是农副、土畜产加工、矿产品原料加工、工农业半成品再加工以及建筑业。第三产业是为第一、第二产业生产服务和为人民生活服务的产业,该产业所涉及的门类广、行业庞杂。在实际应用中,各国对第一、第二、第三产业的具体内容还有细微的调整。

一、优势产业的内涵及特征分析

1. 优势产业

根据比较优势理论和竞争优势理论,综合考虑优势产业在地区经济中所起的作用,借鉴已有的相关论述,总结优势产业的内涵如下。优势产业是指以地区比较优势为基础,利用和发挥地区特色和有利条件,资源配置基本合理,资本营运效率较高、在一定空间区域和时间范围内有较高投入产出率,并能够体现、巩固和创立地区竞争优势的产业部门。

优势产业是比较优势和竞争优势结合作用的产物。比较优势是形成优势产业的内在基础,有了比较优势才可能造成本地区的产品价格相对较低或形成产品异质,从而获得比较利益,形成优势产业。竞争优势是优势产业发展的外在体现。竞争优势表现为本地区产品占有稳定的消费市场,在与其他地区竞争中获得利益。

优势产业能够充分运用本地区的自然资源、劳动力资源、技术条件、区位条件,发挥本地区的特色和优势,因此,它排斥广泛空间上产业结构和产品结构的趋同性,更多的是一个地区的拳头产业、经济特色产业、优势产业中的重点产业及对地区经济有着至关全局的重要影响的产业,标志着本地区的经济特色和地区经济发展的方向。

优势产业具有动态性、特色性、综合性、层次性的特点。

2. 优势产业的特征

(1) 优势产业具有较大的生产规模。规模经济效益是竞争优势的首要特征,因为没有较大的生产规模,优势产业就不可能在地区之间的同一产业比较中具有竞争优势,因此,生产规模大是优势产业的重要特征之一。

(2) 优势产业的劳动生产率高。劳动生产率是形成绝对优势和比较优势的重要原因,也是优势产业的重要特征之一。

(3) 优势产业处于产业生命周期的成熟期及其附近。产业的生命周期分为进入期、成长期、成熟期、衰退期四个阶段。由于优势产业的规模大、效益好,必然处在生命周期的成熟期或成熟期附近。

（4）优势产业具有一定的产业关联度。产业关联是指产业之间存在经济技术的数量比例关系，主要包括产业之间投入产出、供给需求的数量关系，包括前向关联、后向关联和环向关联。所谓"产业关联度"，是指某一产业投入产出关系的变动对其他产业投入产出水平的波及和影响。前向关联度是指一个产业的发展向其他产业提供的中间产品占该产业产品总量的比重，后向关联度指一个产业使用的由其他产业提供的中间产品占该产业产出的比重。优势产业应具有一定的产业关联度，具有前向关联、后向关联和产业波及效应，进而带动地区经济发展。

（5）优势产业应该具有较高的产业增长率。因为优势产业有效地利用了地区的资源等有利条件，因此，优势产业应具备较高的增长率，具有良好的发展潜力，扶持得当的优势产业能够迅速提高和改善地区整体产业结构水平，是地区的一个规模增长点。

二、主导产业的内涵及特征

1. 主导产业的内涵

主导产业，顾名思义，就是在区域经济中起主导作用的产业。是指那些产值占有一定比重，采用了先进技术，增长率高，产业关联度强，对其他产业和整个区域经济发展有较强带动作用的产业。主导产业应该是能对较多产业产生带动和推动作用的产业，是前向关联、后向关联和旁侧关联度较大的产业。主导产业从量的方面来看，应是在国民生产总值或国民收入中占有较大比重或将来有可能占有较大比重的产业部门；主导产业从质的方面来看，应是在整个国民经济中占有举足轻重的地位，能够对经济增长的速度与质量产生决定性影响，其较小的发展变化足以带动其他产业和整个国民经济变化，从而引起经济高速增长的产业部门。

一般来讲，当一个国家或地区确定自己的主导产业时，往往不只是选择一个产业，而是几个产业同时发展，这几个产业都成为该国家或地区的主导产业。将产业划分为主导产业和非主导产业，可以通过研究主导产业的特点、主导产业与经济发展状况、经济社会环境等之间的关系，确定合理选择主导产业的原则和方法，从而为国家或地区制定产业政策、确定合理的产业结构、促进国民经济迅速、健康发展提供理论依据。一个国家或地区能否正确地选择主导产业并加以引导，对其能否以该产业带动其他产业的发展，实现经济的腾飞有着至关重要的作用。

本书认为所谓主导产业可以界定为：与经济发展阶段相适应，可以整合各项优势资源，引导产业结构调整和科技进步，推动经济迅速增长的特色产业或产业群。主导产业应具有以下三个方面的内涵：从产业的角度来看，主导产业表现为成长性好、关联性广、带动性高、导向性强的特征；从时间的角度来看，主导产业表现为生命周期特征，处于生命力最兴旺的时期，并随经济发展阶段的更替而演进发展；从空间的角度来看，主导产业与一定的区域相联系，可以充分发挥区域相对比较优势，是参与高层次区域分工与合作的显著表现。

2. 主导产业的特征

根据国内外主导产业的发展经验，以及上述对主导产业的认识，本书对主导产业的基本特征主要概括如下：

（1）主导产业具有更强的关联效应或扩散效应。扩散效应是与关联效应类似的概念，按照罗斯托的解释，扩散效应是三种效应：回顾效应、旁侧效应和前向效应的组合。扩散效应与关联效应的相同之处在于两者都是指一产业对其他产业发展的影响，不同之处在于关联效应对其他产业的影响是由于产业间的投入产出关系所引起的，它只取决于产业间的技术经济联系；而扩散效应对其他产业的影响则不仅可以由产业间的投入产出关系引起，还扩散到经济、社会等更广泛的领域。判断一个产业是否具有较强的关联效应或扩散效应，往往被认为是否成为主导产业的最根本的特征。

（2）主导产业能够创造新的市场需求。主导产业的动态变化意味着产业结构的升级与发展，而产业结构的变动又受制于社会的需求，一个主导产业只有创造出新的市场需求，才能满足结构变动的要求。当然这种需求可以是市场对该产业的直接需求，也可以是由主导产业所导致的间接需求。

（3）主导产业有较强的生产效率和盈利能力。主导产业能够迅速吸收先进的科学与技术成果，先进的科学技术本身就隐含着高的生产效率和盈利性，而这需要主导产业来转化，主导产业通过吸收先进科技成果，取得产业技术的进步，一方面，可以改变产业间的投入产出关系，进而影响其他产业的发展，完成带头作用的使命；另一方面，吸收先进的产业技术使主导产业本身获得产业扩张，产出增加，盈利性增强。

（4）主导产业存在一定的特定性。由于主导产业的存在及其作用会受特定的资源、制度和历史文化的约束，因此，不同的国家或同一个国家不同的经济发展阶段主导产业也是不一样的，它会受所依赖的资源、体制、环境等因素的变化而演替。例如，日本的主导产业演替顺序是：纺织工业→钢铁、机械、化学工业→汽车、家电工业→电子工业等高技术产业。

（5）主导产业具有序列演替性。由于主导产业能够诱发相继的新一代主导产业，因此，特定阶段的主导产业是在具体条件下选择的结果。一旦条件变化，原有的主导产业群对经济的带动作用就会弱化，从而被新一代的主导产业所替代。

（6）主导产业具有多层次性。由于发展中国家在产业结构调整和优化过程中，既要解决产业结构的合理化问题，又要解决产业结构的高度化问题，因此，处在战略地位的主导产业应该是一个主导产业群，并呈现多层次的特点，实现多重化的目标。

3. 主导产业选择的标准

选择主导产业部门目的是为了提高我国有限资源的配置效率，其前提条件是社会经济系统的状态是既定的，也就是说一国只能在一定的约束条件下，根据本国的具体国情，现实地选择某个阶段的主导产业部门。主导产业选择基准是主导产业内涵和特征的具体体现，国内外众多学者均就主导产业选择基准理论进行过深入而有益的探索。我国主要是以国外学者的观点为基础，结合我国国情及区域实际情况进行补充，从而形成独具特色的主导产业选择基准理论。

（1）国外主导产业选择基准理论的代表观点。主要有：①罗斯托基准，即扩散效应基准，主要反映产业的波及程度；②赫希曼基准，即产业关联基准，包括产业感应度系数和影响力系数，主要反映产业关联程度；③筱原三代平二基准，即需求收入弹性基准与生产率上升基准，主要反映市场的均衡程度及产业的创新水平；④赫克歇尔和俄林基准，即资源禀赋基准，主要反映国家或区域的要素密集程度；⑤钱纳里基准，即经济发展阶段基准，主要反映国家或区域的工业化水平；⑥李嘉图基准，即比较优势基准，主要反映产业的竞争力强度；⑦日本产业结构审议会二基准，即过密环境基准与丰富劳动内容基准，主要反映生态环境保护与就业问题的解决。

（2）国内主导产业选择基准理论的代表观点。主要有：①周氏三基准，周振华提出瓶颈效应、短缺替代弹性及增长后劲三基准，主要反映产业的产业摩擦、产业制约及产业潜力发挥程度；②周叔莲提出边际储蓄率基准，主要反映产业的收入积累程度。此外，众多学者从各自的研究角度，提出了多种不同的选择基准。例如，基于产业差异化的特色基准，基于产业创新程度的创新力基准，基于产业贡献程度的高附加值基准与高就业基准，基于产业竞争力的竞争力基准等均具有一定的理论与实践意义。

本书认为，主导产业的选择基准不应是单个孤立的指标，而应该是与主导产业选择理论相关联的有机体系，是主导产业选择原则的具体化、形象化。因此，应以主导产业选择的理论与原则为基础，结合区域经济特色、发展阶段、经济环境等实际发展情况，对主导产业选择基准进行综合确定。

三、高技术产业、传统产业、产业耦合的内涵

1. 高技术产业

参考《高新技术企业认定管理办法》和《国家高新技术产品目录》的相关规定,高技术产业所具备的八个基本特点:①具有高附加值性;②资本密集性;③技术及知识具有密集性;④带动性及拉动性强烈;⑤产品生命周期短;⑥较强的风险资本依靠性;⑦高级人才需求强烈;⑧需求收入弹性较高。

本书将范围限定在医药制造业、航空航天器及设备制造业、电子及通信设备制造业、计算机及办公设备制造业、医疗仪器设备及仪器仪表制造业五大行业。基于此五个产业都具有高技术产业特征,并且基本涵盖了陕西省高技术产业,所以在本书中,将五大产业作为一个整体即高技术产业进行研究。在实证研究阶段,采取将五个产业数据线性加总的方式研究陕西省高技术产业整体是可行的并且符合本书的目的。

2. 传统产业

根据上文相关论述,传统产业是相对高技术产业来说的,其具有一定动态性,传统产业的内涵意义根据社会发展不断变更。由于各地区发展水平的差异,对传统产业的界定也会产生一定的差别,本书致力于研究陕西省传统产业,根据陕西省经济发展水平和实际情况,在第二产业中选取部分经济体量较大的非高技术产业作为传统产业的整体代表。本书将传统产业的研究范围限定在煤炭开采和洗选业,石油和天然气开采,石油加工炼焦及核燃料加工业,非金属矿物制品业,有色金属冶炼及压延加工业,电力、热力生产和供应业。此六个产业的工业总产值占陕西省工业总产值的50%以上,相对经济体量较为稳定,且具有技术含量较低、低附加值等传统产业基本特征。同样陕西省采取简单线性的方式将各产业有关数据进行加总来代表传统产业。

3. 产业耦合

耦合是物理学的相关概念,是指来自两个或两个以上的系统或运动方式之间通过各种相互作用而彼此影响的现象,是在各子系统之间的良性互动下,相互依赖、相互协调、相互促进的动态关联关系。在软件工程、通信工程以及机械工程中有广泛的应用,耦合的种类繁多,主要有多场耦合、能量耦合、数据耦合、标记耦合、控制耦合以及其他一些特殊耦合。近年来,耦合概念逐渐被推广到经济学领域,并且对其应用逐渐成熟,对其应用和相关概念延伸逐渐达成共识,尤其以系统论为基础的产业耦合理论被人们普遍接受。产业耦合是耦合概念在经济学中的具体应用,是指不同性质的两个产业系统,通过各自不同的耦合元素产生信

息的传递、能量的交换以形成相互作用、相互协调、相互促进的动态关联关系，彼此间相互影响。两个产业系统耦合形成的新系统通常具有开放性和动态性的特征，是一种开放系统，更注重产业间的关联，产业与所处经济大环境的能量交换。

第四节 研究目的与方法

一、研究目的

高技术产业对国家经济起到支撑作用和突破作用，尤其是我国当前处于整体经济转型的大背景下，高技术产业对经济发展的作用被提升到了一个新的高度。发展高技术产业是我国建设创新型国家，实现产业结构升级的必然选择。在过去很长一段时间尽管传统产业是国民经济的主要支撑，但随着社会生产力的不断发展，部分传统产业已经呈现无法适应经济大环境的状态，尤其是近年来信息社会的高速发展更是加剧恶化了传统产业的生存环境。传统产业要想继续生存并进一步实现发展，必须走以高技术驱动的创新型产业道路。我国地域广阔，从全国范围来研究高技术产业和传统产业不具有代表性，本书从区域经济角度研究高技术产业、传统产业与区域经济之间的耦合互动性，以产业与区域间的耦合关系为分析纽带，探究高技术产业和传统产业的耦合关系，同时解决产业与区域经济之间的协同创新发展的关系问题。

二、研究方法

本书综合运用高技术产业经济学、区域经济学、统计学以及系统工程学的基本理论和方法。具体方法有文献分析法、实证研究法、对比分析法。

1. 文献分析法

整合相关资料内容，对其相关内容进行系统分析，形成高技术产业、传统产业以及区域经济间耦合关系的初步认识，确定研究方向与研究问题。首先，本书根据对国内外相关文献的梳理，厘清国内外学者对高技术产业协同创新、区域创新以及高技术产业协同创新对区域创新影响的研究现状、进展以及不足之处，确定本书研究内容以及研究方向；其次，为建立高技术产业协同创新、西部区域创新评价指标体系，选取评价方法；最后，为分析高技术产业协同创新对区域创新的影响计量提供重要的理论依据。

2. 实证研究法

运用实证研究方法对我国高技术产业、传统产业与区域经济三系统之间的耦合关系进行验证，同时对三系统耦合度与耦合协调度进行预测分析。基于实证研究基础，对高技术产业、传统产业与区域经济间的耦合关系进行定性分析，根据实证预测结果对耦合度与耦合协调度未来发展趋势作出预测分析。此外，已有研究往往忽略空间因素，多使用普通面板数据进行回归分析。本书在研究高技术产业协同创新对西部区域创新影响时，依据相关理论基础，将空间要素引入模型中，使用空间计量经济学分析方法，建立空间自相关实证模型和空间误差实证模型对空间数据进行处理，弥补了现有研究的不足。

3. 对比分析法

本书研究立足于我国西部，对比分析了中西部地区以及西部地区不同省份间高技术产业协同创新水平、区域创新能力，通过对比分析，总结西部地区在创新发展过程中存在的问题与不足，为本区域制定相应的发展政策提供理论依据。

第五节 基本框架

本书的主要研究内容可以分为以下七章：

第一章：引言。主要说明本书的研究背景、研究意义以及本书涉及的研究主体的边界界定，并说明本书的主要研究方法和研究内容。

第二章：文献综述。本章主要从产业入手，给出本书研究主要问题涉及的国内外研究进展，为后续研究奠定理论基础。

第三章：优势产业选择与发展的实证研究。以西安市为例，阐述发展优势产业的必要性，给出优势产业的评价原则、基准、模型，并构建优势产业选择评价的指标体系。在此基础上，本项目运用因子分析法对西安市优势产业的选择进行实证研究，并根据研究的结论给出发展优势产业的对策建议。

第四章：基于资源环境约束下产业发展与主导产业选择的实证研究。以陕西省为例，资源的逐步耗竭，环境的日趋恶化，就业压力的大幅增加，给陕西省可持续发展带来了巨大挑战，面对日益严重的资源环境约束，传统的能源主导"高碳型"产业转换为新兴的技术主导"低碳型"产业已经迫在眉睫。本书以资源环境指标为约束条件，依据资源环境双约束下主导产业选择"五基准"，建立主

导产业优化选择模型，遴选出资源约束下陕西省主导产业，并就如何促进陕西省主导产业更替与发展、合理配置资源、发挥经济优势，促进陕西省经济的科学和谐发展提出了建议，为区域主导产业选择提供依据。

第五章：高技术产业、传统产业与区域经济耦合协调度的实证研究。首先，从系统论视角阐述了高技术产业、传统产业与区域经济之间的耦合关系，并将高技术产业、传统产业和区域经济视为三个独立的子系统，根据物理学中容量耦合的概念建立三个子系统间耦合关系模型，测算高技术产业、传统产业与区域经济系统耦合度和耦合协调度；其次，利用 BP 人工神经网络的动态适应性对影响耦合系统的动态因子进行分析，以相应的实证研究验证理论模型的适用性；再次，尝试利用 BP 人工神经网络的预测模型对耦合协调度的计算进行指标简化，体现其预测作用；最后，根据以上理论和实证内容对陕西省高技术产业、传统产业与区域经济耦合发展提出针对性的对策和意见。

第六章：高技术产业协同创新对西部区域创新影响的实证研究。从理论层面分析高技术产业协同创新对区域创新绩效的影响，分析了西部高技术产业协同创新与区域创新现状，构建西部区域创新能力评价指标体系，运用超效率 DEA 法测算西部 11 个省（市、自治区）的创新绩效。从协同创新人员投入、资金投入、物力投入、政府支持和市场环境五个方面阐述高技术产业协同创新对区域创新绩效的影响机理；根据空间计量理论建立空间计量模型，使用 stata 软件对高技术产业协同创新对西部区域创新的影响进行实证分析；针对西部区域创新中存在的问题，提出加大高技术产业创新投入、协调经济资源、破除资源流动壁垒、优化创新环境、加大政府支持力度、加快协同创新平台建设等对策建议。

第七章：西部地区装备制造业与生产性服务业耦合的实证研究。首先，从系统论角度出发，在社会经济产业发展过程中将西部装备制造产业与生产性服务产业视为两个独立的系统，结合产业发展理论和自组织理论等基础理论，同时借鉴物理学耦合的相关方法深入研究两系统耦合原理，其中包括耦合类型、特征、条件、要素、过程与作用力。其次，从时间逻辑与空间逻辑角度构建理论模型，为了实证研究的精准与客观，对原始数据先进行离差标准化，再进行效度检验；用主成分分析法对指标进行二次筛选，剔除冗杂指标，并测算指标的权重，再以西部运输设备制造产业与软件及信息服务为例，进行两子系统耦合度、协调度以及影响因素的实证测算。最后，基于实证研究结果给出两系统耦合发展方式与耦合发展对策，并提出相关建议。

第二章 文献综述

按照引言部分的分析，产业选择与发展，尤其是高技术产业的发展对传统产业和区域经济的协同发展发挥着巨大作用，特别是高技术产业、传统产业、区域经济之间的网络系统关系对协同创新发展有巨大的影响。本章主要介绍有关的基本理论及相关领域的研究进展，为后面的分析提供理论基础。

第一节 高技术产业、传统产业以及区域经济的研究

一、国外相关研究综述

国外对于高技术产业的研究主要集中在高技术产业内涵界定和划分、高技术产业生产效率以及高技术产业竞争力的提升方面。

1. 高技术产业的研究

（1）关于高技术产业内涵的界定研究。业内普遍性认为，高技术理念发源于美国，1971年，美国科学院在《技术和国家贸易》中提出高技术这一词汇；1981年，美国开始出现侧重于高技术的相关刊物；1982年，日本新闻类型及商务类型刊物分别发布了《日本的高技术》及《高技术》专题内容。随后的1983年，高技术这一词语被《韦氏第三版国际词典补充9000句》（以下简称《韦氏大词典》）采纳，并对高技术相关产业内容做出具体阐述，对高技术相关产业内容归属划分为两部分：①其专业技术职员占整体职工人数的40%~50%；②营销收入用于技术研发（R&D）投资额度比值应在5%~15%，两个百分比数值应比非高技术公司要高2~5倍。《韦氏大词典》内对于高技术的相关概念解释为"包括生产或使用先进或尖端设备的科学技术，特别是指电子学和计算机领域"，这是较早的关于高技术的定义，经过多年的发展，高技术的内涵显然不能仅仅用"电子学和计算机领域"

来概括。随着高技术产业的发展，虽然关于高技术产业内涵的界定观点逐渐增多，但是高技术产业作为现代社会的新兴产物，学者根据自身研究方向采用不同观察视角，对其含义也具有不同理解。美国专家 R. Nalson（1991）提出，高技术产业主要针对于研发密集型产业。J. Botkin 和 D. Dimancescu（1982）于《高技术》一文中阐述了关于"高技术产业"概念内容，主要依据高技术人员比例和销售收入中用于研究与开发的投资比例进行界定。台湾地区《国际贸易金融大辞典》中规定："高技术企业必须指利用电脑、超大型集成电路等最尖端科技产物为基础，并投入较高的研究开发经费，从事生产的智力密集型企业"，McQuaid 和 Langridge（1984）提出，高技术产业可以理解为生产高技术产品的产业，并不是单一利用高技术产品及相关生产流程。可见，高技术产品应该是相关产品系统，而不仅仅是整机。国际经济合作与发展组织（OECD）把研发（R&D）投资额度占据整体营销额度的比例数值超过一般产业平均水平的归属为高技术产业。

（2）关于高技术产业生产效率的研究。Jack E. Triplet（1996）对高技术产业生产率和 Hedonic 价格指数进行了有关效率的研究，文中实证部分采用来自企业的价格指数进行计算，但很多学者认为，来自企业价格指数并不可靠，价格指数准确程度必然影响到计算结果的准确性。Ellis Connolly 和 Kevin J. Fox（2001）等以澳大利亚为例，重点研究高技术资本投入对生产率的影响，仅考虑资本投入作为影响高技术企业生产率影响因素，显然不够全面。

（3）关于高技术产业竞争力问题进行的相关研究。国外对于高技术产业竞争力研究经验较多，如 Burton（1993）从政府制定政策角度，对美国高技术产业的竞争状况进行了理论分析。Merchant（1997）认为，政府制定的产业政策对高技术企业的影响重大。Porte 等（2002）比较了高技术产业竞争力指数、经过修订的高技术产业竞争力指数以及世界经济论坛给出的全球竞争力指数，对三个指标的差异进行了分析。Braddorn D. 和 Hartley K.（2007）采用劳动生产率、出口和销售相关利润率数值等指标内容，进一步对英国航空竞争力进行评估，结果显示英国航空产业竞争力处于提升期。

2. 传统产业的相关研究

事实上国外对于产业的研究文献大部分是以传统产业为研究对象的，所以传统产业相关文献十分庞杂。本书主要选择技术对传统产业发展影响方面进行简单梳理。国外早在 20 世纪 20 年代就意识到了高技术对传统产业发展具有重要影响，研究成果主要集中在高技术向传统产业扩散方面。人口统计学家 Peanl Ray Monel（1994）认为，技术的发展遵循"S"形曲线。美国 RazBarch（1979）将"S"形逻辑曲线应用于解释新技术向传统产业转移过程。Marazita（1991）对技术转移过程中影响技术向传统产业转移的因素进行了研究。Coates（1976）、

Northcott（1986）和 Sagawe（1996）等也对传统产业改造过程中高技术的应用案例进行了研究。总体上看，国外文献研究高技术对传统产业改造的相关研究中较为侧重具体案例的分析。

3. 高技术产业与传统产业的关系研究

我国和国外发达地区的国家产业发展历程存在着较大差异，通常来说，发达国家的传统产业发展历史较长，具有较高的发展水平，在传统产业的升级换代过程中，逐渐积累起较为明显的比较优势，而高技术产业作为新兴事物发展迅速，发达国家的高技术产业与传统产业之间存在的矛盾并不十分尖锐。在国内早期由于工业技术发展速度较慢，传统产业基础相对薄弱，并不利于高技术产业发展，在经济全球化与信息化的大背景下，只有协调产业发展关系，走高技术产业与传统产业相互促进、相互带动的道路，才能实现跨越式发展。因此，在一定程度上来讲，高技术产业与传统产业的协调发展也属于我国特有的问题。国外针对这一问题的研究十分稀少。但国外部分学者也略有涉及，例如，Osaka（2002）在对中国台湾地区纺织产业未来发展进行研讨过程中提出，在中国台湾地区纺织工业主要进行出口贸易，目前中国台湾地区工业能力下降的现象非常严重，中国台湾当局开始提出把纺织工业作为高新技术产业来促进其高技术发展。人们普遍认为，纺织产业属于传统产业内容。但是基于提升科技发展视角来观察，纺织工业可以作为特殊的高新技术产业进行独立性发展。Osaka 基于中国台湾纺织工业，提出传统型产业和高新技术产业具有不可分割性，并且可以互相转换，这一观点突破了过去对传统产业的认识。2002 年，Lexington 在国家经济发展策略一文中指出，政府对高新技术的财政支持，不是为了国家的今天，而是对国家明天的一种保证。Lexington 还提出，在注重发展高技术产业的同时还需要关注传统产业对促进就业方面的重大作用。哈佛商学院的 Mihcael Porter 在国家政府协会上提出，在 IT 及生物相关产业内就业人数数量较少，高技术产业就业人数占到总就业人数的 2.5%，因此在发展高技术产业的同时需要关注传统产业的发展。1998 年，Dallas 在研讨关于中国北京区域内高技术产业发展时提出中国应该注重提高技术创新性，发展高技术产业的同时，用传统产业来发展现代化。Dallas 提出中国在发展高技术产业与传统产业的过程中，需要以传统产业为基础，以高新技术产业为导向，促进经济发展。

二、国内研究综述

1. 高技术产业内容的划分研究

2008 年，国内科学部、财政部、国家税务总局共同颁布《高新技术企业认定管理办法》，对国内高技术公司的划定标准进行修正，内容主要涵盖如下六个方面：①国内注册的公司对其生产的主要商品需要具有核心知识技术产权；②具体产品或服务需要符合《国家重点支持的高新技术领域》的有关规定；③其主要任职人员受教育程度为专科以上人数占本年度员工比例的30%，相关技术研发人员占本年度员工总数的10%以上；④研发（R&D）的总额占营销收入总额度比值，依据各公司大、中、小分类，具体数值分别为6%、4%、3%；⑤高新技术产品或服务的总利润占公司本年度总收入比值高于60%；⑥企业研究开发组织管理水平、科技成果转化能力、自主知识产权数量、销售与总资产成长性等指标符合《高新技术企业认定管理工作指引》的要求。在对高技术企业划分的实践中，通常有两种划分方法。一种是根据企业生产的高技术产品进行统计，另一种是按属于高技术企业进行统计。但实践中发现，有的传统企业可能会生产高技术产品，有的高技术企业也可能生产使用传统技术的产品，这会造成统计上的混淆不清。针对这一问题，我国于2000年采用了国际上较为通用的OECD定义标准，对我国高技术产业分类进行了调整。在2002年颁布的《国家高新技术产品目录》中，对我国高技术产业做出了明确表述，最终确定11大技术领域：①电子信息；②软件；③航空航天；④光机电一体化；⑤生物、医药和医疗器械；⑥新材料；⑦新能源与高效节能；⑧环境保护；⑨地球、空间与海洋；⑩核应用技术；⑪农业。虽然国内外对高技术产业的概念并没有形成共识，但从以上文献资料和有关的研讨结果得出，高技术产业需要体现8个不同特性：①具有高附加值性；②资本密集性；③技术及知识具有密集性；④带动性及拉动性强烈；⑤产品生命周期短；⑥较强的风险资本依靠性；⑦高级人才需求强烈；⑧需求收入弹性较高。

2. 对传统产业内容的划分研究

陈向东、傅兰生等（1998）认为，传统产业应当主要指那些应用成熟生产技术、利用稳定价值形态的实物资源和产出"日用品"类型产品的产业。高洪琛（2002）认为，传统产业一般是指在工业化进程中由初级阶段高速发展保留下来的一系列产业，其中多以传统技术为基础，依靠劳动力、资本、自然资源等大量投入，逐渐积累并以外延的方式促进经济增长，由于这种意义上的传统产业对资源的依赖性严重，所以，其对社会进步和发展的贡献也将会日渐衰减。

从以上学者对传统产业的定义可以看出，传统产业是相对于高技术产业而言的，是一个动态的和历史的概念，传统产业的内涵随着社会发展而发展。目前就我国工业发展阶段而言，在统计分类上大多属于第二产业中的原材料工业以及加工工业中的轻工业，如纺织、轻工、冶金、部分机械、化工和建材等。从国民经济的角度来看，它包括传统工业、传统农业和第三产业的一部分；此外，从国内外市场的供需结构来看，传统产业的主导产品大都呈现供过于求的态势，生产能力有较大闲置；从所生产的产品来看，大部分是技术含量低、附加值低的产品，本书所指的传统产业范围限定于工业范围内，本书所指的传统产业范围限定于工业范围内。值得注意的是，即便在一定时期，传统企业也可以通过技术改造进行要素升级并转变为高技术企业，传统产业还具有一定发展性，并不一定会逐渐消亡，相反可以通过对传统产业的改造，采用新技术新工艺，对传统产业进行升级，使传统产业的企业在区域经济内具有比较优势，进而转变为现代高技术企业，从而提高产业竞争力。

3. 高技术产业与传统产业关系研究

高技术产业与传统产业相互作用关系研究。吴晓波、曹体杰（2005）从高技术产业化、传统产业高技术化以及协同环境三个方面论述了传统产业与高技术产业协同发展的影响因素。李秀林（2006）对高技术产业与传统产业相互关系进行了比较分析得出，国内传统产业及高技术产业的协调发展将是国内未来发展的主要趋势。白永青、沈能（2006）共同研讨关于国内传统产业及高技术产业关联运转机制问题，采用菲德模型对此运转协调性进行论证。赵玉林、汪芳（2007）运用投入产出方法从高技术产业之间的关联和高技术产业与传统产业的关联两个层面对高技术产业关联效应进行实证分析和比较研究。提倡提高产业间关联性，加强对传统产业改造的力度。马亮、惠树鹏（2014）研究了传统产业及高技术产业未来联动性发展，结果表明在短时间内国内传统产业及高技术产业，具有双向因果关系，传统产业对于高技术产业具有支撑性，但在长时期中相互促进的效果一般。王敏、辜胜阻（2015）利用投入产出模型和中国投入产出表（135个产品部门）数据实证测算了高技术产业内各行业间以及高技术产业与传统产业之间的产业关联影响程度。李少林（2015）认为，在新兴产业科技活动经费筹集额中，政府资金比重对协同度无显著影响；环境规制未能抑制高污染行业增长，传统产业高能耗特征依然显著；人力资本增长提升了协同水平；而市场化改革效果并不显著。

4. 高技术产业对传统产业技术溢出效应研究

钟鸣长、沈能（2006）从总效应与外溢效应两个层次来分析传统产业及高技术产业之间配合作用，通过研究发现高技术产业对于传统产业具有外溢作用，传统产业对于国内高技术产业外溢性效果不佳。洪世勤（2007）对于传统产业接收高技术产业溢出所应具有的条件、途径及限制性因素进行有效分析。开始研讨关于高技术产业对于传统产业运转外溢活动内容，以及技术性外溢具体渠道及具体限制诱因。吴永林及陈钰（2010）以北京面板数据为例，构建了高技术产业对传统产业的技术溢出研究框架。任国强、孟凡军（2015）通过对我国29个省市或地区高技术产业与传统产业的投入产出数据，基于空间计量的方法，研究了空间

权重矩阵下我国高技术产业与传统产业的省际 R&D 溢出效益。

5. 高技术产业与传统产业融合关系研究

李守波（2006）对传统产业及高技术产业之间关系进行研究，提出传统产业及高技术产业需利用自身优势特点，促进两者共同发展。李秀林（2006）提出，传统产业及高技术产业相互协调方式共同发展，是国内今后发展的必然方向。需要把传统产业作为发展高技术产业的基础，并以高技术产业为导向来进一步发展传统产业。邵建顺、刘栋（2011）研讨了国内传统产业和高技术产业协调发展的必要性问题，并深入研究高技术产业及传统产业融合发展的相应对策。

6. 传统产业与区域经济相关研究

孔翔（2005）认为，传统产业集群是区域经济发展到一定阶段的产物，其发展有利于提高传统产业的发展效率，提高市场竞争力，但也会降低区域经济抵抗外部风险的能力，进而阻碍传统产业的升级换代。刘生龙、胡鞍钢（2011）研究了交通设施建立对于我国经济发展一体化的影响性，提出进一步改造交通相关基础设备，对于国内各地区经济贸易产生了显著的正向影响。雷鹏（2011）在对我国制造业产业聚集与区域经济增长关系的研究中，对部分传统产业与区域经济增长关系进行了分析，认为大多数制造业与区域经济的增长呈现正相关性。赵康杰、景普秋（2011）通过山西案例实证分析了煤炭价格的浮动性，相关数值也表明煤炭价格变化影响了山西经济发展，导致"反工业化"问题的产生，经济收入差距加大。

7. 高技术产业与区域经济相关研究

陈正伟（2006）分析了高技术产业对于经济指标的密切程度和影响程度。苏娜、陈士俊（2009）构建了"高技术产业—区域经济"复合系统，基于耗散结构理论和协同学理论，阐述了高技术产业与区域经济间的协同关系。惠树鹏（2011）认为，高技术产业对区域经济增长的影响力与区域经济发展水平相关。蒋伏心、苏文锦（2012）利用空间计量模型对长三角地区 16 市进行具体数据分析，长三角高技术产业发展对此地区经济发展具有推动作用。李宏伟、任娜等（2013）基于我国东部、中部、西部的具体数据内容，对区域内高技术产业发展及相关经济提升的长短期关系进行分析，认为国内各地高技术产业发展与区域经济关系具有地域差别性。洪嵩、洪进等（2014）基于共同演化理论，构建高技术产业系统与区域经济系统演化模型，利用国内 30 个省市相关数据对各地演化发展水准进行具体分析。最后得出，各地区内两个系统共同发展演变水平体现出四梯度分布，整体演变水平不高，东部及西部地区差异性较大。李津（2014）采用菲德模型把国内相关产业归属为高技术产业及非高技术产业两部分，把国内 31 个不同地区按东、中、西各不同区域进行回归分析。

三、文献评述

国外对高技术产业的研究成果主要集中于高技术产业的生产效率上，由于不同经济环境，导致国外对高技术产业与传统产业之间关系的研究还比较少，但国外在高技术对传统产业改造的作用方面基本已达成共识。同时国外部分学者已经意识到高技术产业与传统产业之间存在相互作用的关系。从目前搜集的文献来看，国外很少有关于传统产业的明确界定，鉴于此，本书针对这三者之间的耦合关系进行研究，所指的传统产业是相对于高技术产业来说的，传统产业的内涵是随着时间和经济发展而发展的相对概念，通常指在工业化进程中前一阶段经过高速增长延续下来的一系列产业，较为依赖自然资源，资金的利用率与生产效率都相对较低。传统产业具有区域性，同时具有动态性，随着经济水平的发展和工业化程度的不断提高，工业化上一阶段的技术经过扩散传播被广泛利用，掌握这一技术并不能形成比较优势，本来属于新兴产业的可能被社会逐渐淘汰，并失去自身优势性逐步演变为传统产业，当下国内传统产业以劳动密集性强的生产加工产业为主。

国内相关学者对于当下高技术产业及传统产业的关系、高新产业与各地区经济发展的关系进行了深入研讨。虽然因观察角度不同，得出结果也不一样，但是可以看出普遍认同高技术产业和传统产业的相互带动作用以及高新产业发展对当地区域经济发展的推进作用。综合分析，国内高技术产业发展水准不高，区域间发展不平衡的观点也被我国学者普遍承认。从文献可以看出，我国对高技术产业和传统产业之间的关系研究较多，高技术产业与区域经济关系方面也有涉及，但对高技术产业、传统产业与区域经济三者之间耦合关系的研究十分稀少。

第二节 高技术产业与协同创新、区域创新的研究

"协同"这一概念最早的提出者是 Ansoff（1965），他指出"协同"是单个企业为了实现资源共享而与其他主体进行简单汇总形成的企业群整体中的业务行为，并特别强调企业协同的核心是为了创造新价值。Malone（1990）将协同定义为：为了达成最终目标而对各成员的行动进行管理的行为。后来 Coring（1998）在分析复杂系统的进化过程中，将协同定义为：自然或社会系统中两个或两个以上的子系统、要素或人之间通过相互依赖形成的联合效应。此后，在协同理论的

基础上,协同创新概念开始被使用。最早是美国麻省理工学院的彼得·葛洛从组织外部的角度,将协同创新定义为:"由自我激励的人员所组成的网络小组形成集体愿景,借助网络交流思路、信息及工作状况,合作实现共同的目标"。我国学者陈劲提出,协同创新中创造与创新主体进行深入合作、资源整合,从而产生"1+1+1>3"的非线性效用。学者们普遍认为,协同创新是指各单位主体间的信息、技术、知识等创新资源相互间传递、配合,从而实现整体最优的过程。

一、关于协同创新的研究

目前关于协同创新的研究主要集中在:

1. 协同创新模式的研究

Ludwig Bstieler 等(2016)主要研究了产学研协同创新模式中各个组织间的信任关系是如何随着时间的推移而逐步增强的,研究发现影响组织间的信任关系的因素有两方面,一是关系成熟度;二是其他合作伙伴对关系的看法。朱奎林(2016)分析得出我国中小企业协同创新的主要模式有基于价值链的协同创新模式、基于产业集群的协同创新模式和基于产学研结合的协同创新模式;佟林杰(2017)通过研究得出京津冀区域科技创新协同发展模式主要有技术研发类、成果转化类、资源共享类三种。

2. 协同创新影响因素的研究

Ponds、Oort 和 Frenken(2007)通过分析发现企业的"知识池"是形成有价值的大学—企业合作链类型协同创新的驱动因素;Freitas(2013)认为,学习与资源的战略取向、多领域跨职能协同、合作伙伴激励、环境高包容性等因素会影响制造业技术协同创新绩效,且与协同创新绩效存在正相关关系。Bodas(2013)认为,产业所属阶段会影响协同创新,并认为新兴产业的协同创新效果不如成熟产业,因为新兴产业存在的时间不长,存在严重的信息不对称,并且在新兴产业协同创新过程中会带来更多的问题。臧欣昱、马永红和王成东(2017)研究发现,我国区域协同创新主要受政府、市场和企业三方因素驱动;环境质量因素和创新主体能力因素对协同创新具有正向影响,而创新主体距离对区域协同创新具有显著的负向影响;区域协同创新效率与区域经济发展水平间存在显著的正相关关系。俞立平、方建新和王作功(2017)以航空航天器制造业与计算机及办公设备制造业为例,使用 2010~2013 年中国高技术产业的相关数据进行实证分析,实证结果表明:政府研发投入强度、企业发展速度与协同创新深度呈正相关,其中,政府研发投入强度对航空航天器制造业协同创新深度的主导作用更大。

3. 协同创新路径的研究

Martin 和 Yiannis（2015）指出，企业在技术合作、创新合作以及政府资助合作研发项目中，因所在国家不同而表现出显著性差异，在欠发达国家更容易开展合作，但合作往往因资本流散而失败。张学文（2014）基于知识生产、知识传播与知识创业三大功能视角，对产学研协同创新的路径提出了一种新的分析框架：开放科学与创业科学两大路径模型，并通过对美国 50 所顶尖研究型大学的实证测量，得出协同创新路径的选择与大学的三大知识功能相匹配。焦媛媛、李智慧、付轼辉等（2017）在实证结果分析的基础上提出了京津冀协同创新的路径：北京应积极发挥核心功能区作用，对周边地区的科技创新形成辐射和带动之势、政府和企业作为创新主体，要协同作用，共同推动区域科技创新水平的提高。

4. 协同创新绩效的研究

Bakar、Hartini（2010）提出技术、产品和质量创新绩效可作为协同创新绩效评价指标。张敬文、谢翔、陈建（2015）从组织间知识共享视角，结合战略性新兴产业知识属性和技术创新特征，构建战略性新兴产业协同创新绩效的分析模型，并运用 PLS-SEM 模型算法，对选取的战略性新兴产业企业的有效样本问卷进行分析。研究结果表明：组织间知识共享对战略性新兴产业协同创新绩效的提升具有直接作用；企业知识吸收能力和知识整合能力对协同创新绩效具有显著影响；司林波、孟卫东（2017）运用 MaxDEA 软件，采用 CCR 模型、BCC 模型和影子价格分析构成组合 DEA 模型对装备制造业技术协同创新绩效进行评价，得出装备制造业行业整体及各子行业发展水平不一，各行业技术协同创新绩效提高途径各异。

二、关于高技术产业协同创新的研究

国内关于高技术产业协同创新的研究主要集中在研究各个省市、区域高技术产业协同度或协同创新能力：张淑莲、胡丹等（2011）从地域角度出发，以电子及通信设备制造业为例，建立三地区系统协调度模型，实证表明北京产业创新系统与创新环境系统的协同度最高，河北的协同度在三地中最低；刘彦（2016）首先将高技术产业协同创新系统划分为内部主体创新系统和外部环境创新系统两个部分，借助于复合系统协同度模型，使用 2006~2014 年湖南省高技术产业指标相关数据实证得出湖南省产业内部协同创新发展呈现良好的进步态势，而外部环境创新系统拉低了整个产业的协同度，湖南省高技术产业协同创新系统协同度整体呈现上升趋势，但是协同度并不高。路世昌、杨肃志（2015）以辽宁省为例，建立高新技术产业协同创新的内部和外部创新环境相关指标，运用协同度和耦合协调度模型对辽宁省高新技术产业创新体系的协同创新进行分析，结果表明：辽宁省高新技术产业协同创新处于勉强协调阶段，创新系统协同度较低，创新能力有待进一步加强。从现有研究文献来看，高技术产业协同创新评价指标体系比较丰富，学者们从不同角度出发构建不同的指标体系，这为本书高技术产业协同创新指标体系的构建提供了可靠的理论依据。

三、关于区域创新的研究

对区域创新的研究主要集中在区域创新绩效、创新能力的研究，且主要集中在两个方面：一是单纯地评价区域创新绩效或创新能力。沙巨山、刘洪久（2018）基于DEA法和灰色关联实证分析了江苏省13个市的区域科技创新绩效。陈伟、苏屹、李柏洲（2013）应用随机前沿法分析了我国31个省（市、自治区）的创新绩效；孙红兵、向刚（2013）采用DEA分析方法对31个省会城市、自治区以及直辖市的区域创新绩效进行分析评价，同时运用差额变量分析方法对DEA无效的城市提出改进建议。吴红霞、蔡文柳、赵爽等（2018）从投入、产出、环境三个角度创建区域创新能力评价指标体系，运用三阶段DEA法对2012~2014年河北省石家庄、唐山等11个城市的区域创新能力绩效进行测度。二是区域创新绩效、创新能力影响因素的研究。Grald Carlino和William R. Kerr（2014）研究发现，企业的集聚能刺激技术的创新和信息扩散，从而使区域的创新效率得到提升。谭俊涛、张平宇（2016）认为，影响区域创新绩效的因素有区域创新基础、产业集群环境、产学研联系质量、政府支持、技术溢出效应等。杨若愚（2016）利用30个省10年来的面板数据，得出减少地方保护可以有效地促进区域创新绩效的提升。从政府行为来看，知识产权保护对区域创新绩效具有正向影响，R&D投入对区域创新绩效有负面影响；丁生喜、王晓鹏（2016）对青海省区域创新环境与创新绩效进行相关性分析，结果表明区域创新环境与创新绩效存在显著相关性。楼永、王梦蕾（2017）采取结构型社会资本和认知型社会资本的两维度资本指标，利用我国30个省（市、自治区）2002~2014年面板数据实证分析了社会资本对区域创新的影响，研究结果表明在区域创新能力形成的不同阶段，起作用的社会资本不同。在技术开发阶段，结构型社会资本对区域创新的促进作用更为显著；而在技术应用阶段，认知型社会资本促进作用更大。

从上述文献可以看出，区域创新会受到多种因素的影响，同时区域创新对地区经济有重要的影响，因此有必要深入研究区域创新。而且从相关文献可以看出研究区域创新有两个关键点，一是衡量创新指标的选取；二是评价方法的选取，评价方法主要有参数法和非参数法。但是，由于学者对区域创新系统内涵理解的不统一，缺乏统一的有信服力的区域创新系统理论，以及研究区域创新的学者看待问题的视角不同,所选取的指标体系略有区别,使用的评价方法也各不相同。本书在充分研究相关文献以及理论后,力求准确、客观地选取了区域创新的评价指标以及选取了恰当的方法进行评价。

四、关于区域创新与协同创新的研究

目前来说,关于区域创新与协同创新的研究并不多,现有文献对两者的研究方向与本书方向一致。R. Welsh(2008)认为,越来越多的协同创新联盟的形成,必然推动区域创新能力的不断提高。Gao(2010)利用联合专利衡量产学研协同对创新绩效产生的作用,研究表明产学研协同创新对区域创新绩效产生正向影响。蒋伏心、华冬芳、胡潇(2015)利用2003~2012年全国26个省(市、自治区)的面板数据,在使用DEA法测算区域创新绩效的基础上,使用复合系统协同度模型计算产学研协同度,并通过动态GMM方法实证分析了产学研协同创新与区域创新绩效的关系,实证结果表明在短期内产学研协同度对区域创新绩效有显著的促进作用,且存在区域异质性。邓晓凡(2016)运用多元线性回归分析同样得出区域协同创新对创新绩效有显著的正向影响,来源于企业的地方研发经费支出强度、国内专利申请数量对区域创新绩效有显著的影响。李秀珍、金丹、申倩光(2017)基于"一带一路"倡议,从理论上分析了协同创新对相关区域要素的影响,得出区域创新体系的主体在协同创新过程中,政府资助科学技术可以显著提高区域创新的绩效,且企业与高校之间的联结以及企业和科研机构的联结,从长远来看,也有利于区域创新绩效的提升,而金融机构资助科学技术产生显著的负面影响。但是一般来说,协同创新的总效应对区域创新绩效有很大的积极影响。可以看出,协同创新确实会对区域创新产生影响,然而现有研究仅考虑本区域内协同创新对区域创新的影响,忽略了其他区域创新对本区域创新能力、创新绩效的影响,空间的引入完善和丰富了区域创新理论。

国内关于高技术产业协同创新的研究主要集中在研究各个省市、区域高技术产业协同度或协同创新能力:张淑莲、胡丹等(2017)从地域角度出发,以电子及通信设备制造业为例,建立三地区系统协调度模型,实证表明北京产业创新系统与创新环境系统的协同度最高,河北的协同度在三地中最低;刘彦(2017)首先将高技术产业协同创新系统划分为内部主体创新系统和外部环境创新系统两个部分,借助于复合系统协同度模型,使用2006~2014年湖南省高技术产业指标相关数据实证得出湖南省产业内部协同创新发展呈现出良好的进步态势,而外部环境创新系统拉低了整个产业的协同度,湖南省高技术产业协同创新系统协同度整体呈现出上升趋势,但是协同度并不高。路世昌、杨肃志(2015)以辽宁省为例，建立高新技术产业协同创新的内部和外部创新环境相关指标，运用协同度和耦合协调度模型对辽宁省高新技术产业创新体系的协同创新进行分析，结果表明：辽宁省高新技术产业协同创新处于勉强协调阶段，创新系统协同度较低，创新能力有待进一步加强。从现有研究文献来看，高技术产业协同创新评价指标体系比较丰富，学者们从不同角度出发构建不同的指标体系，这为本书高技术产业协同创新指标体系的构建提供了可靠的理论依据。

五、文献评述

从上述文献可以看出：一方面，国内外关于协同创新、高技术产业协同、区域创新的研究已经比较成熟，且对协同创新的研究主要集中在协同创新模式、效率、影响因素以及路径方面，这为本书研究高技术产业协同创新奠定了良好的理论基础；现有文献对高技术产业协同创新主要集中在协同创新能力、协同度方面，对区域创新的研究主要集中在区域创新能力评价以及区域创新绩效度量方面；同时还为本书构建、筛选协同创新、区域创新能力评价指标提供了理论参考；又为本书构建高技术产业协同创新对西部区域创新影响的理论模型与选取实证模型提供了理论依据。另一方面，现有研究大都集中在区域创新绩效、创新能力的评价上，忽略了协同创新行为对区域创新的影响，此外，学者对空间、地域因素对区域创新影响的研究存在不足。虽然现有文献为本书开展空间影响的研究奠定了基础，但区域之间的空间影响是如何产生的，其如何对区域创新产生影响以及有何影响等问题仍然值得进一步研究。

第三节 装备制造业、生产性服务业研究

一、装备制造业产业优化升级

Luis Rabelo 等（2007）以全球价值链理论为基础，用整合层级分析（AHP）和离散事件仿真（DES）相结合的方法，说明从事全球业务和装备制造业活动的跨国建筑设备公司的长期发展战略，基于循环累积因果论提出用跨国公司来降低劳动成本、改善竞争环境，用产业集群效应改善产业结构，实现良性发展。Maria Chiarvesio 等（2013）从全球价值链中的产业结构和组织生产角度分析企业

的国家化发展进程，以意大利中小企业为例，选择、协调供应商与国际生产活动地点，并且指出跨国公司在全球不同形式混合治理结构。Xin-min Peng 和 Dong Wu（2013）对全球价值链升级转化与企业类型、基础能力之间的关系进行了研究，指出不同发展现状的企业存在联系的多样性，重点揭示了后发企业在全球生产网络中如何增长和产业升级问题。Jean K. Chalaby（2016）进一步阐述了全球价值链的框架和结构，以电视设备制造业为研究对象，提出在链式全球化背景下，产业集聚和突出竞争优势有利于扩大国际市场份额，有利于进行价值链的延伸扩张，从而提升产业的整体水平。

马晓河（2014）从国内外需求的市场扩大和技术创新角度对中国装备制造业产业升级问题进行研究，以原始创新、集成创新和消化吸收再创造为动力，运用先进生产技术和工艺流程推进装备制造业的产业结构调整转型，促使处于中低端的中国装备制造业向中高端迈进。林桂军、何武（2015）运用 Kaplinsky 升级指数和中间品进出口相对价，从整体上分析装备制造业在全球价值链的升级趋势、地位，对不同类型企业和贸易方式在价值链中的升级路径进行理论和实证研究，说明外商直接投资、市场化改革、国际分工和外向型发展战略能够促进装备制造业产业链延伸和产业优化升级。

二、装备制造业全球价值链攀升

吴雷（2013）从知识来源的技术投资模式和交互作用角度剖析装备制造业原始创新能力的提升路径。王英和周蕾（2013）通过分析外商直接投资对产业结构升级的作用，特别是市场寻求性对外直接投资的推动作用，从资金投资利用模式角度阐释产业价值链升级策略，进而整体提升我国装备制造业的全球价值链位置。简晓彬和周敏（2013）以江苏为例，主要分析该省交通运输设备制造业和通用设备制造业的国际产业转移对我国装备制造业价值链攀升的推动作用，提出在承接国际产业转移的基础上，要加快中国区际产业转移。李强和郑江淮（2013）从产品内分工视角分析装备制造业价值链升级路径，提升价值链终端的竞争度。王云霞和李峰（2015）基于全球价值链核心理论，对山东装备制造业转型升级提出具体路径和措施，通过技术突破进一步拓宽市场渠道，增加产品附加值和技术实力。

三、生产性服务业研究

"生产性服务业研究"一词于1966年由美国经济学家 H. Greenfield 提出，他指出，生产性服务业从理论上是指市场化的中间投入服务，是介于商品和服务之

间具有桥梁连接作用的服务。Browning 和 Singelman（1975）指出，该行业具有知识集聚性和服务专门性。Yang Fiona F 和 Yeh Anthony GO（2013）肯定了生产性服务业对经济发展的拉动力，并且指出生产性服务业存在空间分布不均衡性，主要集中在大都市，倾向于加强大城市的综合竞争力。Gligorijevi Vera（2013）研究了贝尔格莱德 129 家公司的部门和空间方位，认为生产性服务业具有空间集聚效应，提出"单中心—多极格局"的欧洲城市区位发展共同点。Luis Lanaspaa（2016）和 Fernando Sanz-Gracia（2016）利用垂直联系的理论模型解释了中间生产性服务业和制造业的协同定位，行业政策的协调和产业的耦合对经济系统发展和转型有重大推动作用。他们又分别从产业、价值链、行业三种视角阐述其发展模式，未来的生产性服务业将以知识、信息技术为主，服务于核心生产技术环节，与制造业互动耦合。白清（2015）从全球价值链视角分析生产性服务业促使制造业产业升级，他提出四大实现机制：一是生产性服务业的外包带动装备制造业的产业竞争力和生产效率；二是生产性服务业的集聚效应和制造业协同定位整体带动产业规模收益；三是产业耦合提升产品附加值；四是以知识密集型为主导的生产性服务业刺激制造业创新技术能力提升。唐强荣和徐学军（2007）将生产性服务业提高到管理和战略层面，生产性服务业从工业"润滑剂"的作用转变为产品附加值的"增值剂"，在价值链的环节，它是产品差异化和价值构成的核心，在后工业时代，它是工业发展的"助推器"。服务与制造已经达到相互补充和高度关联的状态，互动协同，渗透耦合将是大势所趋。

四、装备制造业与生产性服务业耦合研究

1. 生产性服务业与装备制造业的互动耦合条件

Markusen（1989）运用 D-S 效用函数模型，指出生产性服务业作为中间产品影响装备制造业，投入服务的条件是知识密集型的服务产业，先进的管理理念、优化的知识结构、全球化的视野和格局才能具有产业的规模递增效应。Francois（1990）认为，两产业之间互动耦合需要一定的市场扩张作为先决条件，在产业市场容量达到一定程度的基础上，产业间才能实现耦合发展。Bally 和 Lind（2005）共同说明产业耦合关键在于技术耦合，由技术耦合打破以往独立的企业、市场部门的边界，消除产业壁垒，形成产业间互利共赢的局面，孕育出新的市场竞争环境，塑造新的市场竞争格局。王玉珍（2008）提出，产业生产力是产业耦合的客观条件，产业规模的延伸，良好的产业发展环境是产业耦合的必要条件，其中高效廉洁的政务环境、公平稳定的市场环境、积极热情的创业环境对产业耦合尤为重要。曾杰和吴芷静（2014）指出，信息产业、金融和物流体系对产

业互动发展的支撑作用,强调产业集群的重要性,通过资源的整合与优化,形成规模经济效应,提升产业运营效率。

2. 生产性服务业与装备制造业的互动耦合过程

19世纪人口统计学家Penal Ray Monel提出了逻辑曲线,说明技术的变革是一条延伸的"S"形。宣烨和余泳泽(2014)利用长三角地区38个城市相关数据,通过对生产性服务业层级分工的典型特征和趋势分析,指出生产性服务业通过空间外溢效应和专业化分工与装备制造业互动耦合,提高其生产效率。尹洪涛(2015)从产业链角度分析了生产性服务业与装备制造业耦合的关键价值增值点,利用信息技术"软化""服务化"特性,在装备制造业上下游的高附加值领域加强与生产性服务业的耦合。李靖华等(2002)和李凯等(2005)基于产业的生命周期理论,以中国彩电产业和钢铁产业为例,分析产业耦合的动态演化。李京文(2008)通过对智能产业集群动态演化的仿真模拟,从时间与空间双维度上深度分析产业耦合的过程,进一步说明产业间的互动渗透耦合的方式,提出产业间良好协调发展的愿景。

3. 生产性服务业与装备制造业互动耦合影响因素

曹东坡等(2013)从技术变革与创新角度说明两产业的耦合需要基于知识经济,通过信息化与智能化变革生产方式,实现产业间的资源优化配置和升级;刘川(2014)从产业耦合硬度、软度和深度三个维度构建模型,指出需求要素、供给要素和均衡点要素影响生产性服务业和装备制造业的互动耦合;王香芬(2014)从宏观经济整体角度,分析两产业的动态发展与协调,通过产业间转移与集聚,实现多种业态的耦合,进而扩大内需,提升整体边际产出能力;白清(2015)基于全球价值链视角对影响产品优化的重要因素进行阐述,指出两产业的耦合需要从整体进行整合把握,贯穿产品链条始末,从产品上游的研发设计到中游的质量检测与物流管理再到下游的产品营销。刘军跃等(2013)以全国31个省市为例分析两产业耦合协调度,论述了两类产业的共生发展但不协调的现状,从产业规模、结构、成长、效益四个角度构建共生评价指标模型分析产业耦合特征。綦良群和李雪(2013)从社会分工、价值链和生态群落三个方面分析了两类产业渗透耦合的过程,从互动基础因素(从业人员结构、技术发展水平、行业发展模式)、条件因素(服务外部化、中间需求)、环境因素(经济)基于生产性服务业和装备制造业的内在动力和外部条件,从技术、市场、政策、资金四个维度分析耦合的影响因素。

4. 生产性服务业与装备制造业互动耦合模式

装备制造业的服务化是生产性服务业和装备制造业互动耦合的重要模式之一。黄群慧和霍景东(2013)从国际比较视角发现中国装备制造业服务化水平较低,通过内外两方面原因的分析指出,装备制造业和服务业内部发展运行机理,提出需要"双轮驱动""两化"耦合,打造产业生态城和集聚区。姚小远(2014)指出,制造业要以产品为中心向服务导向转型,在产品生命周期中,延伸服务创新,以领先的跨国公司为领头军,整体提升产品附加值,优化产业链条。朱荪远(2015)提出以三星电子应用程序服务提升产品价值为例的服务附加型模式;以通用电气依托装备制造业拓展生产性服务业为例的服务主导型模式;以思科网络解决方案为例的解决方案型模式;以丰田公司拓展高附加值汽车租赁业务为例的产品应用型模式;以施乐打造管家式服务为例的功能外包型服务模式,共五种实例耦合模式。

服务型制造亦是生产性服务业和装备制造业耦合的重要模式之一。王康周等(2013)通过对服务型制造的混合供应链和"牛鞭效应"的讨论分析,强调生产和服务协同管理的重要性,推进服务型制造是实现中国产业优化转型的必经之路。罗建强等(2014)提出通过生产性服务、服务性生产和客户实时参与,由"产品主导逻辑"转向"服务主导逻辑",以服务创新为主要驱动力推动产品的价值增值。何晰和李建华(2014)提出服务型制造的创新机理,从有限服务转变为周期服务,企业和客户成为"合作生产者",价值满足过渡到需求满足。

装备制造业的服务化和服务型装备制造均从单体角度对两者进行分析阐述,部分学者从双体角度对两者的互动耦合进行说明。张晓芬和陈思雨(2016)提出三种生产性服务业与装备制造业互动发展模式,第一种是服务外包模式,降低成本,多渠道获取优质资源,推进专业化经营;第二种是产业链升级模式,全球化采购,建立高品牌辐射效应,形成集研发、生产、物流于一体的高端价值链;第三种是产业联盟模式,推进新的产业集群和创新,形成良性的自循环生态系统。

5. 装备制造业与生产性服务业的互动耦合关系

国内外学者分别从不同视角对产业耦合的范围进行了界定,Yoffie(1997)和Stieglitz(2003)定义产业耦合是"通过采用数字技术,将以前独立产品变得具有协同性";Greenstein和Khanna(1997)指出产业耦合是"技术的扩散和产业发展形式的改变无法达到完全消除产业边界的程度"耦合产业依然保持各自业的发展特点,维持基本独立性;Malhotra(2001)将产业耦合定义为两产业由竞争而产生互动关联的过程,是来自需求方的功能耦合和来自供给方的机构耦合,具有协同性;陈家海(2009)分别对产业耦合的狭义内涵和广义内涵进行详细阐释,狭义上产业耦合是,"数字耦合使产业间更为关联",不同等级行业互相关联渗透,产业间协同发展,但产业边界不会逐渐消失;广义上产业耦合,制造业服务化是广义产业耦合四种基本类型之一,造成市场竞争结构的变化。黄群慧和霍景东(2015)提出从技术、业务、运作、市场四方面细化产业,并提出产业在一定耦合程度上会出现融合现象。利用不同国家和地区的投入产出表对产业间的依赖度进行量化，分析产业关联度和协同变化的趋势。Guerreri 等（2005）亦是利用投入产出方法分析了 OECD 的 11 个国家两类产业间内部机制与结构互动发展差异。Sturgeon（2000）基于对韩国 100 例成功的产业耦合案例，提出了技术驱动新价值、社会整合商业驱动市场、政策驱动环境的产业耦合渐变过程；Wong C W Y 等（2013）以泰国汽车行业为例，从价值链整合视角，分析了内部与外部整合的联合效应、互补效应和一体化趋势，促进产品创新；林木西和崔纯（2013）阐释了两产业间互补和互动发展是工业化进程的必然要求，但是在互动发展过程中存在一系列问题，在一定程度上需要政府的协调来降低市场交易成本。綦良群等（2015）指出，产业耦合关键在于产业间的优势互补、互利共生，装备制造业起支撑和基础性作用，生产性服务业起带动和刺激作用，但是两者的互动效果受到多种因素的影响。王成东（2015）阐述技术耦合、产品耦合、市场耦合和组织耦合四个有机耦合阶段，提出中国装备制造业企业的服务化理念；楚明钦（2016）从价值链可分性视角分析，说明产业耦合过程是分离出来的价值链活动单元，通过市场选择来排列组合形成新的价值链网络，进而形成互相耦合的新产业形态。

五、国内外研究现状评述

通过对"装备制造业相关研究"的分析论证，国内外学者主要从产业竞争力，产业转型，价值链攀升角度阐释在装备制造业生产研发、市场容量、产业战略布局和发展中存在的种种问题。装备制造业是世界各国经济发展的驱动力和风向标。与发达国家相比，以中国为代表的新兴经济体高端制造能力相对不足，产业结构有待优化。因此，中国需要形成以技术密集型为导向的装备制造业新兴企业集群区，逐步拥有本国高端装备制造业的"国际名片"。通过对"生产性服务业与装备制造业耦合研究"的分析，国内外学者主要从产业间互动耦合的动因、条件、影响因素、发展模式和耦合关系进行论述，指出两产业相互依存，共生发展，和谐共赢。一方面，服务创新可以避免产品的同质化，提升产品附加值与市场竞争力；另一方面，装备制造业发展可以扩充市场容量，拉动服务业技术的更迭。目前国内外学者的研究存在以下两点不足之处：一是当前的产业耦合研究欠缺系统的理论和框架；二是国内外研究学者的研究集中在宏观整体上，站在西部地区装备制造业与生产性服务业视角的研究较为欠缺。

综上所述，生产性服务业和装备制造业的耦合协调是发展大势，一方面，现有研究提出清晰的产业耦合发展的评价模型，为后续研究奠定了必要的理论基础；另一方面，提出了产业耦合关系、内容、主要阶段等，为研究西部地区产业耦合问题指明了方向。但对于产业间耦合协调度及耦合状态的影响因素的系统分析略显不足，为本书研究提供了一定的研究空间。

第四节 研究的基础理论

一、产业发展理论

1. 产业演进理论

产业演进是指产业的产生、成长和进化这三个过程，其中也蕴含了产业内发展历程及结构改革。在内容上表现为产业中企业的数量、产品总量规模的扩大以及产业经济效益的提高，在结构上表现为产业结构在空间上规模的扩大和产业结构的不断调整、优化、扩张以及转移等。产业演进的核心是结构的演进，而且主要是以产业结构优化为主要发展脉络的。创新学派的观点认为，产业演进发展有利于推动科技发展，技术的不断拓展也会产生新兴产业并有效推进新产业发展，而且技术会在国民经济的各个产业中间扩散，从而会影响整个国民经济的发展。产业演进过程是相关产业更替发展的过程，从起步到最终消亡，由于技术的创新而催生了新兴产业，在此期间对企业家的需求会大幅度增加，然后会有大量的资本投入新兴企业中，从而掀起一股投资热潮，推动新兴产业的急剧发展。

2. 产业生命周期理论

产业生命周期概念起源于生物学范畴，生命周期可以理解为生物个体从出生直到生命消亡的经历过程，后来这一概念被用于经济学范畴，代表某个产业的生命周期性，产业发展如同生命个体也会经历产生、成长、成熟、衰退四个层次。在最初阶段，由于公司不多，相关商品的种类也较少，技术性不强，同时也会导致商品质量较差，品牌地位不高以及销售业绩较差等一系列问题，使企业在高成本的投入下利润微乎其微。在成长阶段，由于各方面的完善，会吸引大量的企业进入，这时技术水平有了很大提升，企业间依靠高质量的差异化产品或价格来竞争，这一阶段对于产业来讲至关重要，如果幼小产业能够进入成长期就意味着还能够继续发展进入成熟期，否则这一产业就会消失。经过成长期的充分发展，技术发展得比较完善，这类型产品质量较好，产品的需求与供给维持了平衡，此时进入产业生命周期中持续最长的成熟阶段。衰退时期是指此产业从成熟期发展到衰退期，由于规模不断降低，产品逐渐被替代，市场需求性差，产业竞争力变弱。

3. 产业发展阶段理论

当代产业发展阶段理论的代表主要是钱纳里工业化阶段理论，1975年，钱纳里和赛尔奎因合写了《发展型式（1950~1970）》，书中运用了计量经济模型、一般均衡分析的方法以及投入产出分析方法，根据1950~1970年101个国家的相关数据，分析了这些国家在这20年间经济发展的过程中产业结构的演化过程。根据回归结果，获得"标准结构"，详见表2-1：

表2-1 钱纳里工业发展阶段划分

时期	人均GDP（美元）	发展阶段
1	364~728	初级产品生产阶段
2	729~1456	初级工业化阶段
3	1457~2912	中级工业化阶段
4	2913~5460	高级工业化阶段
5	5461~8736	初级发达经济阶段
6	8737~13104	高级发达经济阶段

在不同的发展阶段，发展起来的产业部门会不同。随着经济从低级形态向高级形态发展的过程中，依次出现的是劳动密集型、资本密集型、技术密集型产业。

4. 产业关联理论

产业关联理论也称为产业联系理论或是投入产出理论，研讨内容为经济运转过程内不同产业间具有的各种经济关联性。在经济运行的过程中，每个产业为了满足产业自身的发展需要其他产业来为其提供生产基础，反过来其又为其他产业的发展提供服务，产业之间只有相互协助性发展，国民经济才能平稳、健康地运行。产业间关联既包括在空间上的关联，也包括在结构上的关联。结构关联蕴含产出或产品关联、价格联系、技术联系、劳动就业联系等。基于各产业的关联性，才促使各产业间耦合性发展。不同产业间关联性可以提升各产业间耦合性发展，相反，不同产业间耦合性也会推进不同产业间关联性发展。

二、系统论及协同学有关理论

1. 一般系统论

在20世纪中期，奥地利生物学家贝塔朗菲（L V Bertalanffy）提出了系统论,在这一时期同时出现的两种理论分别是信息论和控制论,它们都属于横断科学的范畴。系统论的特点是通过逻辑与数学的角度分析一般系统的运动规律,站在整个系统的高度去分析事物之间息息相关的、相互影响的、共同特性的、内在的规律性。

生物学家贝塔朗菲对系统论的定义为一个存在着各种要素的复合体,这些要素之间互相影响,它既不是各个要素特性的简单合集,也不是要了解单个要素的特性,而是要了解到各个要素之间相互关联的信息,并且各要素之间存在一定的组合性特征。所以要研究一个特定的系统时不仅要知道系统各部分的构成,还要知道它们的关系。系统的存在具有普遍性,在各种科学领域都有非常多的应用,如生物学、化学、互联网领域等。此外,系统还应具备五个明显特征分别为整体性、关联性、层次性、目的性和环境适应性。系统的整体性可以理解成当系统中出现任何要素的波动都会让系统形成一种新的稳定的状态。整体性是系统各个要素形成一个有机的整体,如果把系统各个要素分离出来独立对待,就会因为失去要素间相互作用关系进而失去了系统整体的调节功能,此时系统更像是"机器",是各个独立要素的合集。系统层次性特点为,它作为一个整体的同时,还能够形成多个子系统,各个子系统还存在一定的层次性关联,构成一种立体的空间结构,该结构内部各子系统的关系具有某种关联性,不同层次间的信息物质交换为系统运动提供了条件。系统的目的性特点为系统形成一定是具有目的性的,并由多个目的性共同集合,当要达到它的目的性时,系统必须建立一套规则来确保它实现该目的性。系统的环境适应特点是指该系统所处的环境与外界进行能量或物质交换时,系统和环境会相互影响,系统需要根据环境变化来调节各个要素的不同特性,如果不能适应外界环境变化,该系统一定具有不稳定性,会被逐渐淘汰。正是因为系统的这些特性,使系统论在产业经济学领域中的应用发展迅速,产业系统整体性、层次性、目的性与环境适应性为产业间形成耦合系统提供了理论上的依据。

2. 开放系统理论

开放系统是指与环境交换物质的系统,表现为输入和输出,物质组分的组建与破坏,开放系统理论的发展主要源于两个领域,一是生命有机体的生物领域;二是工业化学领域。开放系统理论中的一个重要的概念是稳态,开放系统在与环境进行动态物质交换的过程中,形成一个与时间无关的动态平衡状态,即稳态。稳态不是通常意义上的平衡态,稳态与平衡态的差异导致开放系统尽管持续进行着输入输出、组件破坏,但是系统构成维持不变。同时开放系统的异因同果性表明开放系统的稳态不取决于初始条件,而是由系统参数决定,所以具有相同参数的开放系统可以从不同的初始条件开始,最终发展为同样的终态。开放系统理论引入了热力学第二定律中的熵值概念，物理变化中熵值一般的趋势是逐渐增大，并且增大具有不可逆性，减少有序性。而开放系统由于有了与外界环境进行能量交换这一条件，并且外界环境可以向开放系统输入负熵，从而出现与物理过程相互矛盾的结果，正是这一特征揭示了开放系统和封闭系统的本质区别，在开放系统中有序性的增大和熵的减小因为负熵的输入成为可能，导致开放系统有可能自发地向更高级的组织状态演进，即从低度有序向高度有序发展。而与其相对应的封闭系统显然要严格地遵循物理学第二定律，在封闭反馈机制中熵增大，系统趋向于无序状态发展。

开放系统理论中稳态概念、熵值概念，以及负熵的引入，为开放系统在经济领域的应用提供研究范式，一般意义上的经济系统基本都满足开放系统的特征要求。从产业系统的角度来看，某一产业系统具有和其他产业系统或区域经济系统进行物质输入与输出的特征，外界环境也具有向特定产业输入熵与负熵的客观条件，导致产业系统向更高级、更有序方向发展，而不是向分散化与无序性方向发展。

3. 耗散结构理论

伊里亚·普里戈金（Ilya Prigogine）基于汤姆森（Thomson）与翁赛格（Onsager）关于非平衡热力学研究的成果上，在1969年的理论物理和国际生物学会议上公布了耗散结构理论。耗散结构理论可以理解为是非线性开放系统在远离平衡状态时与外界环境进行的物质与能量互换，导致在其内部的某个参量变化达到一个阈值，当达到此阈值时，该非线性开放系统会发生突变，类似于平衡热力学的相变过程，最终从原来无序状态演变为稳定有序状态，这种新形成的有序状态有可能发生于不同时间、空间或体现在功能上。根据相关理论研究，必须满足三个基本条件才能形成耗散结构。一是系统必须满足开放系统的特征，也就是系统是开放系统；二是远离平衡态产生的非线性，这里的平衡是相对于静态平衡结构而言的，只有远离平衡态，才能为系统参量不断地提供涨落的动力，达到一定阈值实现突变或相变；三是能够合理调节系统内部各个要素间相互关系，运用涨落变化让系统在不同时间或空间上达到有序性，即达到更高级的有序系统结构。

4. 协同学

协同学（Synergetics）探讨的是各个系统在发生质变过程中存在的相同规律性的科学内容，分析普遍存在于生物界和非生物界所形成结构及功能的自组织形成过程性原理。协同学理论要求各要素具有协同性，相关理论认为，系统是一个由多个子系统和要素构成的复杂性整体，各个要素与子系统之间在相互配合的过程中产生协作效应，导致系统形成一种自组织状态，最终体现系统功能特点和结构特点。协同学在一定意义上具有普遍适用性,广泛运用于物理、化学、生物和经济学等学科中。从经济学视角来看,虽然经济社会复杂多样,但如果将复杂经济系统视作由众多简单系统构建而成,则经济系统的发展也具有自身的规律性,便于引导经济系统向更高级有序性发展。

第三章 优势产业选择与发展的实证研究

本章主要从优势产业的选择、评价原则、基准、模型研究出发,以西部地区的龙头城市西安市为例,构建评价指标体系,并通过实证分析给出优势产业及发展对策。

第一节 发展优势产业的必要性

一、避免城市产业趋同,有效优化产业结构

各地区的主导产业、支柱产业或重点培育和发展的产业,往往类似或相同。选择并重点发展自己的优势产业,就可以避免产业趋同。充分利用各地区自己独特的资源条件和竞争优势条件,形成有别于其他地区的、具有自身特色的优势产业,有利于本地区产业在更大范围上的协调发展。发展优势产业可以促进产业结构高度化。产业高度化的过程主要指产业从技术含量低的产业发展到技术含量高的产业、从加工度低和附加值小的产业发展到加工度高和附加值大的产业、从劳动密集型产业向资本密集型产业、知识密集型产业发展的过程。西安市产业结构层次不高,农业生产效率低、发展方式粗放、服务业总体发展滞后等问题仍然突出,因此,西安市可以集中大力发展优势产业,提升西安市的产业结构。

二、充分发挥城市丰富的自然资源和区位优势

优势产业能够合理利用资源,这里的"资源"包括自然资源、人口与劳动力条件、区位条件、技术条件等。科学确定优势产业,使产业结构和资源结构

相协调，充分有效地利用本地区的人力、财力、物力及自然资源和条件，避免浪费，增加产出。西安市地处我国内陆腹地，具有承东启西、联结南北的区位优势，具有丰富的矿产资源，拥有良好的工业基础，同时科教优势明显等。因此，选择和发展西安市的优势产业将非常有利于充分发挥西安市的自身优势。

三、促进城市在更大范围内实现经济协调发展

选择并重点发展自己的优势产业，可以从两个方面促进产业布局的合理化。一方面，在区域内部，通过分析衡量本地区资源、技术、劳动力等条件，选择有利于发挥地区优势的产业，达到充分利用本地区的各种资源优势；另一方面，在地区之间，各地区都重点发展自己的优势产业，可以达到地域分工的合理化，避免地区间的产业矛盾。因此，发展优势产业可以促进产业布局的合理化，促进区域经济的协调发展。对西安市的优势产业进行评价，找到自己的优势所在，等于在众多的竞争城市中为自己找到了合理的定位，这样做既有利于提高自身的经济发展水平和速度，又可以在更大范围上使西安市的经济发展与其他城市相协调，避免资源浪费和恶性竞争。

第二节　优势产业的评价原则、基准、模型

一、评价的基本原则

优势产业评价的基本原则是优势产业评价区别于其他产业评价所特有的原则，也是优势产业评价相对更重要的原则。

1. 区内比较和区际比较相结合的原则

优势产业评价应分为两个步骤，首先是地区内部各产业评价，即产业内部比较，这是优势产业评价的基础；其次是地区之间同一产业的区际比较，分辨各种产业同竞争对手的比较态势。只有既在区域内有优势，又在区际间有优势的产业才是优势产业。

2. 比较优势和竞争优势相结合的原则

区内比较也就是比较优势评价，区际比较也就是竞争优势评价。在设计评价

体系时，要兼顾竞争优势指标和比较优势指标。

3. 针对性原则

针对特定的地区，不存在使用普遍优势产业评价指标的体系和方法。所谓尺有所短，寸有所长，要按照尽量有利于识别被评价地区优势的目标，设计评价指标。在选择和评价优势产业时，要遵循动态性和稳定性相结合的原则。还应考虑满足未来需要、占领未来市场以及对地区经济发展目标的贡献上，尽量选择对经济目标贡献大的优势产业，进行培育和发展。

二、评价的基准

在产业评价中，常用的产业评价基准很多，主要由典型基准、筱原基准、赫希曼基准、罗斯托基准、动态比较优势基准、技术进步基准、资源有效配置基准、后发优势基准、环境基准和劳动内容基准等。优势产业应符合收入弹性基准、生产率上升基准、资源有效配置基准中的区际要素替代弹性基准和部门要素替代弹性基准。并且根据地区的具体情况而有所差别，经济落后地区的优势产业还应符合后发优势基准，劳动力资源丰富地区还应符合就业弹性基准。优势产业符合的基准应通过建立的指标体系来反映。

三、评价的模型设计

优势产业评价模型可划分为四个象限：一是具有比较优势也具有竞争优势（第Ⅰ象限），是评价所要寻找的优势产业；二是具有比较优势不具有竞争优势（第Ⅳ象限），由于其具有比较优势，借助较好的发展政策和竞争策略，发展成为优势产业的可能性较大；三是虽然具有竞争优势但不具有比较优势（第Ⅱ象限），数量应该非常少，因为不具备比较优势的产业很难形成竞争优势；四是既不具备比较优势，也不具备竞争优势（第Ⅲ象限），产业是本地区的绝对优势产业，该类产业数量应该较多，因为不具优势的产业应该是多数。第Ⅰ象限的产业就是我们所寻找的优势产业，如图3-1所示。

四、评价的指标体系设计

1. 指标选择依据

优势产业，顾名思义，就是选择的产业一定要有优势，这些优势包括以下五种：

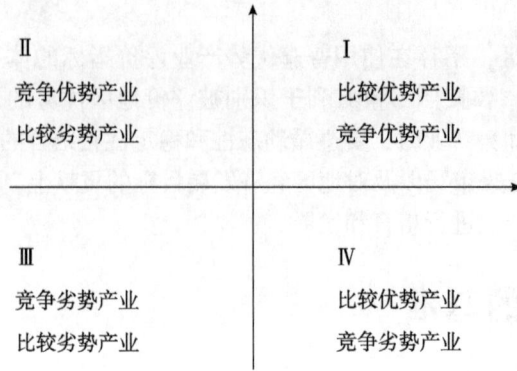

图 3-1　优势产业评价模型

（1）资源优势。资源优势可以是在自然资源方面的优势，也可以是在劳动力、资本或技术方面的优势。

（2）区位优势。所谓的区位优势就是某一地区在发展经济方面客观存在的有利条件或优越地位。其构成因素主要包括：自然资源、地理位置，以及社会、经济、科技、管理、政治、政策、文化、教育、旅游等方面，区位优势是一个综合性概念，单项优势往往难以形成区位优势。

（3）规模优势。规模小的产业很难与规模大的产业进行竞争，所以一般情况下，优势产业的固定资产和产值及就业人数在区域中占比比较大。

（4）经济效益优势。与支柱产业和主导产业不同的是，优势产业肯定是那些经济效益比较好的产业。用来衡量的指标有该产业的人均工资、产业的增长率等。

（5）发展潜力优势。一个产业能不能作为优势产业，在很大程度上取决于它的发展潜力的大小，发展潜力大，其就可以一直把这种优势延续下去，不被市场所淘汰。用于衡量的指标有法人单位数增长率、就业吸纳率、就业贡献率。法人单位数增长率大说明这一产业处于上升阶段，就业吸纳率越高说明每一单位的劳动力吸纳的产值越高，就业贡献率则说明了该产业对该地区就业的贡献程度。

2. 评价的指标体系

根据上述优势产业的选择原则与已有的指标体系，结合"一带一路"倡议的发展背景，建立指标体系，如表3-1所示：

表 3-1 优势产业评估指标体系

一级指标	二级指标	三级指标
西安优势产业的选择与发展研究	资源优势	比较劳动生产率
	区位优势	区位熵
	规模优势	产值占比
		固定资产投资占比
	经济效益优势	产值增长率
	市场优势	就业贡献率
		就业吸纳率
	对外开放能力	产业外商投资占比

表 3-1 中指标计算说明如下：

产值占比=该区域某产业的产值/该区域总产值

外商投资占比=该区域某一产业外商投资金额/该区域外商投资总额

这一指标主要说明该产业与其他产业相比所吸纳外资的能力。

就业贡献率 =该区域某产业的就业人数 /该区域总就业人数

比较劳动生产率，即某一个产业的产值在区域总产业产值中的比重与该产业的就业人数在区域总就业人数中的比重的比率。比较劳动生产率大致能客观地反映一个产业当年劳动生产率的高低，比较劳动生产率越高，表明该产业的产值与劳动力比值越大，生产成本相对就越低，在区域中就越有竞争优势和比较优势。

公式为：
$$B=\frac{n_{ij}/n_j}{l_{ij}/l_j} \tag{3-1}$$

在式（3-1）中，n_{ij} 表示 j 区域 i 产业的产值；n_j 表示 j 区域所有产业的总产值；l_{ij} 表示 j 区域 i 产业的就业人数；l_j 表示区域总就业人数。就业吸纳率=该区域某产业就业人数/该区域该产业的产值；产值增长率=（该区域某产业本年产值-该区域某产业上一年产值）/该区域某产业上一年产值。

区位熵，是衡量某一区域要素的空间分布情况，其数值的大小可以反映某一地区的某一产业部门的专业化程度，以及某一区域在比它更高区域的地位和作用。区位熵用 A 表示：

$$A_{ij}=\frac{(a_{ij}/a_j)}{(a_i/a)} \tag{3-2}$$

式中，a_{ij} 为 j 地区的 i 产业就业人数；a_j 为 j 地区所有产业的就业人数；a_i 指在全国范围内 i 产业的就业人数；a 为全国所有产业的就业人数。一般来说，若

该产业的区位熵大于1,表明该产业聚集程度较高,我们就可以说该产业在全国内都有较强的竞争力,而且 j 地区的区域经济在全国来说具有优势。

固定资产投资占比=区域某一产业固定资产投资金额/区域总固定资产投资金额的比值。这一比值越大说明该产业在规模方面的优势越大。

第三节 优势产业评价的实证分析
——以西安市为例

因子分析是考察多个变量间相关性的一种多元统计方法。其基本过程是通过降维将多个信息有重叠的、相互关联的指标转化为几个互不相关的综合指标的统计方法。对西安18个国民经济产业进行SPSS因子分析,选择优势产业评价指标体系,计算出每个产业的各个指标值,运用SPSS19.0统计软件进行因子分析。根据上述指标体系,得出西安18个国民经济产业的数据如表3-2所示。

一、原始数据的标准化处理

数据标准化处理,即采用一定的数学方法使不同量纲之间的数值可以进行比较。由于区位熵、比较劳动生产率、固定资产投资占比、就业吸纳率、就业贡献率、产值增长率、产业外商投资占比、产业产值占比各个指标都有不同的量纲,不同量纲的指标数据不能直接进行比较分析,就需要对指标数据进行标准化处理,以消除变量在数量级或量纲上的影响。SPSS软件在进行因子分析时,会自动对原始变量进行标准化,并对经过标准化后的数据,进行因子分析。标准化后的数值如表3-3所示。

二、因子分析的检验

利用KMO和Bartlett球形度检验对因子分析进行适用性检验,检验结果如表3-4所示。

第三章 优势产业选择与发展的实证研究

表3-2 西安18个国民经济产业指标数据

类别 行业	区位熵	比较劳动生产率（%）	固定资产投资占比（%）	就业吸纳率（%）	就业贡献率（%）	产值增长率（%）	产业外商投资占比（%）	产业产值占比（%）
农、林、牧、渔业	0.54	0.21	0.0165	21464.85	20.31	5.37	0.19	0.0428
制造业	1.95	1.42	0.1359	144518.78	14.92	3.69	54.13	0.2112
电力、热力、燃气及水生产和供应业	0.74	3.43	0.0339	343048.60	0.63	6.99	0.35	0.0197
建筑业	2.42	1.15	0.0227	117984.80	11.63	9.58	2.06	0.1319
批发和零售业	1.99	0.81	0.0274	82062.21	14.43	7.74	2.93	0.1157
交通运输、仓储和邮政业	3.85	0.76	0.0560	77533.57	5.83	10.01	0.90	0.0438
住宿和餐饮业	1.99	0.35	0.0136	51890.49	5.33	8.36	1.12	0.0271
信息传输、软件和信息技术服务业	3.31	1.63	0.0095	167588.60	2.46	32.26	1.52	0.0396
金融业	1.81	6.66	0.0048	680104.24	1.49	23.91	5.92	0.0993
房地产业	2.23	3.48	0.5021	356953.40	1.84	16.84	9.19	0.0624
租赁和商务服务业	4.41	0.55	0.0184	55851.42	3.38	23.93	0.89	0.0185
科学研究和技术服务业	2.74	1.86	0.0146	189008.53	2.79	4.17	0.16	0.0517
水利、环境和公共设施管理业	1.09	1.07	0.0917	109058.84	0.52	2.14	0.10	0.0056
居民服务、修理和其他服务业	3.37	0.06	0.0025	5724.25	4.34	-13.36	0.01	0.0025
教育	1.43	1.42	0.0139	144407.86	4.30	-1.55	0.00	0.0613
卫生和社会工作	2.16	0.91	0.0145	91813.04	2.81	0.81	0.12	0.0254
文化、体育和娱乐业	1.42	1.10	0.0064	111597.66	0.62	4.19	0.05	0.0068
公共管理、社会保障和社会组织	0.85	1.37	0.0132	139408.04	2.33	0.89	0.00	0.0319

资料来源：表中指标根据《陕西省统计年鉴》《西安市统计年鉴》相关数据整理计算得出。

表 3-3　西安 18 个国民经济产业指标数据标准化值

类别 行业	区位熵	比较劳动生产率(%)	固定资产投资占比(%)	就业吸纳率(%)	就业贡献率(%)	产值增长率(%)	产业外商投资占比(%)	产业产值占比(%)
农、林、牧、渔业	-1.28	-0.59	-0.32	-0.59	2.61	-0.35	-0.40	-0.18
制造业	-0.06	-0.25	0.73	-0.25	1.68	-0.48	3.81	2.96
电力、热力、燃气及水生产和供应业	-1.10	0.32	-0.16	0.29	-0.80	-0.22	-0.38	-0.62
建筑业	0.35	-0.33	-0.26	-0.32	1.11	-0.01	-0.25	1.48
批发和零售业	-0.02	-0.42	-0.22	-0.42	1.59	-0.16	-0.18	1.18
交通运输、仓储和邮政业	1.58	-0.44	0.03	-0.43	0.10	0.02	-0.34	-0.17
住宿和餐饮业	-0.02	-0.55	-0.34	-0.50	0.01	-0.11	-0.32	-0.48
信息传输、软件和信息技术服务业	1.12	-0.19	-0.38	-0.19	-0.49	1.80	-0.29	-0.24
金融业	-0.18	1.24	-0.42	1.20	-0.65	1.13	0.05	0.87
房地产业	0.18	0.34	3.94	0.33	-0.59	0.57	0.31	0.18
租赁和商务服务业	2.07	-0.50	-0.30	-0.49	-0.33	1.13	-0.34	-0.64
科学研究和技术服务业	0.62	-0.12	-0.33	-0.13	-0.43	-0.44	-0.40	-0.02
水利、环境和公共设施管理业	-0.80	-0.35	0.34	-0.35	-0.82	-0.61	-0.40	-0.88
居民服务、修理和其他服务业	1.17	-0.64	-0.44	-0.63	-0.16	-1.85	-0.41	-0.94
教育	-0.51	-0.25	-0.34	-0.25	-0.17	-0.90	-0.41	0.16
卫生和社会工作	0.12	-0.40	-0.33	-0.39	-0.43	-0.71	-0.40	-0.51
文化、体育和娱乐业	-0.52	-0.34	-0.41	-0.34	-0.81	-0.44	-0.41	-0.86
公共管理、社会保障和社会组织	-1.01	-0.26	-0.35	-0.27	-0.51	-0.71	-0.41	-0.39

表 3-4　KMO 和 Bartlett 的检验

取样足够的 Kaiser-Meyer-Olkin 度量		0.509
Bartlett 的球形度检验	近似卡方	163.159
	df	28
	Sig.	0.000

KMO 检验用于检查变量间的偏相关性，取值在 0~1。KMO 统计量越接近 1，变量间的相关性越强，因子分析的效果越好。一般认为 KMO 统计量在 0.5~1，都可以用因子分析，由表 3-4 可以看出，KMO 统计量为 0.509，大于 0.5。另外，假设原相关矩阵为单位矩阵，Bartlett 检验的值为 163.159，P（Sig.）= 0.000<0.001，与原假设不符，说明不是单位矩阵，可以用因子分析进行降维。

三、求特征值

运用 SPSS19.0 软件对已建立的指标通过降维做因子分析。得到原始变量之间的相关系数矩阵。按照特征根大于 1，累计方差贡献率接近 78% 的原则选择了三个主成分，它们的特征值和方差贡献率如表 3-5 所示：

表 3-5　解释的总方差

成分	初始特征值			提取平方和载入			旋转平方和载入		
	合计	方差贡献率（%）	累计贡献率（%）	合计	方差贡献率（%）	累计贡献率（%）	合计	方差贡献率（%）	累计贡献率（%）
1	2.978	37.225	37.225	2.978	37.225	37.225	2.945	36.817	36.817
2	2.115	26.442	63.667	2.115	26.442	63.667	2.105	26.308	63.125
3	1.141	14.262	77.929	1.141	14.262	77.929	1.184	14.804	77.929
4	0.902	11.275	89.205						
5	0.478	5.976	95.180						
6	0.215	2.685	97.865						
7	0.171	2.133	99.999						
8	0.000	0.001	100.000						

由选取的特征值和累计贡献率的原则可知，按照特征值大于 1 的原则选取了三个主成分，三个主成分的方差贡献率分别是 37.225%、26.442% 和 14.262%，

累计贡献率是 77.929%。通过这样的方法选择出来的三个主成分基本上可以解释上述 8 个评价指标的大部分信息,因此,把前三个成分作为评价西安优势产业的主成分。

四、因子得分以及综合得分

给出三个主成分的原载荷分析矩阵,矩阵中的载荷值表示各个变量与相关主成分之间的相关系数如表 3-6 所示。

表 3-6 成分矩阵(提取方法:主成分)

	成分		
	1	2	3
区位熵	-0.462	-0.106	0.704
比较劳动生产率	0.980	0.057	-0.067
固定资产投资占比	0.065	0.339	0.626
就业吸纳率	0.980	0.057	-0.069
就业贡献率	-0.442	0.663	-0.335
产值增长率	0.735	0.050	0.358
产业外商投资占比	0.271	0.848	0.049
产业产值占比	-0.174	0.907	0.036

因为表 3-6 中的各主成分在原始变量上的载荷值不易理解,所以需要对此进行转轴,旋转后的载荷矩阵如表 3-7 所示,反映了各主成分与评价指标之间的关系。主成分 1 包含的载荷绝对值大于 0.5 的指标有比较劳动生产率、就业吸纳率和产值增长率;主成分 2 主要反映产业贡献率、产业外商投资占比和产业产值占比;主成分 3 主要反映区位熵和固定资产投资占比两个指标;根据选择出来的主成分得到,如表 3-8 所示。

表 3-7 旋转成分矩阵

	成分		
	1	2	3
区位熵	-0.381	-0.160	0.741
比较劳动生产率	0.967	-0.004	-0.186

续表

	成分		
	1	2	3
固定资产投资占比	0.168	0.253	0.647
就业吸纳率	0.966	-0.004	-0.189
就业贡献率	-0.420	0.728	-0.197
产值增长率	0.774	-0.046	0.264
产业外商投资占比	0.347	0.814	0.110
产业产值占比	-0.090	0.905	0.161

表 3-8 成分得分系数矩阵

	成分		
	1	2	3
区位熵	-0.084	-0.115	0.622
比较劳动生产率	0.321	0.011	-0.097
固定资产投资占比	0.101	0.089	0.556
就业吸纳率	0.321	0.011	-0.099
就业贡献率	-0.155	0.357	-0.234
产值增长率	0.284	-0.033	0.280
产业外商投资占比	0.129	0.385	0.076
产业产值占比	-0.017	0.424	0.088

由成分得分系数矩阵，可以得出相关的因子得分函数，且在每个成分的得分基础上，以选定的三个因子的方差贡献率为权数，对给定的 18 个行业进行综合评价，进而选出优势产业。由矩阵可得因子的得分函数为：

$$F_1 = -0.084X_1 + 0.321X_2 + 0.101X_3 + 0.321X_4 - 0.155X_5 + 0.284X_6 + 0.129X_7 - 0.017X_8 \quad (3-3)$$

$$F_2 = -0.115X_1 + 0.011X_2 + 0.089X_3 + 0.011X_4 - 0.357X_5 + 0.033X_6 + 0.385X_7 + 0.424X_8 \quad (3-4)$$

$$F_3 = 0.622X_1 - 0.097X_2 + 0.566X_3 - 0.099X_4 - 0.234X_5 + 0.28X_6 + 0.076X_7 + 0.088X_8 \quad (3-5)$$

根据公式，对 18 个国民经济行业进行综合评价，结果如表 3-9 所示：

表 3-9 西安市 18 个产业的三因子得分

产业	F_1	F_2	F_3
农、林、牧、渔业	−0.85547	0.81857	−1.60975
制造业	−0.03681	3.40707	0.44252
电力、热力、燃气及水生产和供应业	0.29521	−0.5697	−0.79408
建筑业	−0.49691	0.85681	−0.01703
批发和零售业	−0.6269	0.97747	−0.38217
交通运输、仓储和邮政业	−0.45901	−0.35628	1.03031
住宿和餐饮业	−0.43826	−0.3592	−0.20078
信息传输、软件和信息技术服务业	0.30018	−0.6151	1.09656
金融业	1.17086	0.12889	−0.03384
房地产业	0.88559	0.30263	2.57914
租赁和商务服务业	−0.18123	−0.83206	1.52954
科学研究和技术服务业	−0.27791	−0.40364	0.17252
水利、环境和公共设施管理业	−0.20258	−0.6873	−0.32415
居民服务、修理和其他服务业	−1.08345	−0.74024	0.01455
教育	−0.43798	−0.0971	−0.68591
卫生和社会工作	−0.47685	−0.55182	−0.20668
文化、体育和娱乐业	−0.25494	−0.77747	−0.52058
公共管理、社会保障和社会组织	−0.28762	−0.40153	−0.91182

由公式中因子的方差贡献率计算权重，利用因子综合得分公式，可以计算各产业的总得分，结果如表 3-10 所示：

表 3-10 西安市 18 个产业的综合得分及排名

产业	综合得分	排名
制造业	0.950307129	1
房地产业	0.777519249	2
金融业	0.465107468	3
信息传输、软件和信息技术服务业	0.10548865	4

续表

产业	综合得分	排名
建筑业	0.039154134	5
批发和零售业	-0.029405993	6
租赁和商务服务业	-0.069333178	7
交通运输、仓储和邮政业	-0.118131218	8
电力、热力、燃气及水生产和供应业	-0.153999841	9
科学研究和技术服务业	-0.185577684	10
教育	-0.286537721	11
住宿和餐饮业	-0.286757193	12
水利、环境和公共设施管理业	-0.303376544	13
农、林、牧、渔业	-0.331584973	14
公共管理、社会保障和社会组织	-0.343282876	15
卫生和社会工作	-0.352896359	16
文化、体育和娱乐业	-0.374725152	17
居民服务、修理和其他服务业	-0.596973402	18

五、基本结论

通过综合排名可以看出，排名前五的产业有制造业，房地产业，金融业，信息传输、软件和信息技术服务业，建筑业，这些行业在西安市的发展中具有明显的比较优势和竞争优势，因此，可以将它们作为优势产业进行今后的重点化发展。

第四节 对具体制造业的测算过程

由于制造业方面涉及的行业较多，因此对西安市规模以上制造业进行第二次SPSS因子分析，得出具体的优势制造业。建立的指标有规模效益、产值占有率、就业吸纳率、产业贡献率、产值增长率、产值利税率、产值利润率、出口依存度和区位熵9个指标。指标具体的计算公式如表3-11所示：

表 3-11 制造业优势产业评估的指标

一级指标	二级指标	三级指标
西安优势工业的选择	规模优势	规模效益=某产业销售收入/该产业企业单位数
	市场优势	产值占有率=某产业产值/区域产业总产值
	发展潜力	就业吸纳率=某产业平均年就业人数/该产业产值
		产业贡献率=某产业当年产值增量/区域总产值占增量
	经济效益优势	产值增长率=某产业当年产值增量/该产业上一年产值
		产值利税率=某产业利税总额/该产业产值
		产值利润率=某产业利润总额/该产业产值
	对外开放能力	出口依存度=某产业出口交货值/区域出口交货值
	区位优势	区位熵=(某产业就业人数/区域总就业人数)/(较高区域该产业就业人数/较高区域总就业人数)

根据上述指标计算的 17 个制造业产业的指标原始数据如表 3-12 所示。

一、数据标准化处理

利用 KMO 和 Bartlett 球形度检验对因子分析进行适用性检验，检验结果如表 3-13 所示。

二、因子分析的检验

由表 3-14 可以看出，KMO 统计量为 0.515，大于 0.5。另外，假设原相关矩阵为单位矩阵，Bartlett 检验的值为 124.873，P (Sig.) = 0.000<0.001，与原假设不符，说明不是单位矩阵，可以用因子分析进行降维。

第三章 优势产业选择与发展的实证研究

表 3-12 17个制造业产业的指标原始数据

产业 \ 类别	规模效益	产值占有率（%）	就业吸纳率（%）	产值增长率（%）	产业贡献率（%）	产值利税率（%）	出口依存度（%）	产值利润率（%）	区位熵
高新技术产业	47407.014	0.206	0.012	0.196	0.675	0.080	0.313	0.053	4.671
农副食品加工业	40053.407	0.037	0.004	-0.106	-0.076	0.020	0.001	0.009	0.557
食品制造业	37874.050	0.027	0.008	-0.065	-0.034	0.070	0.000	0.044	1.382
酒、饮料和精制茶制造业	55052.492	0.016	0.008	0.233	0.062	0.136	0.018	0.072	0.777
纺织业	12308.851	0.003	0.045	0.800	0.030	0.095	0.001	0.060	0.555
印刷和记录媒介复制	27271.536	0.011	0.012	0.068	0.013	0.132	0.000	0.081	2.153
文教、工美、体育和娱乐用品制造业	72048.944	0.011	0.001	0.382	0.063	0.029	0.065	0.005	2.095
化学原料及化学制品制造业	27690.800	0.036	0.010	0.068	0.043	0.064	0.058	0.046	1.110
橡胶和塑料制品业	22685.050	0.012	0.016	-0.043	-0.010	0.092	0.001	0.060	1.451
非金属矿物制品业	14901.804	0.030	0.008	-0.319	-0.206	0.067	0.000	0.041	0.517
黑色金属冶炼和压延加工业	21397.378	0.008	0.006	-0.369	-0.065	0.063	0.001	0.038	0.196
有色金属冶炼和压延加工业	45862.333	0.035	0.005	0.160	0.096	0.067	0.016	0.049	0.600
金属制品业	24232.665	0.025	0.017	-0.150	-0.073	0.059	0.007	0.038	3.198
通用设备制造业	21478.754	0.030	0.013	0.070	0.038	0.095	0.017	0.064	1.543
专用设备制造业	21579.461	0.046	0.012	-0.087	-0.076	0.092	0.025	0.061	1.919
汽车制造业	169172.142	0.155	0.009	-0.065	-0.192	0.044	0.038	0.022	3.159
电气机械和器材制造业	40543.393	0.093	0.009	0.115	0.185	0.086	0.019	0.050	2.624

表 3-13　工业产业指标标准化数据

类别\产业	规模效益	产值占有率（%）	就业吸纳率（%）	产值增长率（%）	产业贡献率（%）	产值利税率（%）	出口依存度（%）	产值利润率（%）	区位熵
高新技术产业	0.16828	2.88663	0.06088	0.53165	3.34269	0.11933	3.73662	0.32047	2.4795
农副食品加工业	-0.0333	-0.16034	-0.78639	-0.58511	-0.53646	-1.80432	-0.44841	-1.85089	-0.92703
食品制造业	-0.09304	-0.33792	-0.32716	-0.43387	-0.31729	-0.1914	-0.4522	-0.13197	-0.24407
酒、饮料和精制茶制造业	0.37786	-0.5374	-0.32848	0.66836	0.17702	1.95235	-0.21372	1.21843	-0.74509
纺织业	-0.79384	-0.77819	3.4996	2.75967	0.01138	0.611	-0.44176	0.63137	-0.92907
印刷和记录媒介复制	-0.38368	-0.63381	0.0193	0.05985	-0.07564	1.81232	-0.4553	1.68638	0.39395
文教、工美、体育和娱乐用品制造业	0.84376	-0.63691	-1.07167	1.21591	0.1812	-1.51896	0.41484	-2.03345	0.3463
化学原料及化学制品制造业	-0.37219	-0.17763	-0.11555	0.05744	0.08045	-0.3999	0.31768	-0.02018	-0.46956
橡胶和塑料制品业	-0.5094	-0.60558	0.5227	-0.35154	-0.19508	0.52909	-0.44927	0.67631	-0.1873
非金属矿物制品业	-0.72276	-0.29125	-0.41414	-1.37053	-1.2085	-0.29447	-0.45409	-0.27169	-0.96091
黑色金属冶炼和压延加工业	-0.5447	-0.68587	-0.60383	-1.55339	-0.48156	-0.40672	-0.44897	-0.40744	-1.22606
有色金属冶炼和压延加工业	0.12593	-0.1913	-0.6377	0.39639	0.35149	-0.30495	-0.24071	0.113	-0.89222
金属制品业	-0.46698	-0.38257	0.59098	-0.74544	-0.52164	-0.54356	-0.3683	-0.41304	1.25986
通用设备制造业	-0.54247	-0.2819	0.15454	0.06576	0.05067	0.63668	-0.22775	0.86814	-0.1109
专用设备制造业	-0.53971	-0.00308	0.00786	-0.51451	-0.53764	0.52109	-0.12192	0.67866	0.20089
汽车制造业	3.50611	1.97499	-0.25932	-0.43349	-1.13323	-1.03037	0.0497	-1.21421	1.22733
电气机械和器材制造业	-0.01987	0.84211	-0.31162	0.23286	0.81215	0.31279	-0.19644	0.1501	0.78438

表 3-14　KMO 和 Bartlett 的检验

取样足够的 Kaiser-Meyer-Olkin 度量		0.515
Bartlett 的球形度检验	近似卡方	124.873
	df	45
	Sig.	0.000

三、求特征值

按照特征根大于 1，累计方差接近 80% 的原则选择了三个主成分，它们的特征值和方差贡献率，如表 3-15 所示：

表 3-15　解释的总方差

成分	初始特征值			提取平方和载入			旋转平方和载入		
	合计	方差贡献率（%）	累计贡献率（%）	合计	方差贡献率（%）	累计贡献率（%）	合计	方差贡献率（%）	累计贡献率（%）
1	3.281	36.457	36.457	3.281	36.457	36.457	3.209	35.660	35.660
2	2.728	30.312	66.769	2.728	30.312	66.769	2.350	26.115	61.775
3	1.196	13.285	80.054	1.196	13.285	80.054	1.645	18.279	80.054
4	0.879	9.768	89.822						
5	0.522	5.795	95.617						
6	0.259	2.874	98.490						
7	0.079	0.880	99.371						
8	0.033	0.369	99.740						
9	0.023	0.260	100.000						

三个主成分的方差贡献率分别是 36.457%、30.312% 和 13.285%，累计贡献率是 80.054%。通过这样的方法选择出来的三个主成分基本上可以解释上述 9 个评价指标的大部分信息，因此，把前三个成分作为评价西安市优势工业的主成分。

四、因子得分以及综合得分

给出三个主成分的原载荷分析矩阵,矩阵中的载荷值表示各个变量与相关主成分之间的相关系数如表3-16所示。

表3-16 成分矩阵(提取方法:主成分)

	成分		
	1	2	3
规模效益	0.501	-0.489	0.223
产值占有率	0.920	-0.060	-0.090
就业吸纳率	-0.164	0.648	0.561
产值增长率	0.151	0.568	0.731
产业贡献率	0.739	0.499	-0.055
产值利税率	-0.190	0.834	-0.348
出口依存度	0.902	0.213	-0.062
产值利润率	-0.185	0.863	-0.388
区位熵	0.845	0.088	-0.102

旋转后的载荷矩阵如表3-17所示,反映了各主成分与评价指标之间的关系。主成分1包含的载荷绝对值大于0.5的指标有规模效益、产值占有率、产业贡献率、出口依存度和区位熵;主成分2主要反映产值利税率和产值利润率;主成分3主要反映就业吸纳率、产值增长率;根据选择出来的主成分得到,如表3-18所示。

表3-17 旋转成分矩阵

	成分		
	1	2	3
规模效益	0.563	-0.643	-0.075
产值占有率	0.887	-0.245	-0.104
就业吸纳率	-0.098	0.277	0.822
产值增长率	0.163	0.040	0.923

续表

	成分		
	1	2	3
产业贡献率	0.830	0.238	0.226
产值利税率	0.052	0.909	0.158
出口依存度	0.926	-0.034	0.067
产值利润率	0.069	0.951	0.140
区位熵	0.849	-0.100	-0.035

表 3-18 成分得分系数矩阵

	成分		
	1	2	3
规模效益	0.077	-0.283	0.061
产值占有率	0.277	-0.053	-0.074
就业吸纳率	-0.065	-0.039	0.523
产值增长率	0.001	-0.162	0.627
产业贡献率	0.264	0.113	0.061
产值利税率	0.054	0.415	-0.079
出口依存度	0.290	0.018	0.001
产值利润率	0.063	0.441	-0.102
区位熵	0.268	0.002	-0.053

由矩阵可得因子的得分函数为：

$$F_1 = 0.077X_1 + 0.277X_2 - 0.065X_3 + 0.001X_4 + 0.264X_5 + 0.054X_6 + 0.29X_7 + 0.063X_8 + 0.268X_9$$

$$F_2 = -0.283X_1 - 0.053X_2 - 0.039X_3 - 0.162X_4 + 0.113X_5 + 4.415X_6 + 0.018X_7 + 0.441X_8 + 0.002X_9$$

$$F_3 = 0.061X_1 - 0.074X_2 + 0.523X_3 + 0.627X_4 + 0.061X_5 - 0.079X_6 + 0.001X_7 - 0.102X_8 - 0.053X_9$$

因子综合得分公式：$F = 0.36457F_1 + 0.30312F_2 - 0.13285F_3$

根据公式，对 17 个工业产业进行综合评价，结果如表 3-19 所示：

表 3-19 西安市 17 个工业产业的三因子得分

产业	F_1	F_2	F_3
高新技术产业	3.46518	0.35035	0.19089
农副食品加工业	-0.73086	-1.4923	-0.42002
食品制造业	-0.37877	-0.05492	-0.40131
酒、饮料和精制茶制造业	-0.12982	1.18863	0.08106
纺织业	-0.80252	0.20708	3.5065
印刷和记录媒介复制	-0.04816	1.6115	-0.26953
文教、工美、体育和娱乐用品制造业	0.00982	-1.85809	0.61984
化学原料及化学制品制造业	-0.10577	-0.05157	0.02967
橡胶和塑料制品业	-0.40165	0.69995	-0.04567
非金属矿物制品业	-0.85193	0.06888	-1.06933
黑色金属冶炼和压延加工业	-0.82723	0.05146	-1.16213
有色金属冶炼和压延加工业	-0.22699	-0.10821	0.01817
金属制品业	-0.14331	-0.22056	-0.17134
通用设备制造业	-0.12306	0.79994	-0.0198
专用设备制造业	-0.09603	0.6886	-0.50456
汽车制造业	0.74534	-2.10208	-0.26983
电气机械和器材制造业	0.64578	0.22134	-0.11262

利用因子综合得分公式，可以计算各产业的总得分，结果如表 3-20 所示：

表 3-20 西安市 17 个工业产业的综合得分及排名

产业	综合得分	排名
高新技术产业	1.394858501	1
通用设备制造业	0.435113128	2
电气机械和器材制造业	0.323737869	3
专用设备制造业	0.287563028	4
纺织业	0.236033898	5
印刷和记录媒介复制	0.194983399	6
酒、饮料和精制茶制造业	0.106687979	7
汽车制造业	0.059672044	8

续表

产业	综合得分	排名
橡胶和塑料制品业	-0.050250808	9
化学原料及化学制品制造业	-0.113140475	10
有色金属冶炼和压延加工业	-0.141865193	11
金属制品业	-0.208049563	12
食品制造业	-0.401300801	13
文教、工美、体育和娱乐用品制造业	-0.431769705	14
非金属矿物制品业	-0.440373656	15
黑色金属冶炼和压延加工业	-0.477298419	16
农副食品加工业	-0.774595263	17

五、基本结论

通过综合排名可以看出，排名前五的制造业有：高新技术产业、通用设备制造业、电气机械和器材制造业、专用设备制造业、纺织业。其中高新技术产业具体包括医学制造业，航天、航空器及设备制造业，计算机、电子及通信设备制造业，医疗设备及仪器仪表制造业，信息化学品制造业。

根据实证分析的结果，通过综合排名可以看出，排名前五的产业有：制造业，房地产业，金融业，信息传输、软件和信息技术服务业，建筑业，这些行业在西安市的发展中具有明显的比较优势和竞争优势，因此，可以将它们作为优势产业进行今后的重点发展。

第五节 优势产业发展现状分析

一、产业发展环境优势

1. 西安市在经济综合实力实现新跨越

西安主要指标增速在15个副省级城市中位居前列。经济总量先后跨越4000

亿元和 5000 亿元大关，2015 年达到 5810.03 亿元，年均增长 10.9%，总量在 15 个副省级城市中排名前两位，顺利实现争先进位。人均 GDP 突破 10000 美元大关，达到 10778 美元左右，达到中等收入水平。财政总收入达到 1114.66 亿元，是 2010 年的 2.2 倍。一般公共预算收入实现 650.91 亿元，是 2010 年的 2.7 倍。全社会固定资产投资累计完成 23794 亿元，年均增长 14.9%。第三产业增加值、社会消费品零售总额等 12 项指标较 2010 年实现"翻番"。国家系统推进全面创新改革试验等 23 项国家级试点和示范城市落户西安，城市战略地位和影响力稳步提升。产业结构优化迈出新步伐。三次产业比由 2010 年的 4.0∶41.9∶54.1 调整为 3.8∶37.3∶58.9，服务业比重比 2010 年实际提高 4.8 个百分点，支撑作用凸显。五大主导产业实现增加值 3100 亿元，占全市 GDP 的 53.5%，较 2010 年提高 3.4 个百分点。深入实施工业突破战略，渭北工业区成为工业发展新引擎，全市规模以上工业增加值 1174.67 亿元，年均增长 12.2%；战略性新兴产业增加值年均增速达到 16%，占 GDP 比重达到 16%。首批国家服务业综合改革试点和国家现代服务业综合试点工作推进顺利，金融、科技服务、电子商务等现代服务业快速发展。金融业增加值达到 643.88 亿元，占 GDP 比重由 2010 年的 7% 提高到 11.1%，成为新的支柱产业。电子商务连续 4 年保持高速增长，成为消费增长的新动力。

2. 全面创新能力得到新提升

积极开展统筹科技资源改革，实施"科技企业小巨人"三年行动计划，加强科技资源交流和就地转化，科技创新能力大幅增进。"科技企业小巨人"、技术成果交易额、研发投入占 GDP 比重和科技成果就地转化率均居副省级城市第一，科技进步对经济增长的贡献率达到 58.3%，较"十一五"提高 5.3 个百分点。建设丝绸之路经济带新起点取得重大进展，"西安港"成为国内首个获得"双代码"的内陆港，"长安号"实现常态化运营，西安综保区、高新综保区获批并封关运行。西安咸阳国际机场口岸对 51 个国家公民实施 72 小时过境免签。国际友好城市增至 27 个，国外驻华机构增至 8 家，5 处遗迹入选世界文化遗产。成功举办 2011 年世界园艺博览会和欧亚经济论坛。开放型经济水平大幅提高，世界 500 强企业落户 146 家，全国最大的外资项目三星电子项目建成投产。全市进出口总额达到 240 亿美元，是 2010 年的 2.3 倍。实际利用外资累计达到 153.23 亿美元，是"十一五"时期的 2.6 倍。

西安市实施"经济总量跃升计划"，保持经济平稳健康增长，生产总值年均增长 8% 以上，总量达到 9000 亿元，人均生产总值达到 1.5 万美元；投资引领支撑作用继续发挥，年均增长 10% 左右；消费对经济增长的基础性作用明显加大，社会消费品零售总额年均增长 12%；地方财力持续增强，一般公共预算收入年均增长 10%。

(1) 产业结构日趋优化。加快产业转型升级，装备制造业国内领先地位进一步提升，战略性新兴产业和服务业增加值占 GDP 比重累计分别提高 5 个和 2 个百分点；国际一流旅游目的地城市影响力大幅提升，旅游业增加值占 GDP 比重达到 9.5%；经济活力不断增强，非公有制经济增加值占 GDP 比重提高 3 个百分点。

(2) 创新能力显著增强。创新驱动成为发展的主要特征，形成创新驱动长效机制，创新对经济发展的支撑作用显著增强。R&D 经费支出占 GDP 比重达到 5.6%；军民融合产业年营业收入超过 3000 亿元，全市技术成果交易额突破 1000 亿元，科技进步对经济增长的贡献率提高到 63%。

(3) 生态文明成效显著。生态环境质量明显改善，绿色、低碳、循环成为发展主基调，单位 GDP 能耗累计降低 16%，万元 GDP 用水量降低到 25.5 立方米，耕地保有量控制在 400 万亩，主要污染物减排完成中省下达任务，森林覆盖率超过 48%。

(4) 开放水平明显提高。内陆型改革开放新高地建设加快推进，经济外向度进一步提高，全市进出口总额达 500 亿美元，世界五百强企业达到 250 家，外资金融服务机构达到 100 家，实际利用外资达到 55 亿美元，外贸依存度达到 30%。开放融合发展能力及引领带动作用进一步增强。

与此同时，西安市还遵循产业发展规律，以"五大主导产业"为核心，以产业转型升级为主线，通过优化产业布局和壮大产业集群，形成"一心、两带、七组团、十板块"的产业空间新格局。"一心"，即彰显历史文化特色和支撑国际化大都市发展的现代服务业核心区；"两带"，即高技术与现代装备制造产业带、文化旅游休闲与现代物流产业带；"七组团"，即在高技术与现代装备制造产业带上，形成阎良航空产业组团、高陵装备制造业组团、临潼现代工业组团、经开区先进制造业组团、沣东统筹科技资源产业组团、高新区高新技术产业组团、航天基地航天产业组团；"十板块"，即在文化旅游休闲与现代物流产业带上，形成临潼旅游产业板块、临潼现代物流板块、国际港务区国际物流商贸板块、浐灞生态与国际合作板块、曲江文化板块、引镇现代物流板块、汤峪休闲旅游产业板块、终南文化旅游与健康养老产业板块、草堂文化旅游产业板块和楼观文化旅游产业板块。在优化空间布局的基础上，重点加大"五区一港两基地"和渭北工业区产业发展的统筹协调和优化调整，强化"一区一主业"，形成"定位明确、产业明晰、优势互补、错位发展"的开发区产业发展新格局。

二、高新技术产业的发展

1. 发展现状及优势分析

（1）陕西省是全国的教育大省，科技资源十分丰富，而这些资源主要集中在西安市，西安市现有普通高等院校37所，民办及其他高等教育机构36所，这些都为西安市高新技术产业的发展提供了保证。西安市高新技术产业的另一个重要依托就是高新技术开发区，2015年9月，经国务院批复，同意西安高新区建设国家自主创新示范区，成为继北京中关村、武汉东湖、上海张江等之后，国务院批复的第9个国家自主创新示范区。2015年，西安共有高新技术企业2000多个，2015年高新技术产业增加值占GDP比重达14.5%，居于全国前列。

（2）西安是我国重要的新一代信息技术生产和研发基地，中兴、华为、酷派等企业在西安建立了产业园，这些产业园的建立进一步完善了西安新一代信息技术产业链，形成西安电子信息产业的规模化、高端化和差异化特色，在一定程度上凸显了西安市的竞争优势和比较优势。由于大型企业的入驻，会吸引更多的资本流入西安市场，带动西安的就业，极大地促进西安市经济的发展。

（3）近年来，西安市政府给予高新技术企业一定的优惠税收政策，例如，外商投资企业所得税减免优惠政策、外商投资企业再投资退税政策。综合以上分析，可将高新技术产业作为西安市的优势产业来发展。

2. 存在的问题及对策

虽然高新技术产业在西安的发展中有明显优势，但也存在一些问题。主要表现在以下几个方面：虽然高新产业区主要从事前沿产品研发和生产，科研能力较强，但市场经济实力和产业化规模较低，使产业发展在科技研发和经济实现之间出现断层；企业与高校及科研机构沟通协调力度薄弱，与相关企业之间联系不足，企业大多采取闭关搞研发的发展方式，运用高校科研专利较少，没有充分利用西安市高校雄厚的科研实力，使企业在技术创新上受到一定程度的阻碍，不利于长远发展。需要实施智能制造工程，培育壮大新一代信息技术、生物医药、新材料和新能源等战略性新兴产业，加快产业集聚，致力打造半导体、智能终端、生物医药、航空航天、节能与新能源汽车等千亿级产业集群。

（1）新一代信息技术。以三星项目为引领，构建存储芯片设计、制造、封装、测试完整产业链，培育壮大电子级多晶硅、大直径单晶炉和硅片制造等配套产业，建设世界一流高端芯片产业基地，在下一代新型存储器产业中保持世界领先。依托"中兴""华为""酷派"等重点企业，带动整合智能终端整机及零部件、芯片、系统和应用软件研发设计制造企业，打造千亿规模智能终端产业集群。加快西安工业云、大数据服务平台、西安软件园云计算中心以及大中型企业云等项目建设,围绕"美林数据""银河数据""大东国际"等企业,大力发展面向工业制造业、新能源汽车、航空航天、化工医药等领域的云计算服务。打造大西安大数据应用产业体系。加快下一代移动通信系统、互联网和宽带光纤接入网建设,开发适应下一代移动通信网络特点和移动互联网需求的新业务、新应用,推动系统和终端升级换代。到2020年,全市下一代信息技术产业产值达到1500亿元。

(2) 生物医药。重点在生物检测试剂、化学药物、现代中药与生物药、高性能医学诊疗设备等领域突破一批关键技术,形成新的增长点。发挥西安强生供应链基地项目的辐射带动作用,加强小分子药物研发,重点推进化学药物新产品和新制剂的产业化。依托陕西省中药材资源和步长集团等领军企业优势,大力开展中药生产工艺创新,筛选一批重点中药名优品种,进行剂型改造和二次开发,研制一批疗效明显、质量可控、剂型稳定、服用方便的现代中药。以高新区生物医药研发区为核心,依托第四军医大学、西安交通大学的科研力量,加快生物医药的研发。依托"金花""迪赛""清华德人"等生物医药企业,开发转移因子、胸腺肽及人血免疫制剂等优势产品,大力推动工程皮肤生产化项目。促进美国强生公司疫苗项目落地和产业化,重点发展单克隆抗体、控缓释制剂及新型诊断试剂,研发预防和诊断重大传染病疫苗、抗体药物和基因工程药物。依托蓝港数字等企业,瞄准国际先进水平,重点发展影像设备、医用机器人等高性能诊疗设备。到2020年,全市生物医药产业产值达到1000亿元。

(3) 新材料。主要以高性能材料为重点,加大技术创新力度,大力发展复合、纳米、智能材料。积极推进航空航天、军工领域的新材料产业发展,重点发展以稀有金属、电子信息为主的特种功能材料以及以纳米吸波、碳纤维、陶瓷基等为主的高性能复合材料。围绕"西部超导""西部金属""西安隆基硅""星王集团"等骨干企业,加大高效光伏电池材料、电子单晶制备、钛合金丝棒材等新材料和新工艺的研发,推进隆基硅金刚砂线薄片切割、西部超导高性能航空用钛合金丝棒材、洗净电子单晶制备生产线等新材料产业化项目,以重大项目建设带动整体产业发展。到2020年,全市新材料产业产值达到1000亿元。

三、装备制造业

1. 发展现状及优势分析

制造业是西安市第一大支柱产业,尤其是装备制造业,占据西安市工业增加值和产值的半壁江山。同时西安一直是我国装备制造的重要产业基地之一,西安市装备制造业实力雄厚，西部大开发战略的实施，为西安装备制造业的发展提供了千载难逢的机会，西安抓住机遇，发展门类齐全、科技实力雄厚的装备制造业。经过多年发展，装备制造业产值占工业总产值的40%以上，成为西安市的主导产业。

近几年，以"法士特""陕鼓动力"为代表的高端装备制造业企业，不断提高其自身的创新能力，很好地带动了西安市装备制造业的发展；以"西安航空基地""阎良航空基地"为代表的航天、航空装备制造业获批"国家高端装备制造业标准化试点项目"，这都极大地提高了高端装备制造业发展的质量和效益，对社会经济的发展具有重大意义。

"一带一路"建设给西安市的装备制造业提供了前所未有的机遇。"一带一路"沿线国家的大多数产业基础都比较薄弱，所以无论是农业、工业，以及优势的能源产业，都需要大量的装备产品来促进其发展。而作为丝路新起点的西安市拥有完备且实力雄厚的装备制造业可以为之提供装备产品及服务。所以借助这一时机，西安市的通用、专用设备制造等装备制造业应该积极迅速地走出去，抓住机遇，拓展海外市场。

2. 存在的问题及对策分析

装备制造业在西安市发展中扮演着重要角色。近年来，西安市响应国家号召大力发展装备制造业，并将其作为西安市五大主导产业之一。但是西安装备制造业企业大多为国有企业，改革滞后，创新能力不足，技术含量有待提高。2016年有学者运用RUV指数对西安装备制造业七个细分行业的国际分工地位进行了研究，结果发现只有两个行业的贸易条件较高，在全球价值链中居于高端或中端位置。其余五个细分行业进口值大于出口值，在全球价值链中处于低端位置。

西安市需要提升高端装备制造业自主创新能力，推进装备制造业智能化、绿色化、服务化、品牌化发展。围绕数字化设计、人工智能技术、工业机器人、3D打印装备，提高自主研发能力，推动应用创新。依托"西电集团""西玛电机"等企业，积极推进新能源和可再生能源装备、先进储能装备发展，重点发展智能电网成套装备，以及特（超）高压交直流输变电设备及关键部件，打造500亿输变电产业集群。依托"西门子信号""永电电器"等龙头企业，重点突破车体轻量化技术、节能技术、列车网络控制技术等一系列新型高速列车的核心技术，延长配套零件发展的产业链，打造中西部轨道交通装备制造基地。加快"陕鼓能量转换设备工业园"等项目建设，扩大通用专用装备制造规模。深入实施质量强市战略，推进西安制造业品牌建设，培育一批有国际竞争力的企业集团和著名品牌，确立装备制造业国内领先地位。到2020年，全市高端装备制造业产值超过1000亿元，拥有中国质量奖1家、陕西省质量奖12家、西安市质量奖28

家以上。

（1）航空航天。在航空产业方面，围绕航空制造和航空服务，构建涵盖整机制造、发动机研制、零部件加工、航空材料、航空维修与改装、试飞试验保障等完整产业链。以中航工业第一飞机设计研究院等航空类研究所以及"西飞""西航""庆安集团"等骨干航空企业为主体，围绕大中型、支线、通用飞机项目，加快推进"新舟700飞机""小鹰700通用飞机""民用无人机"研制和产业化等重大项目建设，做好C919大型客机、ARJ21支线客机研发及生产。积极引导民营企业进入航空转包生产及航空配套服务等领域。在航天产业方面，围绕"载人航天""探月工程""北斗卫星导航""高分系统"等国家重大科技工程，依托航天科技、科工集团在西安的科研机构，以航天动力、卫星有效载荷、卫星应用为主导，重点突破北斗核心芯片低功耗和小型化技术、GNSS数据处理、北斗行业应用集成系统以及北斗位置服务应用等关键技术。推动以航天运载动力、卫星测绘、北斗导航、授时、通信及位置服务为主业的卫星应用产业整体发展。依托卫星应用海量数据处理平台，构建大数据服务体系。到2020年，全市航空航天产业产值达到1000亿元。

（2）节能与新能源汽车。重点突破整车控制系统、插电式深度混合动力系统、氢能源与燃料电池和先进动力电池等关键技术。支持陕重汽、比亚迪、金龙汽车等龙头企业做大做强。加快推进千亿陕汽、比亚迪新能源汽车基地、兵器集团房车基地、三星环新汽车动力电池等重大项目建设，构建涵盖整车制造、核心技术研发、关键零配件配套、售后服务等完整的节能与新能源汽车产业链，打造全国自主品牌重卡汽车基地和新能源汽车研发生产基地。到2020年，全市汽车产业产值达到2000亿元，其中节能与新能源汽车占比超过60%。

综合高新技术产业和装备制造业的分析，西安在制造业发展中主要存在技术创新不足的问题。在大众创业、万众创新的新背景下，制造业企业要发展壮大，必要时在技术上和国外企业接轨，适应经济社会新形式的变化。一要运用好制造业在区位及市场的独特优势，加大对企业科技研发的投入，建立研发奖励机制，鼓励工作人员积极参与技术研发，提高创新意识和创新能力，加快技术创新；二要加大与高校之间的技术转移效率，这是提高企业竞争能力的较好途径。高校有丰富的专业技术知识，并且会经常有和国外高校的交流合作项目，企业应该牢牢抓住技术转移不放，加大对科技研发的投入力度，革新生产技术，拓宽生产领域，提高企业形象和利润。企业可以将研发成果拿去高校展示，开展校企展览会，增加高校科研人员对企业研发的兴趣。并和科研人员交流企业发展中遇到的技术问题，根据企业的项目动态和发展方向与高校相关科研人员沟通交流，了解最新的研究内容，掌握发展前沿，使产品生产更加符合市场需求，努力提高制造业产品的出口份额，提高市场效益。

四、文化旅游业

1. 发展现状及优势分析

西安市作为十三朝古都，有着丰富的文化底蕴，西安市拥有3家5A级景区，即西安秦始皇兵马俑博物馆、西安华清池景区和西安大雁塔—大唐芙蓉园景区，有以陕西历史博物馆、西安城墙景区、西安世博园和西安大明宫国家遗址公园为代表的20家4A级景区，旅游资源十分丰富。近年来，旅游业已经融入西安市的发展战略中，是促进西安市经济增长的另一大主导产业，同时也是西安市经济的重要支撑点。而且西安市政府也一直把旅游业作为扩大消费需求的重要领域。

"一带一路"倡议的提出，给西安市旅游业提供了前所未有的机遇。首先，政府给予政策上的大力支持：2013年11月，西安市出台了《关于加快建设丝绸之路经济带新起点的实施方案》，其中包括要把西安打造成丝绸之路历史文化旅游区；西安市还出台了《推进旅游业健康持续发展的十条措施》，其核心理念是：要充分发挥丝绸之路起点的龙头作用。"西安市'一带一路'建设2016年行动计划"提出计划开通西安至东京、暹粒、阿拉木图、罗马等国际航线，打通西安市向西开放的空中通道；计划中还提出西安市要积极举办丝绸之路国际旅游相关会议及活动。与"一带一路"相关国家地区联合开发国际旅游线路，建设一批丝绸之路文化旅游项目，完善并常态化运行西安至乌鲁木齐丝绸之路旅游专列。其次，随着"一带一路"的推动，西北地区的航空、铁路、公路系统将更加完善，西安咸阳国际机场已经开通了36条国际航线，成为西北首个72小时过境免签城市。西安市政府出台的"十三五"规划中也提出"强化西安现代综合交通枢纽地位，建设西安国际航空港，开通更多西安到中亚、西亚、欧洲航线及货运班列。"① 为西安市旅游产业的发展提供了条件。最后，随着"一带一路"的展开，中国政府将与沿线各国签订合作备忘录，例如，中国政府已经与孟加拉国和柬埔寨签订了合作备忘录，它的签订将使外国人来中国旅游的手续更加简洁，将极大地促进旅游业的发展。

2. 存在的问题及对策分析

西安市的旅游业仍存在一些有待解决的问题：

（1）国内竞争激烈。随着人们收入水平的提高，大家对旅游产品的需求越

---

① 西安市发展和改革委员会. 西安市国民经济和社会发展第十三个五年规划纲要 [Z]. 西安市第十五届人民代表大会第六次会议, 2016-02-04.

来越大，全国各地都在注重对旅游业的规划。据《中国区域旅游发展年度报告（2015~2016）》显示，2015年我国旅游人数总体增长，国内旅游收入排名前五位的省份分别是广东、江苏、浙江、山东和四川，国内旅游收入均在4000亿元以上，而以西安为旅游重点的陕西省排名较为落后。另外，目前一些城市有专门促进旅游而举办的活动，像河南洛阳初夏的牡丹花会、开封秋季的菊花展，都大大促进了当地的旅游收入，而西安却缺少为促进旅游专门举办的活动。现代化的发展使大部分年轻人更倾向于选择现代气息浓厚的公园或游乐场，在这方面，西安失去了部分旅游资源。

（2）景区建设、旅游产品开发与宣传力度不足。西安景区基础设施建设比较薄弱，旅游资源中文化古迹最多，但景点较为分散，容纳人数较少。此外宣传力度严重不足，产品开发能力有待提高。西安旅游人次中占绝大多数比例的是国外友人，西安在开发城市旅游产品时以国外游客的需求为主，而忽略了庞大的国内消费市场。

（3）需要深度挖掘、整合西安丰富的历史文化和宗教文化资源，打造特色文化产业。深化文化科技融合，促进文化产业转型升级。发挥曲江国家级文化产业示范园区引领作用，提升西安文化产业国际影响力。

第一，要加强历史文化遗产保护利用。以汉长安城未央宫遗址、唐长安城大明宫遗址、大雁塔、小雁塔、兴教寺塔联合申遗成功为契机，深入挖掘周、秦、汉、唐文化价值理念、道德规范、治国智慧，打造各展风采的"寻根文化"展示基地。围绕历史文化和宗教文化资源，构建集文物博览、文化体验、演艺休闲、旅游节庆、特色会展、现代商业于一体的文化旅游产业链，加大七贤庄、北院门等历史特色街区建设力度，恢复好、保护好、展示好西安的老街区、老宅院。提升秦腔文化艺术整体发展水平，将易俗社、三意社和周至秦腔剧团等打造成具有影响力的秦腔艺术团体。启动历史文化村落保护利用工作，推进古建筑与村庄生态环境的综合保护，延续文化底蕴深厚的田园风貌。

第二，需要推动文化产业转型升级。积极发展"互联网+文化"，培育文化产业新形态。促进文化旅游、出版传媒、影视产业、文体休闲、动漫创意、文化演艺等传统文化产业从产业链低端向高端转移，推进文化创意和设计服务与相关产业融合发展，促进产品和服务创新，促进文化与金融融合。大力发展数字出版、网络出版产业，重点发展基于移动互联网的手机出版产业，培育发展网络"云时代"的数字出版产业。打造集动漫作品原创与加工、人才培养、研发孵育、成果展示等特色于一体的现代化动漫技术支撑平台。以西影集团、曲江影视为引领，构建集影片策划、剧本创作、投资拍摄、后期制作、特效配音于一体的影视制作产业链，打造曲江国家级影视产业示范园区。

第三,打造西安文化产业品牌。加快整合壮大曲江系列文化品牌,以曲江文化投资(集团)有限公司为主要力量,跨区域整合运作一批重大文化产业园区,引导一批骨干文化企业做大做强。建立文化创意企业品牌化培育机制,推动一批自有文化品牌成长,支持大唐西市等民营文化企业和小微文化企业发展壮大。打造具有国际化大都市水准的文化演艺中心、动漫和网络游戏研发制作中心、文化会展中心和古玩艺术品鉴赏交易中心,策划实施具有国际水准的文化活动,提升西安文化产业影响力,把西安建成具有强劲竞争力的全国文化产业基地和国家级文化产业示范城市,打造全国一流的现代文化产业高地。以建设国际一流旅游目的地为目标,突出西安古都历史文化魅力和自然山水特色,实施"大旅游"战略,完善城市旅游公共服务功能,推动旅游与其他产业融合,变线性旅游为板块旅游,构建全域旅游发展模式,使西安成为华夏文明之源的展示窗口、全球旅游文化产业高地。

第四,优化旅游产品结构。加快推广"西安·世界古都""长安·丝路起点""秦岭·世界名山"三大品牌,打造皇城区文化商贸、曲江文化旅游、浐灞国际会议与生态度假、临潼秦唐文化与度假、秦岭楼观台道文化等十三大旅游集聚区。实施历史文化旅游和自然山水旅游两轮驱动战略,推动旅游产品向文化观光与休闲度假并重转变。挖掘潜力、拓展空间、讲好故事,引导旅游方式向深游细品转变。加快旅游度假区、生态旅游示范区、特色旅游、研学旅游和乡村旅游等新型旅游目的地建设。

第五,积极推动旅游景区提档升级。积极开展与丝绸之路沿线城市的旅游合作,继续开行"长安号"丝路旅游专列,不断扩大丝路旅游产品的影响力。依托国家航空产业基地打造集航空工业旅游、博物馆群、飞行体验、科普教育等于一体的航空文化旅游。丰富以《梦长安》《长恨歌》等为代表的高品质旅游演艺品牌。充分发挥西洽会暨丝博会、欧亚经济论坛等会展节庆品牌效应,大力发展会展旅游。

第六,健全旅游服务体系。以旅游带动传统服务业转型升级,实现餐饮、商贸、娱乐、住宿等生活性服务业向精细化和高品质转变。加快完善我市购物、美食、休闲、文化等设施功能,引进国内外知名品牌和商家,积极争取在重点商圈设立保税展示交易场所或大型免税购物中心,打造中西部商业中心。加快曲江、大兴等新兴商圈建设,抓好东大街、解放路、小寨、土门等传统商圈改造提升,推进长安路、唐延路等现代商务聚集区建设。建设一批以"永兴坊""簸箕掌""沙河水街"为代表的休闲旅游聚集区,建设和改造一批文化底蕴深厚、建筑风格鲜明、街区管理规范、基础设施完备、消费带动明显的特色街区。支持餐饮企业争创名牌和标准制定工作,大力扶持清真食品产业,进一步弘扬中华老字号及陕菜品牌。持续提升旅游服务质量，推动建立旅游市场环境改造提升等综合管理机制，引导文明旅游消费。完善旅游公共服务功能。加快以信息和互联网技术为核心的智慧旅游城市建设，优化以西安旅游网为中心的在线旅游信息服务体系，引导和推动旅游企业开展智慧旅游建设。

建立市、区（县）、企业三级旅游咨询服务体系。进一步推动游客集散中心等综合服务平台建设，创建旅游创客空间。建立旅游安全保障体系。继续完善旅游标识系统，加大旅游停车场、自驾车营地建设力度，为游客提供便捷、周到的旅游公共服务。此外，可以通过积极打造旅游产品，增加西安客流量较大车站，尤其是火车站和高铁站到各景区的公交专列，同时增加各景区之间的公交车数量，解决因交通不便导致的来客旅游次数较少的问题。加强对景区附近的酒店和餐饮业的管理，确保产品安全，并合理控制物价，避免坐地起价事件的发生。可以开发西安旅游 APP，通过 APP，使游客可以了解景区位置，交通，景区介绍以及附近的住宿和餐饮等问题，形成一条龙便捷服务。同时加大宣传力度。可以通过手机微信或西安旅游官网发布西安旅游信息，景区美图，吸引游客眼球，增加西安旅游人数。在"一带一路"背景下要更加注重国外旅游市场的深度挖掘，可以组织专业的旅游团，到国外进行宣传，创新跨国际性的旅游模式，将西安建设成为丝绸之路新起点文化旅游中心，从而带动整个陕西省的发展。

五、房地产业

1. 发展现状及优势分析

西安作为陕西省的中心城市，地理位置优越，人口众多，据统计 2015 年末常住人口为 869.76 万人，约占陕西省常住人口 3792.87 万人的 1/4，与北上广相比，西安高校众多，在西安生活压力小，越来越多的毕业生选择留在西安发展，西安房地产业发展具有显著优势。近几年来，西安房地产库存严重，国家以及西安市政府出台了一系列政策缓解这一问题，并已经取得初步成效，房地产业已经回暖，房价也有所上升，但是相比合肥、杭州、郑州等二线城市，西安房价还比较低，可能会吸引其他城市的人来西安购买房屋。而且在"一带一路"倡议下，西安的开放程度将大大提升，其他产业的发展也将带动房地产业的发展。

2. 存在的问题及对策分析

在新常态下，房地产企业面临生死存亡。房地产企业首当其冲将遇到房价下跌、销量减少、成本上升、利润下滑、融资困难和同行的残酷竞争。据统计，2015 年西安市超过 1/3 的房地产企业生产经营遇到了困难和问题，随着住房普遍短缺时代的逐步过去，市场已不需要数量众多的低资质房地产企业，部分房地产企业退出房地产开发是大势所趋。"适者生存、强者为王",被业内认为是房地产新时代的趋势。2015年9月末,西安房地产市场去库存压力较大。西安市商品房待售面积220.68万平方米,比2014年同期增长52.2%,创历史新高。2014年末,待售面积187.13万平方米,是2013年同期的2.5倍,比2012年同期增长18.2%。在待售面积中,待售时间在一年以上的占40%,待售在三年以上的占3%。按1~9月商品房现房月均销量计算,当前商品房待售面积销售周期约需15.6个月以上。对待房地产市场面临的问题,对于房企来说,应调整自身战略,规避高库存,确保资金链安全,主动适应市场节奏,通过让利、降价等手段,加快商品房去库存;企业应从快速发展的思维方式及盈利模式中走出来,针对新常态、新特征制定新的发展规划,以提质增效为核心,提高房屋品质,进而提高盈利。积极发展房地产新业态,如养老地产、旅游地产、工业和文化地产等。

六、金融业

1. 发展现状及优势分析

(1) 西安市是西北地区城市中GDP值最大的,2015年,西安市实现金融业增加值643.88亿元,对GDP贡献率达到20.1%,拉动经济增长1.7个百分点,占GDP比重达到了11.1%,金融业作为西安市支柱产业地位进一步巩固。① 而且金融产业产值占西安市总产值比重近几年一直在增加。2013年为8.7%,2014年增加到9.7%,2015年则增加到了11.3%,② 而且近几年来装备制造业、旅游业、高新技术业等产业规模的不断壮大,为西安市金融产业的发展提供了良好的市场基础。

(2) 国家以及地区在政策方面给予支持。2009年6月25日,国务院发布《关中—天水经济区发展规划》中提到"发展壮大金融、会展业。积极发展各类金融机构,创新融资方式,着力打造西安区域性金融中心。以欧亚经济论坛、中国东西部合作与投资贸易洽谈会、中国杨凌农业高新科技成果博览会、中国国际通用航空大会为龙头,进一步整合会展资源,加快西安世界园艺博览会场馆、杨凌农业展馆等项目建设,完善西安曲江国际会展中心、浐灞国际会议中心等会展平台服务功能,建设以西安为中心的会展经济圈。"另外在"十三五"规划中也提出要着力打造以西安金融商务区为核心、西安高新科技金融服务示范园区和西安曲江文化金融示范园区为两翼的"一区两园"格局,在"十三五"期间要加

---

① 资料来源于西安市人民政府。
② 数据根据西安市统计局有关数据计算得出。

快发展面向中亚、西亚的离岸金融业务，开展人民币跨境结算业务，将西安打造成西部互联网金融示范区。

（3）西安金融基础扎实。截至2014年末，西安市有银行机构180多家，其中"东亚银行""汇丰银行""渣打银行"和"韩亚银行"已先后进驻西安；有50家保险公司、68家融资担保公司、90多家证券公司及28家小额贷款公司。金融机构的集中，为西安金融产业的发展提供了保证。西安市境内外上市挂牌企业达到110家，其中，新三板挂牌56家、境内上市32家；同时西安市企业的发债规模达到1983.4亿元；小额贷款公司和融资性担保公司达到106家，涉贷余额达到640亿元，存款增量达到2394.06亿元，贷款增量达到2076.57亿元，已经形成了多元化的融资格局。[①]

基于以上分析，"一带一路"倡议的提出，极大地增加各行各业对资本的需求量，金融业不仅可以作为西安市的支柱产业，也可以作为优势产业来发展。

2. 存在的问题及对策分析

西安市金融业的发展水平与发达城市相比仍然较低，据相关专家测算，西安金融相关比率要远低于北京、上海等城市。西安市金融业发展规模也比较小，2015年底，西安市金融总资产约为3万亿元，而广州市为5.8万亿元，北京市为14万亿元。西安市金融的集中度很高，主要以银行业务为主，使中小企业面临融资难的难题。

西安市要充分利用自己现有的资源优势，可以在现有基础上加大金融招商引资力度，同时提高西安市金融业知名度，通过知名企业的带动效应，来吸引更多类型的金融机构入驻西安，进而扩大西安市金融业的规模；西安市政府应该出台一系列政策放宽金融业的门槛，鼓励和引导民营资本进入金融业，扩大全市金融的覆盖率，解决中小企业融资难的问题；西安市要加快金融业的结构调整，如"十三五"规划中提出的建设西安国际港务区融资租赁聚集区，组建西安股权交易托管中心，另外可以建立一些期权、期货等集中的交易市场，使金融业的资本分散在证券业、保险业、信托业和其他金融业。全力推进区域性金融中心及金融后台服务基地建设，大力发展金融总部经济和绿色金融，在提升长安路金融街区创新水平的基础上，着力打造以西安金融商务区为核心、西安高新科技金融服务示范园区和西安曲江文化金融示范园区为两翼的"一区两园"格局。加快中国农业银行陕西金融信息中心、汉城国际金融广场等项目建设，加快推动西安民间金融街二期建设，打造在西部具有影响力和规模效应的民间金融聚集区。支持西安国际港务区建设融资租赁聚集区，组建西安股权交易托管中心。支持西安银

---

① 资料来源于西安市人民政府金融办。

行、长安信托发展成为全国区域性金融机构。加快发展面向中亚、西亚的离岸金融业务,开展人民币跨境结算业务。加快培育发展融资租赁、消费金融、第三方支付、供应链金融等金融新业态,鼓励互联网金融平台、产品和服务创新,打造西部互联网金融示范区。

七、信息传输、软件和信息技术服务业

1. 发展现状及优势分析

根据全国第三次普查数据显示,这一行业单位数量与增加值同步增长,近三年的平均产值增长率为32.26%,增长率仅次于制造业。并且根据全国第三次经济普查数据显示,该行业集中度较高,在雁塔、碑林、莲湖、未央有单位1905个、323个、197个和191个,分别占全部单位的66.3%、11.2%、6.9%和6.6%,四区占全市的90.7%。

西安市的信息传输、软件和信息技术服务业发展迅速,其中主要是软件和信息技术服务业得到了很大的发展,首先依托于西安市各高校,科学技术力量发达;其次依托于各IBM、Intel、NEC、富士通、施耐德、西门子等世界500强企业、浙大网新、奥博杰天等10家IAOP全球服务外包百强企业,华为、中兴、东软等11家中国软件百强企业,有很大的发展优势。另外,现代社会的发展越来越离不开网络,很多业务都需要依靠网络去完成,人们的生活和网络也息息相关,信息传输、软件和信息技术服务业就显得越来越重要,所以可以将这一产业作为优势产业来发展,从而带动其他产业的发展。

2. 存在的问题及对策分析

首先是规模以上单位增速低于全部规模以上服务业,从2014年以来软件和信息技术服务业营业收入增速持续个位数增长,影响了全市规模以上服务业的增长;其次是这一行业的发展极其不均衡。第三次全国经济普查的数据显示,互联网和相关服务业占信息传输、软件和信息技术服务业总产出的比重很小,仅为2.3%;企业平均总产出346.40万元,仅为行业平均的17.6%;人均总产出18.04万元,仅为行业平均的32%;① 可见互联网和相关服务业与电信、广播电视和卫星传输服务及软件和信息技术服务业相比,不仅总量小规模也很小,行业发展极其不平衡。

现代社会离不开互联网,互联网在人们生活、工作中扮演着越来越重要的角色,尤其对于信息技术服务业来说更为重要,所以西安市要调整这一产业结构,

---

① 资料来源于陕西省统计局。

必须投入更多的人力与资金到互联网和相关服务业，建立覆盖面更广、服务更有效率的互联网服务业；要强化信息技术服务业在政府服务、城市管理、交通物流、企业管理、民生服务、教育科研等领域的应用，将这一产业渗透到各个行业中去，增强信息技术服务业与其他行业的关联度，通过其他产业的发展来带动这一产业的发展。"一带一路"沿线国家的信息传输、软件和信息技术服务业水平相比于我国大多比较低，西安市可以将这一产业扩展到这些国家，从而扩大市场规模。

围绕"一带一路"科技服务业发展布局，大力发展技术转移、研发设计、检测检验、创业孵化、科技金融等科技服务业。加快建设环大学创新产业带、文化科技创业城、交大科技园等科技服务业重点聚集区，加快推进中俄丝绸之路高科技产业园、高新区孵化器产业集群及技术转移聚集区、经开区服务外包产业园、西安软件新城软件研发基地等项目建设。健全科技服务体系，扶植一批拥有知名品牌的科技服务机构和龙头企业，培育一批新型科技服务业态，打造具有竞争力的科技服务产业集群，科技服务业增加值占 GDP 比重达到 8% 以上。

加强物流基础设施建设，完善货运航线、铁路班列网络，强化多式联运设施衔接，发展大宗商品物流、专业仓储物流，加快推进城市配送物流发展，积极培育电子商务物流。加快以西安国际港务区为核心的"一港三园三体系十中心"物流项目建设，推进"综合交通构建工程、产业联动发展工程、产业园区聚集工程、物流配送示范工程、投融资创新工程、信息平台建设工程、电子商务普及工程、口岸服务提效工程"的物流发展八大工程，把西安建设成为丝绸之路经济带重要物流节点城市和国际物流中转枢纽港。

积极开展西安—西咸新区云计算服务创新试点示范，强化在政府服务、城市管理、交通物流、企业管理、民生服务、教育科研等领域的应用，推动大数据挖掘、分析、应用和服务，培育信息产业新业态。依托西安国家软件产业基地和出口基地，重点发展金融、电力等行业应用软件研发服务，数字导航、医疗电子等嵌入式操作系统和应用软件开发，打造面向日韩、欧美的信息技术服务外包，推动"西安服务"走向世界。

加快京东西北电子商务基地、苏宁云商西北地区电子商务基地、国美电器集团西北电子商务及运营中心等项目建设，提升电子商务的综合配送能力，提高快递行业服务水平。建设以西安电子口岸为依托的西安跨境电子商务服务平台，打造西安跨境电子商务综合试验区。大力推动面向社区服务、都市农业、城市旅游、商贸零售、文化出版、建材家居等领域的电子商务服务平台建设，拓展电子银行在线服务功能，建立电子商务信用服务数据共享机制，打造全国一流、面向民生的移动电子商务应用服务平台。"十三五"期间，打造 5 个国家电子商务示范基地,50个电子商务示范乡镇,50个电子商务示范村。

八、建筑业

1. 发展现状及优势分析

建筑业作为陕西省的支柱产业,对陕西省、西安市经济的推动作用越来越明显,可以看出,建筑业产值的增加值占西安市GDP的比重是逐年上升的,2015年达到了13.26%,这一比值仅次于制造业的21.85%。而且西安正处在大建设、大发展的关键时期,西安市政府根据"一带一路"发展要求的机遇,在西安市"十三五"规划提出了建设"八大工程":在"十三五"期间,将建设西安到成都、银川等客运专线,开通运营地铁1号线二期、3号线、4号线及5号线一期工程4条线路,建成地铁6号线和9号线两条线路,开工建设8号线和14号线;建设中国(西安)航空文化旅游度假区、汉长安城文化景区、西安中央文化商务区(二期)、西安丝绸之路国际会展中心(一期)、丝绸之路国际博览园、丝绸之路风情街、丝绸之路博物馆城、大华文化商业体验新地标等,① 这些项目的建设将极大地推动西安建筑业的发展。

2. 存在的问题及对策分析

近年来,虽然西安市建筑业有了很大发展,但是建筑业的发展对环境有着显著的影响,建筑业在施工过程中会消耗大量的能源以及资源,并且会造成环境污染。从《西安市统计年鉴》中我们了解到建筑业的能源消耗一直在随着建筑业总产值的增加而增长,虽然与2010年以前每年20%以上的能耗增长率相比,这一增长率有所放缓,但是建筑业的能耗还是很高,并且西安市建筑业经济增长对能源消耗的依赖度较高。现代社会倡导绿色经济,所以西安市建筑业面临很大的挑战,目前最重要的就是降低能耗,减少对环境的影响,才能使建筑业一直发展下去。

首先,政府要积极响应国家号召,制定严格的能耗标准,这一标准可以比国家制定的标准低,在执行的时候有一定的弹性,并且要把监督工作落到实处,开展定期、不定期的检查。其次,一方面,可以积极推广现有的节能技术;另一方面,西安市政府可以与各高校、科研机构、相关部门进行合作,开发新的、高效率的节能技术。最后,要规范建筑业市场,提高进入该行业的资格审核,使市场内的企业竞争更有效,提高资源的配置效率,降低能耗。

---

① 西安市发展和改革委员会. 西安市国民经济和社会发展第十三个五年规划纲要 [Z]. 西安市第十五届人民代表大会第六次会议, 2016-02-04.

此外，依托西安的区位和资源优势，强化西安现代综合交通枢纽地位，建设西安国际航空港，开通更多西安到中亚、西亚、欧洲航线及货运班列。构建陆路交通运输黄金通道，加快推进国际高铁、城际铁路建设，推动中国西部—中亚国家高速公路对接，加快国省干线公路升级改造。加快对外开放步伐。精准对接国家对外开放的战略布局，着力完善东西互济、内外融合的全方位开放合作体系，形成横贯东西、连接南北的对外开放经济走廊。加强与美欧、日韩高新技术领域的合作，实施一批产业合作发展项目，推进西安与丝路沿线城市在交通、贸易、物流、金融、科教、旅游等方面的交流与合作，深化与新加坡和我国港澳台地区现代服务业领域的合作。

深化对内区域合作。实施区域联动发展战略，进一步加强与成都、重庆、昆明等西南板块主要城市的交流与合作。加强与国内丝绸之路经济带沿线城市的合作，深入落实与兰州、泉州、桂林、酒泉等城市签署的战略合作框架协议，加大力度推进西安、泉州两地"一带一路"起点城市的交流合作。加快大西安建设，推动与西咸新区、咸阳、铜川、渭南的一体化发展，充分发挥西安在关中城市群的核心引领作用，带动大关中，引领大西北，构筑区域互利共赢发展新格局。

研究认为，西安市主导产业的汽车、高端装备、医药、食品加工等产业要做成规模经济；在国内具备领先地位的航空航天、新材料与新能源、轻工和纺织等产业要做成优势型产业；着力培育具有发展潜力和广阔前景的电子信息、节能环保、新型建材、生产性服务业等产业。其中，重点发展汽车、电子信息、高端装备、航空航天、医药、食品加工、新材料与新能源七大产业，全面加快工业转型升级。

第四章 基于资源环境约束下产业发展与主导产业选择的实证研究

面对资源环境约束和国家"十二五"规划，顺应经济社会发展需求，陕西省出台了《陕西省国民经济和社会发展第十二个五年规划纲要》，明确将资源节约、环境友好思想作为经济转型升级的主导思想，对陕西省产业结构进行重新调整，改造升级传统的资源要素外生依赖型工业优势产业，开发培育新兴的技术需求内生依赖型工业主导产业。目前，正值西部大开发的机遇，强化工业内部结构的调整，已成为振兴陕西的首要任务。所以，调整和优化陕西的产业结构是当前和今后相当一段时间内陕西经济发展的重点，而产业结构的调整在很大程度上依赖于主导产业的合理选择。本章正是在此基础上基于资源环境约束背景下进行的主导产业选择与发展研究。

第一节 陕西省工业经济发展问题分析

一、陕西省工业主导产业发展历程

(一) 现代工业逐步建立和形成时期——"一五""二五"（1953~1965年）

这一时期基于国家当时的政治、军事和经济形势的考虑，经过"一五""二五"和"三线"建设时期的发展和调整，陕西基本形成了以军工、机械、纺织、煤炭为中心，门类齐全、轻重工业基本协调的工业体系框架，成为我国内地重要的工业基地，并在国家的投资下建立了我国内地机械工业和纺织工业两大基地。

(二)"三五""四五""五五"时期(1966~1980年)

由于国家在这段时期对国内外形势估计偏颇,国家改变总体工业布局,投资重点内移,陕西省成为当时国家确定的重要战略后方基地之一。在大小三线的建设中,已成为拉动陕西经济增长的主导产业,使陕西国防科技工业除规模居全国第二外,其他如技术水平、人才等指标均居全国第一,建成我国重要的国防科技工业基地。这一时期陕西省主要是以国防科技为主的重加工组装工业为主导产业,拉动其他产业发展,促进陕西省经济进步。

(三)工业经济转轨时期——"六五""七五"时期(1981~1990年)

为了适应计划经济体制向社会主义市场经济体制的转轨,20世纪70年代后期,陕西省的发展战略是以生活需求作为经济增长的主要推动力,确立消费需求主导型战略,将轻纺工业上升为主导产业加以扶持发展,并制定了"六个优先"政策为陕西省的轻纺工业提供了良好的政策环境。这一时期,陕西省主要扶持和发展轻纺工业,以此产业作为工业发展的主导产业,拉动陕西省经济的增长。

(四)工业经济调整、改革和攻坚时期——"八五""九五"时期(1991~2000年)

以"八五"为标志,陕西工业发展跃入一个新的成长阶段,这一阶段将能源和原材料为中心的基础工业及基础设施提升为主导产业加以重点发展,加快开发煤炭、石油、天然气为重点的能源工业,积极发展原材料工业,工业结构步入重工业化的道路。同时,陕西还加大用高新技术和先进适用技术改造、提升传统产业,使装备工业等支柱产业的产品档次得以提高。这一时期,陕西省主要以能源化工、材料工业和装备工业作为主导产业,并用高新、先进的技术来武装这些产业,提升这些产业的素质和档次。

(五)快速发展期——"十五""十一五"时期(2001年至今)

按照《陕西省国民经济和社会发展第十一个五年规划建议》精神,"十一五"期间在陕西省现有制造业的优势上,重点扶持装备制造业和对传统产业改造关系密切的高新技术,加快石油采炼设备、煤炭开采设备、输变电设备、石油管道设备等相关产业的发展。陕西省在信息技术、生物医药、航天航空等领域具有良好的基础和优势,有些方面处于国内外领先水平。近年来,依托关中高新技术产业开发带和四个国家级高新技术产业、经济技术开发区,陕西省高新技术产业实现快速发展,有机会成长为陕西省国民经济的先导产业和新的成长链。

根据上述陕西工业主导产业的发展历程和政府对产业经济的政策发展,我们可以看出,随着国家经济的发展、技术的进步和社会需求的变化,陕西省的工业产业结构也在不断地调整。从最早以机械和纺织工业为重点发展的产业,到后来的以能源和装备工业为政府优先扶持发展的产业,到现在的以高新技术产业、能源产业、机械制造业和医药产业的多方面、全方位的发展趋势。

二、陕西省工业经济发展现状

陕西省是我国重要的老工业基地之一,中华人民共和国成立初期基于当时的政治、军事和经济形势,形成了以军工、机械、纺织等工业为主的结构体系,成为我国重要的工业基地,工业已在陕西整个国民经济中发挥着重要支撑作用。改革开放以来,随着经济的增长和改革的深入,中国经济发展中的区域失衡不断加剧,中西部与东部沿海地区发展的差距日益拉大。陕西工业在全国的地位迅速降低,各行业发展普遍减缓,出现了优势不优、劣势更劣的局面。近年来,随着西部大开发政策的提出和投资拉动,陕西省工业经济运行转好,效益综合指数明显高于全国平均水平,逐渐向成熟健康的增长趋势转变。

1. 工业经济主导地位加强,成为拉动全省经济增长的核心力量

在"十五""十一五"期间,陕西省规模以上工业企业发展迅速,产业结构调整逐步趋于合理。工业在国民经济发展中的地位增强,经济总量逐年提高。工业在国民经济发展中的地位增强,经济总量逐年提高。2013年,全省全部工业增加值18982.47亿元,比2012年增长20559.85亿元,上升12.1个百分点。规模以上工业增加值7507.34亿元,比2012年增长9.64%,高出全国0.42个百分点,比GDP增幅高出0.25个百分点。近几年来,规模以上工业增加值持续快速增长,占全部工业的比重已上升到90%,对国民经济增长的贡献不断提高,主导地位显著增强(见图4-1)。

2. 工业经济效益显著提高,多数行业利润较快增长

近年来,陕西省工业运行质量明显好转,经济效益不断提高。截至2012年,规模以上工业企业实现利税1551.5亿元,增长13.6%,其中利润1982.57亿元,增长1.87%(见图4-2)。主营业务收入161012.5亿元,增长经济效益综合指数232.25,比2011年提高17.5个百分点,亏损企业161家,下降2.1个百分点。2012年全省38个工业行业盈利的有36个,占94.73%,其中利润增长10%以上的有20个,占52.63%。利润较高的行业是石油和天然气开采业306.81亿元,增长16.57%;石油加工、炼焦及核燃料加工业38.57亿元,增长5.7倍;煤炭开采业37.09亿元,增长51.02%;交通运输设备制造业19.85亿元,增长

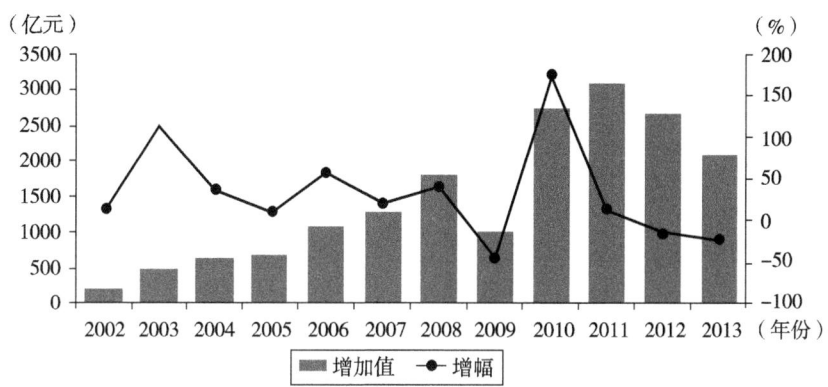

图 4-1 2002~2013 年规模以上工业增加值及增幅

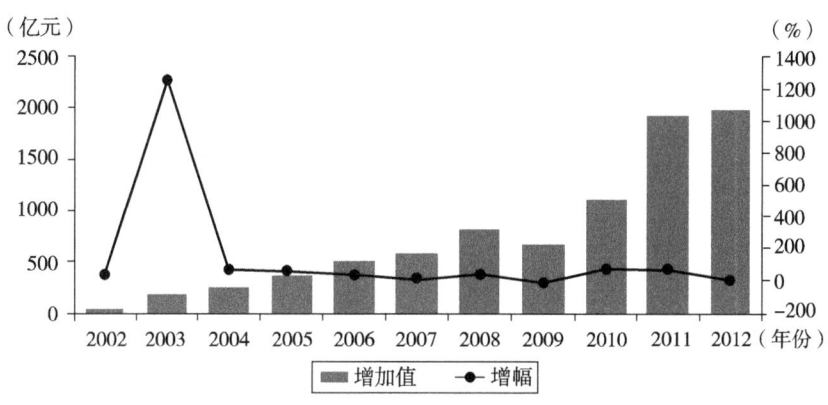

图 4-2 2002~2012 年工业利润总额及增幅

10.25%;虽然有色金属矿采选业利润下降,但仍达到 56.2 亿元。5 个行业共实现利润 458.52 亿元,占全省工业利润的 86.25%。

3. 支柱产业规模逐步扩大,特色经济有一定发展,高技术产业发展迅速

近年来,陕西省能源及化工、机械、电子、食品和医药等支柱产业在全省工业总量中的比例明显提升。在 2013 年,全省规模以上工业完成的 20820.07 亿元总产值中,能源及化工业完成 8132.16 亿元,占 43.02%;金属制品业完成 2746.69 亿元,占 14.53%;机械制造业完成 1672.15 亿元,占 8.85%;食品工业 1483.89 亿元,占 7.85%。上述四大产业年实现利税和占到全省规模以上工业企业利税总额的 82.1%。尤其是陕西省从发挥地方比较优势出发,大力发展高新技

术、国防科技和能源化工三大特色工业经济,已取得明显成效。2013年,西安、宝鸡、咸阳、杨凌、渭南五大高新技术产业开发区共有企业约5000家,实现工业总产值2948亿元,占到全省工业总产值的36%。陕西省是全国国防科技工业大省,航天、航空、兵器、电子、核工业、船舶六大军工行业不仅在全国占有重要位置,而且对地方经济发展具有一定辐射作用。特别是陕西国防科技工业已初步实现由单一军品生产向军民品生产结合转变,先后开发了数千种民用产品。陕北能源重化工基地经过多年建设,已初步具备了从资源优势向产业优势转变的基础。近年来,陕西省逐步形成了以西安国家级高新技术开发区为主、以科研院所和大学为创新源头,以创新型企业集群为主体,以创新创业孵化器、国内外研发中心为平台的吸引各类创新要素自主创新生态体系。2012年,全省规模以上工业高技术产业工业总产值1238亿元,同比增长23.6%。高技术产业科技开发经费506251万元,年均递增12.3%,占销售收入的比重为4%(见表4-1)。

表4-1 支柱产业年工业总产值

产业	工业总产值(亿元)	所占比重(%)
能源化工业	8132.16	43.02
金属制品业	2746.69	14.53
机械制造业	1672.15	8.85
食品工业	1483.89	7.85
设备制造业	1117.76	5.91
医药制造业	430.28	2.28
电子及通信业	289.23	1.53

资料来源:根据2014年《陕西统计年鉴》计算得出。

三、陕西省工业经济发展中存在的问题

陕西省地处内陆,经济体制和经济发展都相对落后,虽经几十年的建设发展,形成了门类齐全的工业体系,但整体水平较低,基础和实力较弱,发展速度较慢,市场竞争力不强,经济效益不高。

(一) 资源型行业占全省工业经济比重过大，对经济平稳运行造成影响较大

自"十二五"以来，陕西省加强资源主导型行业统筹规划和管理，发展循环经济，不断降低能源消耗强度，合理控制能源消费总量，资源型行业发展势头明显减弱。石油和天然气开采业利润增幅下降了45.5个百分点，煤炭行业利润增幅下降了30个百分点，有色行业利润下降了21.17%。三个行业利润占全省工业的69.87%。资源型行业放缓，对全省工业发展影响较大。从速度来看，2011年资源型行业增加值增幅居全国第21位，比2010年下降了3位，居西部第6位，下降了1位。从效益来看，利润增幅下降了35.27个百分点，居西部第8位，较上年后退了3位。

(二) 缺乏优势支柱产业和名牌产品

自改革开放以来，虽然陕西曾拥有一批自己的名牌产品，但现在大多已销声匿迹。陕西在"九五"期间实施名牌战略，尽管评出了各地方名牌产品，但很少有走出潼关的。2005年，陕西省名牌战略委员会办公室推举中国名牌9个，陕西名牌308个，名牌企业222个。其中银桥牌液体奶、秦俑牌乳粉、陕鼓牌工业流程能量回收发电设备、庆安牌空调压缩机、汉斯牌啤酒、海升牌浓缩苹果汁六个产品荣获中国名牌产品称号。虽然陕西的品牌战略获得一定程度上的突破，但这些产品的知名度仍然很难和知名产品相媲美，更无法与海尔、长虹这样的驰名品牌相比。显然，在国内名牌战略的角逐中，陕西还是具有很大差距的。

(三) 区域工业布局不均衡，资源优势尚未转化为产业优势

陕西省工业企业主要集中在关中地区，陕北、陕南较少。2013年，关中规模以上工业企业数量占全省规模以上工业企业总数的75.28%，工业总产值占60.58%，销售收入占50.24%，利税占82.24%。由于关中与陕南、陕北工业发展差距过大，不利于三大区域经济的协调发展。陕西省陕北煤、油、气资源丰富，发展能源化工有着得天独厚的条件，陕南有色金属资源、生物资源也储量丰富，目前虽有一定程度上的开发，但层次不高，附加值低，没有转化为竞争优势，需要大力开展深加工产业（见图4-3）。

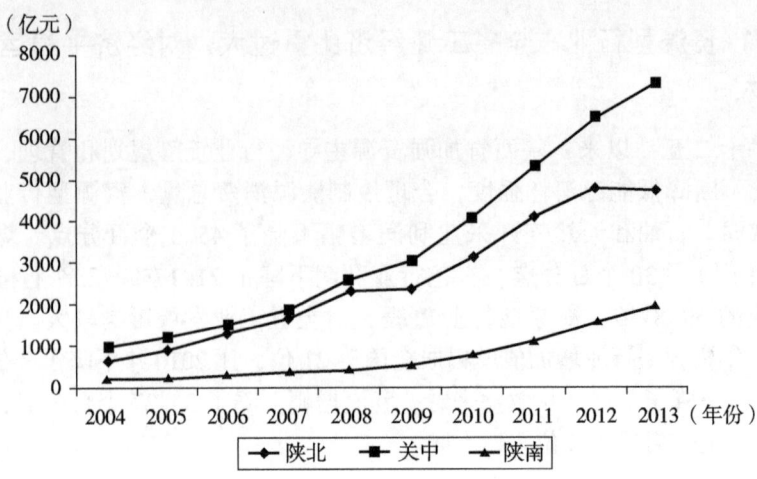

图 4-3　三大经济区规模以上工业企业工业总产值对比

四、资源环境对陕西工业发展的约束

根据 CDIAC 的数据显示，我国 2006 年 CO_2 的排放量达到 60.99 亿吨，超越美国成为世界最大碳排放国。为此我国提出 2020 年单位 GDP 碳排放比 2005 年减少 40%~45%，并将其作为约束性指标纳入国民经济和社会发展中长期规划。2012 年 7 月，国务院在通过的《节能减排"十二五"规划》中提出了在 2015 年实现国内生产总值能耗比比 2010 年下降 16% 阶段性节能减排目标。因此，可以说节能减排目标的实现已经成为制约我国经济发展的重要因素。近十几年来，陕西省 GDP 年平均增长率为 11% 以上，高于全国平均水平，为贯彻中央节能减排的政策，2006~2012 年 GDP 单位能耗平均每年降低 3.5%，到 2012 年达到 0.816 吨标准煤/万元。然而陕西省环境问题仍日益凸显，工业三废排放量逐年递增，空气质量特别是雾霾天气频现也成为越来越多人关注的焦点，资源环境约束已经成为陕西省转变经济增长方式的驱动力。

2012 年陕西省石油基础储量为 31397.94 万吨，占全国总储量的 9.4%。天然气 6376.26 亿立方米，占全国总储量的 14.56%；煤炭储量 108.99 亿吨，占全国总储量的 4.7%。由以上可以看出，陕西省主要能源基础储量相对较为丰裕，尽管主要能源矿产储量都处于全国各省市中上游。但由于过去主要是粗放型生产作为经济支撑，陕西省个别地区已经步入了资源枯竭的阶段，根据国务院公布的资源枯竭城市名单中，铜川市和潼关县都已上榜。2016 年全省能源生产总量达到

46544.99万吨标准煤（等价值，下同），为2000年的12.2倍，年均增长16.9%，其中，原煤产量35703.52万吨标准煤，原油产量5003.57万吨标准煤，天然气产量5345.34万吨标准煤，水电、风电及其他能发电492.56万吨标准煤。能源生产为陕西省经济保持平稳较快增长提供有力支撑。

2012年陕西省工业产生固体废物7215万吨，较2011年一年度略上升1.4%；二氧化硫843755吨，较上一年度下降8.0%。近年来，由于环境保护越来越受到国家重视，产业转型战略也开始启动，陕西省逐步加强了对工业污染物排放限制。2017年度西安市工业固体废物申报登记的产生量2236898.9吨，较2016年增加2.77%，其中：利用量1838752.1吨，较2016年增加15.37%；处置量300482.6吨，较2016年减少38.01%；贮存量97663.1吨，较2016年减少0.53%；丢弃量1.0吨，较2016年增加733.3%（见表4-2）。

表4-2 2017年度申报登记工业固体废物产生及利用情况

单位：吨

年份 类别	产生量	统计企业数	利用量	处置量	贮存量	丢弃量
2017	2236898.9	648	1838752.1	300482.6	97663.1	1.0
2016	2176704.8	544	1593763.5	484758.6	98182.5	0.12

资料来源：陕西省固体废物管理信息系统（2018年5月29日数据）。

第二节 陕西省工业经济主导产业选择评价体系的构建

一、工业主导产业选择评价体系的构建原则

工业主导产业选择指标体系的构建是一项复杂的系统工程，在实际构建时，我们必须以主导产业相关理论作为基础，结合陕西省的经济发展实际情况，全面考虑各种影响因素。工业主导产业的选择指标既要满足理论上的科学性和完整性，又要在数据上具有可比较性与可获得性。

工业主导产业选择指标体系的合理性和科学性不仅是进行主导产业选择与评价的前提与基础,也是培育主导产业和引导产业发展方向的有力保证。工业主导产业选择必须立足陕西省情况,选取恰当的指标体系。构建陕西工业主导产业选择指标体系必须遵循以下四项原则。

首先,科学性和目的性相结合。选择指标既要能够科学反映主导产业的内涵与各产业实际发展情况,又要能够体现主导产业培育的目的性。对内推动产业结构优化升级,对外提升区域核心竞争力。

其次,市场性和动态性相结合。市场环境是主导产业成长与发展的主要因素,选择指标要能够与市场成熟度相适应,发挥市场调控的积极作用。同时要体现产业发展的动态性,充分反映主导产业在经济发展中的主导作用。

再次,系统性和战略性相结合。指标选择要把握其系统性,政策要与其他产业政策相配套,体现产业经济的发展协调性。指标选择不仅对主导产业自身具有战略性,而且也是区域发展战略的重要部分,要体现稳定性与前瞻性、长期性与全局性的统一。

最后,选择指标数量必须适量,过多过少均不合适。指标过多,则加大了研究的烦琐性和不可预见性,且指标间的相关性可能较高,有些指标可能不易获取;指标过少,则可能导致主导产业选择产生片面性,代表性不足。

二、主导产业选择指标体系

陕西省处于工业化中期阶段,根据罗斯托经济成长阶段理论可知,不同的经济发展阶段将有不同的主导产业与之相适应,工业化中期阶段的主导产业应是工业产业,故本书将按国民经济行业分类标准对陕西省的 37 个工业行业数据进行分析并进行区域主导产业的选择。本书中的指标数据均是间接数据,选取 2011 年和 2012 年规模以上工业企业数据平均值为原始数据进行计算得出样本数据。原始数据来源于《陕西省统计年鉴》和《中国工业经济统计年鉴》相关数据,如表 4-3 所示。

表 4-3 主导产业选择指标体系及解释

系统	基准	指标	代码
主导产业选择的指标体系	产业经济效益水平	总资产贡献率	X_1
		成本费用利润率	X_2
		资本利税率	X_3
		需求收入弹性	X_4

续表

系统	基准	指标	代码
主导产业选择的指标体系	产业发展关联效益	感应度系数	X_5
		影响力系数	X_6
	产业区位竞争优势	区位熵	X_7
		比较劳动生产率	X_8
		市场占有率	X_9
		产值附加值率	X_{10}
	产业技术创新发展	技术要素密集度	X_{11}
		科技贡献率	X_{12}
	产业循环发展效益	能源消耗系数	X_{13}
		能源产出率	X_{14}
		"三废"循环利用系数	X_{15}

1. 产业经济效益水平

一个产业具有较高的经济效益可以有力地推动区域经济的发展，因此，具有较高的经济效益，尤其是具有持续上升的经济效益，是一个产业成为区域主导产业的重要条件。产业的经济效益可用总资产贡献率、成本费用利润率、资本利税率和需求收入弹性来衡量。其中，总资产贡献率＝（利润总额+利税总额+利息支出）/资产总额。反映了一个产业全部资产的总获利能力，即要素报酬率；成本费用利润率是一个产业（企业）的净收益（利润）总额（通常指一年内）与成本费用总额的比率。代表了这个产业特定时期的投入产出水平，即平均占用单位成本可以实现几个单位的利润；资本利税率＝产业报告期累计实现的利税总额/总资产平均额。指标值越大，表明资金的有效利用程度越高；需求收入弹性＝产业产品的需求量变化率/人均国民收入变化率，弹性大于1的产业成长潜力较大。

2. 产业发展关联效益

赫希曼根据发展中国家的经验提出，在产业关联链中必然存在一个与前项产业和后项产业，其对产业发展有较大的促进作用。本书设置衡量产业关联的指标有两个：

感应度系数：

$$\xi_i = \frac{\frac{1}{n}\sum_{j=1}^{n}\alpha_{ij}}{\frac{1}{n^2}\sum_{i=1}^{n}\sum_{j=1}^{n}\alpha_{ij}} = \frac{\sum_{j=1}^{n}\alpha_{ij}}{\frac{1}{n}\sum_{i=1}^{n}\sum_{j=1}^{n}\alpha_{ij}} \tag{4-1}$$

感应度系数是指国民经济各部门每增加一个单位最终使用时，某一部门由此而受到的需求感应程度，也就是需要该部门为其他部门生产而提供的产出量。系数大说明该部门对经济发展的需求感应程度强；反之，则表示对经济发展需求感应度弱。

影响力系数是指国民经济某一个产品部门增加一个单位最终产品时，对国民经济各部门所产生的生产需求波及程度、影响力系数越大，该部门对其他部门的拉动作用也越大。

$$\varphi_i = \frac{\frac{1}{n}\sum_{i=1}^{n}\alpha_{ij}}{\frac{1}{n^2}\sum_{j=1}^{n}\sum_{i=1}^{n}\alpha_{ij}} = \frac{\sum_{i=1}^{n}\alpha_{ij}}{\frac{1}{n}\sum_{j=1}^{n}\sum_{i=1}^{n}\alpha_{ij}} \tag{4-2}$$

其中，$\sum_{i=1}^{n}\alpha_{ij}$ 是列昂惕夫逆矩阵中第 j 行之和，$\frac{1}{n}\sum_{i=1}^{n}\sum_{j=1}^{n}\alpha_{ij}$ 为列昂惕夫逆矩阵中列和的平均值。感应度系数越大，表示国民经济发展过程中对该产业需求越大，"前向相关"程度越高，受整个产业体系影响越大。感应度系数大于1时，反映某产业所受到的感应程度高于社会平均感应程度。影响力系数越大，表明该产业影响力和带动力越大，后向关联程度越高，对整个产业体系甚至区域的贡献越大。影响力系数大于1时，反映某产业的影响程度高于社会平均影响程度，对国民经济发展和其他产业带动力越强。

3. 产业区位竞争优势

区域比较优势基准源于古典经济学家大卫·李嘉图以及赫克歇尔·俄林。虽然在各个时期的发展过程中不同的区域都具有某种资源的相对优势，但某一区域不可能同时具有各个方面的相对优势，这客观上要求重点发展那些可以充分利用相对优势的工业部门。然后以此为中心按照工业部门之间的技术联系，逐步推动相关产业部门的发展，形成一个能够充分利用区域优势的产业结构。通常把区位熵、比较劳动生产率、产业贡献率和产值附加值率作为区域产业比较优势的评价指标。区位熵=区域产业就业人数占区域就业人数的比重/全国该产业就业人数占全国就业人数的比重；比较劳动生产率=区域产业中单位劳动力创造的增加值/区域整个工业中单位就业人员所创造的增加值。该指标值越大，表明产业的劳动生产率在国内就有相对优势；市场占有率可以用产业销售收入占区域总销售收入的比重来表示，反映了产业部门产品的需求增长潜力；产值附加值率反映了产业部门产品的需求增长潜力，用产业销售收入占区域总销售收入的比重来表示。

4. 产业技术创新发展

区域主导产业高于其他产业的经济增长速度必须借助于产业的高效率来实

现,因而其技术应具有领先地位和较强的创新能力。技术要素密集度=科技总投入/产业总投入,该指数越大,生产过程中的技术要素输入水平越高,意味着产品的科技含量越高,比较优势也越大;科技贡献率=科技总投入/工业产业产品的销售收入,该指标越大,表明该产业科技的转换能力越强,对产出的贡献率越大。

5. 产业循环发展效益

区域主导产业的投入要素在较长时期内应具有持续性,这样才能保证主导产业投入供给的持久性,不会因资源的枯竭而使产业衰亡,确保区域经济的持续性增长。从社会、经济可持续发展的角度来看,区域主导产业的选择,还要特别强调环境保护,把环境保护作为一个重要的衡量标准,突出"绿色产业"的地位。能源消耗系数=能源消耗量/总产值;能源产出率=产业的一次能源消耗总量/产业的工业增加值。两者相结合体现了工业产业能源利用水平。"三废"循环利用系数=三废创造的产值/总产值。该指标越大,该产业的循环发展水平越好。

第三节 陕西省主导产业选择的实证研究

一、主导产业选择模型的确立

本书将主成分的客观赋权与灰色聚类能够明确划分评价等级、对数据精确度要求不高以及能够处理不确定性问题的优点相结合,构建区域主导产业选择模型,进行区域主导产业选择的实证研究。本书区域主导产业选择模型构建包括两步:第一步,运用主成分模型进行主成分的提取并计算各主成分的得分权重;第二步,将主成分的得分作为灰色聚类分析的原始样本进行区域主导产业的选择。

1. 主成分分析模型原理

在用统计方法研究问题时,人们往往会得到多个变量,而大量的数据会给分析带来一定困难,而且变量之间可能存在一定的相关性,直接采用所有变量进行分析不仅工作难度大,而且对研究问题的反映可能会存在重叠,从而影响研究结果的可信度。主成分分析是一种降维的多元统计方法,可消除信息的重叠性,提高研究的可信度。

一是建立选择指标数据库。

依照所建立的选择指标体系,构建区域主导产业选择指标数据库 X_{ij} ($i=1$, 2, 3, …, m; $j=1$, 2, 3, …, n), X_{ij} 表示第 i 个产业的第 j 个指标值。

二是数据标准化处理。指标评价值 F_{ij} 的计算公式是:

$$F_{ij} = \frac{X_{ij} - \bar{X}_i}{\sqrt{\frac{1}{n}\sum_{j=1}^{n}(X_{ij} - X_i)^2}} \quad (i=1, 2, 3, \cdots, m; j=1, 2, 3, \cdots, n) \quad (4-3)$$

三是根据标准化后的数据计算相关系数矩阵,并求出相关系数矩阵的特征根和其相应的单位特征向量;确定主因子数,通常选取累积贡献率达到80%以上的特征值所对应的主因子。

四是输出初始载荷矩阵,并根据载荷系数的大小,为各主成分命名,令选取主成分个数为 p。

五是计算主成分的得分与各样本综合得分。

2. 灰色聚类模型原理

灰色系统理论可通过样本的部分已知信息,实现对评价对象其他未知信息的演化规律的正确把握。灰色聚类模型的基本原理是通过建立样本矩阵的白化权函数并赋予各指标权重,计算综合系数,确定各样本所属灰类,可将具有相同特点的样本聚集在同一灰类中。该模型中白化权函数的确定至关重要,本书采用经典白化权函数。具体有以下六个:

(1) 确定系统的灰类数,假设评价对象可划分为 S 个灰类。

(2) 确定样本个数及评价指标个数,共有 m 个样本,p 个指标,x_{ij} 表示第 i 个样本关于 j 指标的样本值,并建立 $x_{m \times P}$ 样本矩阵。

(3) 确定指标 j 的白化权函数。设 j 指标第 k 灰类的白化权函数为 $f_j^x(x)$:

$$f_j^k(x) = \begin{cases} 0, & x \notin [x_j^k(1), x_j^k(4)] \\ \dfrac{x - x_j^k(1)}{x_j^k(2) - x_j^k(1)}, & x \in [x_j^k(1), x_j^k(2)] \\ 1, & x \in [x_j^k(2), x_j^k(3)] \\ \dfrac{x_j^k(4) - x}{x_j^k(4) - x_j^k(3)}, & x \in [x_j^k(3), x_j^k(4)] \end{cases} \quad (4-4)$$

其中,$x_j^k(1), x_j^k(2), x_j^k(3), x_j^k(4)$ 为函数的阀值点。图4-4为经典白化权函数的图象。

第四章　基于资源环境约束下产业发展与主导产业选择的实证研究

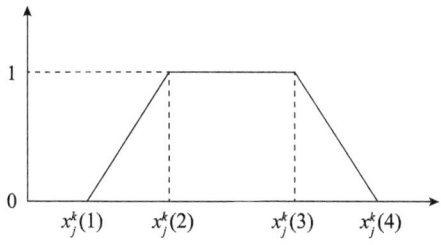

图 4-4　经典白化权函数

（4）确定各评价指标权重，记 k 灰类 j 指标的权重为 α_j^k，j 指标在不同灰类上的权重相同，即：$\alpha_j = \alpha_j^1 = \alpha_j^2 = \alpha_j^5$，灰色聚类无法进行客观赋权，本书的评价指标为主成分，故权重即为主成分的权重。

（5）计算灰色聚类系数：

$$\sigma_i^k = \sum_{j=1}^n f_j^k(x_{ij})\alpha_j \tag{4-5}$$

（6）确定评价样本所属灰类，若 $\sigma_i^k = \max_{1\leqslant k\leqslant 5}(\sigma_i^k)$，则断定样本 i 属于灰类 k。

二、陕西省主导产业选择实证

1. 样本的选取及数据来源

陕西省处于工业化中期阶段，根据罗斯托经济成长阶段理论可知，不同的经济发展阶段将有不同的主导产业与之相适应，工业化中期阶段的主导产业应是工业产业，故本书将按国民经济行业分类标准对陕西省的38个工业行业数据进行分析并进行区域主导产业的选择。本书中的指标数据均是间接数据，考虑到数据的可得性、可比性，选取2011年和2012年规模以上工业企业数据平均值为原始数据进行计算得出样本数据。原始数据来源于《陕西省统计年鉴》和《中国工业统计年鉴》相关数据，其他数据为本项目搜集整理所得，如表4-4、表4-5所示。

表4-4　陕西省主导产业选择指标计算（1）

行业＼类别	总资产贡献率（%）	成本费用利润率（%）	资本利税率（%）	需求收入弹性（%）	感应度系数（%）	影响力系数（%）	区位熵
煤炭开采和洗选业	0.0694	0.2981	0.4557	0.0072	0.4286	0.3454	0.3510
石油和天然气开采业	0.0064	-0.0982	0.5809	0.0013	0.4199	0.1851	0.5174

续表

行业\类别	总资产贡献率（%）	成本费用利润率（%）	资本利税率（%）	需求收入弹性（%）	感应度系数（%）	影响力系数（%）	区位熵
黑色金属矿采选业	0.0202	0.0923	0.2196	0.2484	0.3961	0.3983	0.4118
有色金属矿采选业	0.0131	0.3108	0.1030	0.0023	0.4385	1.5857	0.2942
非金属矿及其他矿采选业	0.0530	0.0398	0.5712	0.0137	0.5380	0.2319	0.7590
农副食品加工业	0.0306	0.7457	0.2101	0.0041	0.2226	1.3333	0.3322
食品制造业	0.0155	0.6917	0.1382	0.0037	0.3020	0.5668	0.4003
饮料制造业	0.0087	0.1450	0.1469	0.0042	0.2227	0.4844	0.3431
烟草制品业	0.0369	0.1638	0.1285	0.0012	0.3160	0.2673	0.4421
纺织业	0.0196	0.0251	0.6947	0.0013	0.4068	0.1696	0.6646
纺织服装、鞋、帽制造业	0.0175	0.2176	0.6159	0.0011	0.5135	0.3483	0.7635
皮革、毛皮、羽毛（绒）及其制品业	0.0270	0.1003	0.1871	0.0033	0.4850	0.3980	0.7650
木材加工及木、竹、藤、棕、草制品业	0.0081	0.0187	0.5862	0.0010	0.4504	0.4706	0.7668
家具制造业	0.0235	0.4775	0.1644	0.0108	0.3859	0.2667	0.3023
造纸及纸制品业	0.0611	0.0393	0.6393	0.0020	0.5109	1.2727	0.8165
印刷业和记录媒介的复制业	0.0027	0.0165	0.2608	0.0003	0.4333	0.4756	0.7474
文教体育用品制造业	0.0082	0.2431	0.2223	0.0059	0.6731	0.8983	0.7139
石油加工、炼焦及核燃料加工业	0.1069	0.2449	0.6982	0.0050	0.3831	0.5049	0.7685
化学原料及化学制品制造业	0.0193	0.8998	0.2140	0.0036	0.4799	0.4056	0.8102
医药制造业	0.0013	0.1839	0.2617	0.2224	0.3449	0.3705	0.7671
化学纤维制造业	0.0044	0.0264	0.8070	0.0215	0.3403	0.7692	0.8735
橡胶制品业	0.0118	0.5921	0.1856	0.0226	0.4588	0.3333	1.0000
塑料制品业	0.0878	0.0698	0.1956	0.0153	0.5405	0.6636	0.6117
非金属矿物制品业	0.0414	0.0197	0.1689	0.0121	1.6087	0.3185	0.5397

续表

类别 行业	总资产贡献率（%）	成本费用利润率（%）	资本利税率（%）	需求收入弹性（%）	感应度系数（%）	影响力系数（%）	区位熵
黑色金属冶炼及压延加工业	0.0456	0.0125	0.2940	0.0226	0.5294	0.1600	0.5822
有色金属冶炼及压延加工业	0.0199	0.5609	0.1352	0.0135	0.3931	0.4203	0.6724
金属制品业	0.0443	0.0312	0.3499	0.0035	0.2990	0.3150	0.2341
通用设备制造业	0.0587	0.0834	0.8456	0.0085	0.4760	0.4599	0.7897
专用设备制造业	0.0664	0.0196	0.1336	0.1336	0.3502	0.7500	0.8147
交通运输设备制造业	0.0453	0.4369	0.1013	0.0101	0.3602	0.4316	0.6764
电气机械及器材制造业	0.0302	0.1099	0.6456	0.0646	0.4286	0.3069	0.5159
通信设备、计算机及其他电子设备制造业	0.4033	0.0338	0.5329	0.0053	0.1754	0.0356	0.4380
仪器仪表及文化、办公用机械制造业	0.0090	0.0263	0.1958	0.0020	0.2370	0.3610	0.5097
工艺品及其他制造业	0.0076	0.0111	0.6326	0.0063	0.1149	0.4863	0.6870
废弃资源和废旧材料回收加工业	0.0035	0.0044	0.7054	0.0071	0.2690	1.9902	0.6314
电力、热力的生产和供应业	0.0403	−0.0030	0.6547	0.0655	0.2794	0.4000	0.5961
燃气生产和供应业	0.0019	0.0205	0.1549	0.0015	0.1454	2.9091	0.6753
水的生产和供应业	0.0063	−0.0032	0.2627	0.0026	0.0921	0.0569	0.7306

表4–5 陕西省主导产业选择指标计算（2）

类别 行业	比较劳动生产率（%）	市场占有率（%）	产值附加值率（%）	技术要素密集度（%）	科技贡献率（%）	能源消耗系数（%）	能源产出率（%）	"三废"循环利用系数
煤炭开采和洗选业	0.8026	0.6253	0.6970	0.3911	0.1296	1400.3	0.4948	0.7963
石油和天然气开采业	0.8026	0.7018	0.5418	0.5503	0.3509	1415.9	0.6456	0.4960

续表

行业 \ 类别	比较劳动生产率(%)	市场占有率(%)	产值附加值率(%)	技术要素密集度(%)	科技贡献率(%)	能源消耗系数(%)	能源产出率(%)	"三废"循环利用系数
黑色金属矿采选业	0.7454	1.0908	0.7060	1.4688	0.4436	1544.5	0.5815	0.4741
有色金属矿采选业	0.1053	2.0196	0.6280	1.7232	0.4120	1552.2	0.7933	0.4293
非金属矿及其他矿采选业	0.7617	0.3740	0.7307	3.8168	0.5345	944.55	0.5616	0.7292
农副食品加工业	0.5550	0.8462	0.6383	0.5169	0.7489	998.59	0.2224	0.5202
食品制造业	0.5762	0.3319	0.5381	1.7216	0.6032	1038	0.7286	1.0846
饮料制造业	0.5177	0.5677	0.7874	0.7536	0.6035	1073.9	0.4027	0.4691
烟草制品业	0.6733	0.3114	0.5555	0.1998	0.4508	1108.9	0.2422	0.4721
纺织业	0.8395	2.0585	0.5818	1.1242	0.6856	1468.8	0.5000	0.3765
纺织服装、鞋、帽制造业	0.8949	0.4337	0.6172	0.7619	6.0414	990.49	0.7214	0.5041
皮革、毛皮、羽毛（绒）及其制品业	0.7512	0.4598	0.5320	1.1533	1.2033	917.55	0.4632	0.4618
木材加工及木、竹、藤、棕、草制品业	0.8287	0.3393	0.7370	1.1533	1.1248	1430.6	0.6033	0.4446
家具制造业	0.5718	1.7511	0.4623	0.3942	1.2504	1211.2	0.5301	0.8010
造纸及纸制品业	0.8476	0.9140	0.5866	0.3394	0.5913	1214.4	0.5703	0.2072
印刷业和记录媒介的复制业	0.6492	0.2991	0.7521	5.8450	0.7183	1292.7	0.6273	0.6670
文教体育用品制造业	0.3957	0.2671	0.4898	0.7976	0.8258	1491	0.6174	0.3013
石油加工、炼焦及核燃料加工业	0.8117	0.2222	0.2809	0.5957	0.2924	1333.9	0.1020	0.0703
化学原料及化学制品制造业	0.8117	0.2264	0.4266	1.1452	0.6614	1351.5	0.7783	0.4175
医药制造业	0.7904	0.0170	0.5185	0.5640	0.5607	1480.9	0.5830	0.0256
化学纤维制造业	0.7745	0.1033	0.3874	1.1631	0.3415	1268.5	0.0380	0.1657

第四章 基于资源环境约束下产业发展与主导产业选择的实证研究

续表

行业 \ 类别	比较劳动生产率（%）	市场占有率（%）	产值附加值率（%）	技术要素密集度（%）	科技贡献率（%）	能源消耗系数（%）	能源产出率（%）	"三废"循环利用系数
橡胶制品业	0.8831	0.4943	0.6152	1.0041	0.0490	5478.9	0.8244	1.9062
塑料制品业	0.7683	0.0230	0.6469	1.5198	1.6812	1384.9	0.3914	0.2247
非金属矿物制品业	0.9050	0.3010	0.6107	1.4420	1.7510	1456.7	1.3792	0.4247
黑色金属冶炼及压延加工业	0.4187	0.8216	0.4438	1.4660	1.5213	932.28	0.4590	0.5381
有色金属冶炼及压延加工业	0.7684	0.3710	0.9386	1.8422	0.5514	1160.7	1.1081	0.4266
金属制品业	0.8675	0.0947	0.4943	1.6341	0.5439	1528.4	0.5373	0.3836
通用设备制造业	0.6849	0.1125	0.3652	2.1726	0.9153	1215.9	0.5613	0.5709
专用设备制造业	0.8023	0.3586	0.4712	0.1493	0.5136	1519.9	0.7719	0.8804
交通运输设备制造业	0.8714	0.2956	0.6099	0.1833	2.0679	1189.1	2.1642	0.7523
电气机械及器材制造业	0.8131	0.1943	0.5031	2.5894	1.8091	1536.6	0.2778	0.7346
通信设备、计算机及其他电子设备制造业	0.9660	0.1942	0.3500	1.8023	0.1175	1137.3	0.6388	0.7654
仪器仪表及文化、办公用机械制造业	0.5677	0.2344	0.3802	1.6225	23.0889	1501.8	0.3946	0.6560
工艺品及其他制造业	0.8437	0.3833	0.5522	1.4406	5.8286	1302.1	0.5610	0.6587
废弃资源和废旧材料回收加工业	0.5174	0.3372	0.4706	1.3955	5.8286	1549.3	0.4425	0.6480
电力、热力的生产和供应业	0.3378	0.3939	0.4835	1.2274	1.5424	1559.7	0.6953	0.8334
燃气生产和供应业	0.4701	0.4729	0.5295	1.1195	2.2348	1402.1	0.7068	0.8345
水的生产和供应业	0.1150	0.2190	0.4374	1.9970	0.5387	1208.9	0.4544	0.6892

2. 计算结果和分析

由 SPSS17.0 计算提取主成分，由主成分系数（见表 4-6）及相关指标之间的关系总结得出：提取了 6 个主成分，与主成分 F_1 相关系数较大的前 5 个指标有 X_{11}、X_{12}、X_{13}、X_{14}、X_{15}，都与技术进步相关。与主成分 F_2 相关系数较大的指标有 X_1、X_8，均与产业规模相关。与主成分 F_3 相关系数较大的各指标分别为 X_4、X_5、X_6，反映了产业关联。与主成分 F_4 相关系数较大的指标分别为 X_7、X_9，主要反映的是区域的比较优势。与主成分 F_5 相关系数较大的是 X_2、X_3，反映了企业的效益情况和企业的盈利能力。与主成分 F_6 相关系数较大的是 X_{10}，反映的是产业的发展前景。

表 4-6　主成分载荷矩阵

指标＼类别	F_1	F_2	F_3	F_4	F_5	F_6
总资产贡献率 X_1	-0.397	-0.588	0.179	-0.099	-0.288	-0.102
成本费用利润率 X_2	-0.214	0.148	-0.065	-0.399	0.591	0.176
资本利税率 X_3	0.343	-0.005	-0.076	0.035	-0.757	0.336
需求收入弹性 X_4	0.041	0.168	-0.784	-0.179	0.448	0.049
感应度系数 X_5	0.168	0.017	0.55	0.328	-0.056	0.111
影响力系数 X_6	0.205	0.353	-0.463	-0.151	0.069	0.273
区位熵 X_7	-0.354	0.45	-0.159	0.623	0.159	0.199
比较劳动生产率 X_8	-0.28	0.745	-0.242	-0.114	0.017	0.059
市场占有率 X_9	0.014	-0.34	-0.217	0.462	0.343	0.085
产值附加值率 X_{10}	0.091	0.247	-0.015	0.479	0.285	0.59
技术要素密集度 X_{11}	0.744	0.026	0.24	-0.186	0.008	-0.003
科技贡献率 X_{12}	-0.507	-0.273	0.278	0.004	-0.194	-0.032
能源消耗系数 X_{13}	-0.44	0.15	0.358	0.365	0.214	0.16
能源产出率 X_{14}	0.524	0.472	0.096	0.084	-0.363	-0.033
"三废"循环利用系数 X_{15}	-0.567	0.037	0.121	-0.048	0.214	0.382

求得各主成分的得分如表 4-7 所示：

第四章 基于资源环境约束下产业发展与主导产业选择的实证研究

表4-7 主成分得分矩阵

行业 \ 类别	F_1	F_2	F_3	F_4	F_5	F_6
煤炭开采和洗选业	0.077	-0.106	0.161	-0.066	-0.062	-0.209
石油和天然气开采业	0.08	1.896	-0.424	-0.102	-0.034	0.013
黑色金属矿采选业	0.06	-0.424	1.568	-0.118	-0.086	-0.074
有色金属矿采选业	-0.054	-0.102	-0.118	3.316	-0.031	-0.134
非金属矿及其他矿采选业	0.015	-0.034	-0.086	-0.031	0.124	-0.158
农副食品加工业	-0.07	0.013	-0.074	-0.1	-0.158	1.073
食品制造业	-0.232	-0.084	0.291	0.035	0.1	0.011
饮料制造业	5.092	0.014	0.266	0.1	0.252	-0.345
烟草制品业	0.04	0.107	-0.087	-0.021	0.003	0.123
纺织业	0.174	0.148	-0.309	0.038	0.157	0.009
纺织服装、鞋、帽制造业	-0.15	-0.21	0.097	-0.1	0.052	-0.11
皮革、毛皮、羽毛（绒）及其制品业	-0.073	-0.166	-0.009	-0.115	-0.123	0.041
木材加工及木、竹、藤、棕、草制品业	-0.002	0.197	-0.097	0.093	0.059	-2.012
家具制造业	-1.054	0.23	-0.367	0.001	0.341	-0.037
造纸及纸制品业	1	0.08	0.06	-0.054	0.015	-0.07
印刷业和记录媒介的复制业	0.322	0.263	0.166	0.347	0.356	0.103
文教体育用品制造业	0.316	3.567	0.004	0.271	0.421	0.47
石油加工、炼焦及核燃料加工业	2.361	0.004		0.24	0.303	0.329
化学原料及化学制品制造业	0.374	0.271	0.24	-1.5737	0.426	0.276
医药制造业	1.463	0.421	0.303	0.426	-0.963	0.171
化学纤维制造业	0.338	0.47	0.329	0.276	0.171	-1.256
橡胶制品业	2.08	0.309	0.038	0.418	0.274	0.474
塑料制品业	0.291	0.466	0.053	0.275	0.063	0.017

续表

行业 \ 类别	F_1	F_2	F_3	F_4	F_5	F_6
非金属矿物制品业	0.405	0.26	0.302	0.45	0.494	0.231
黑色金属冶炼及压延加工业	0.147	0.187	0.029	0.41	0.174	4.479
有色金属冶炼及压延加工业	0.184	0.103	0.281	0.275	0.378	0.255
金属制品业	0.331	0.16	0.478	0.246	0.23	0.403
通用设备制造业	1.494	0.118	0.281	0.29	0.364	0.472
专用设备制造业	0.374	0.082	0.012	0.497	0.018	1.413
交通运输设备制造业	0.939	0.316	0.361	0.374	0.463	0.338
电气机械及器材制造业	0.118	0.082	0.316	0.205	0.15	0.291
通信设备、计算机及其他电子设备制造业	0.281	0.012	0.361	0.473	0.487	0.405
仪器仪表及文化、办公用机械制造业	0.29	0.497	0.374	0.426	0.034	0.147
工艺品及其他制造业	0.364	0.018	0.463	0.346	0.351	0.184
废弃资源和废旧材料回收加工业	0.472	0.413	0.338	0.187	0.103	0.16
电力、热力的生产和供应业	0.029	0.3	0.08	0.029	0.281	0.478

将通过主成分分析法提取的 6 个主成分及各主成分的得分作为灰色聚类分析的原始数据。由 F_1、F_2、F_3、F_4、F_5、F_6 各计算公式可知，它们包含了 20 个原始指标的 80%以上的信息，并排除了各主成分之间的重叠性，将其作为灰色聚类分析的原始数据更具客观性和全面性，如表 4-8 所示。

表 4-8 陕西省主导产业聚类结果

行业 \ 类别	主导产业	一般产业	辅助产业	max	聚类结果
煤炭开采和洗选业	0.734	0.307	0.198	0.734	主导产业
黑色金属矿采选业	0.307	0.559	0.762	0.762	辅助产业
有色金属矿采选业	0.198	0.762	0.212	0.762	辅助产业
非金属矿采选业	0.235	0.375	0.393	0.393	辅助产业

第四章 基于资源环境约束下产业发展与主导产业选择的实证研究

续表

行业 \ 类别	主导产业	一般产业	辅助产业	max	聚类结果
农副食品加工业	0.246	0.318	0.295	0.318	辅助产业
食品制造业	0.074	0.153	0.028	0.153	辅助产业
饮料制造业	0.521	0.028	0.606	0.606	辅助产业
烟草制品业	0.824	0.376	0.911	0.911	辅助产业
纺织业	0.053	0.114	0.432	0.432	辅助产业
纺织服装、鞋、帽制造业	0.159	0.712	0.693	0.712	一般产业
皮革、毛皮、羽毛（绒）及其制品业	0.308	0.122	0.384	0.384	辅助产业
木材加工及木、竹、藤、棕、草制品业	0.253	0.368	0.278	0.368	辅助产业
家具制造业	0.055	0.318	0.265	0.318	一般产业
造纸及纸制品业	0.277	0.148	0.483	0.483	辅助产业
印刷业和记录媒介的复制	0.137	0.129	0.352	0.352	辅助产业
文教体育用品制造业	0.074	0.521	0.824	0.824	辅助产业
石油加工、炼焦及核燃料加工业	0.053	0.428	0.376	0.428	一般产业
化学原料及化学制品制造业	0.028	0.606	0.911	0.911	辅助产业
医药制造业	0.128	0.003	0.29	0.29	辅助产业
化学纤维制造业	0.122	0.023	0.485	0.485	辅助产业
橡胶制品业	0.232	0.144	0.432	0.432	辅助产业
塑料制品业	0.144	0.893	0.277	0.893	辅助产业
非金属矿物制品业	0.023	0.277	0.154	0.277	辅助产业
黑色金属冶炼及压延加工业	0.577	0.021	0.466	0.577	主导产业
有色金属冶炼及压延加工业	0.223	0.146	0.064	0.223	主导产业
金属制品业	0.252	0.114	0.572	0.572	辅助产业
通用设备制造业	0.014	0.247	0.303	0.303	辅助产业
专用设备制造业	0.521	0.001	0.192	0.521	辅助产业
交通运输设备制造业	0.418	0.323	0.108	0.418	主导产业
电气机械及器材制造业	0.572	0.359	0.096	0.572	主导产业
通信设备、计算机及其他电子设备制造业	0.154	0.095	0.062	0.154	主导产业
仪器仪表及文化、办公用机械制造业	0.181	0.096	0.163	0.181	主导产业
工艺品及其他制造业	0.092	0.095	0.057	0.095	辅助产业

续表

行业 \ 类别	主导产业	一般产业	辅助产业	max	聚类结果
废弃资源和废旧材料回收加工业	0.062	0.144	0.027	0.144	一般产业
电力、热力的生产和供应业	0.267	0.128	0.031	0.267	主导产业
燃气生产和供应业	0.226	0.051	0.291	0.291	一般产业
水的生产和供应业	0.219	0.338	0.017	0.338	一般产业

由以上各指标的权重及表4-6计算结果，求得各行业的聚类结果（见表4-8）。由聚类结果可知，目前陕西省的主导产业共有8个行业，按灰色聚类得分大小依次是：仪器仪表及文化办公用机械制造业，交通运输设备制造业，电气机械及器材制造业，有色金属冶炼及压延加工业，通信设备、计算机及其他电子设备制造业，黑色金属冶炼及压延加工业，电力、热力的生产和供应业，煤炭开采和洗选业。

第四节 基于资源环境约束下陕西主导工业产业选择的实证分析

一、影响因素

1. 约束条件

主导产业发挥作用需要一定的外部条件制约，区域环境中更是这样，我们结合陕西省的实际情况，下面着重分析一下影响区域主导产业成长的主要约束条件。

（1）资源禀赋约束。

这是进行主导产业选择必须考虑的基础性约束条件。主要包括：①土地、矿产、河流和能源结构总体状况；②输入、输出资本的结构性差异，具体指原始资本的累积状况，资本输入、输出的现金流量和区域内信贷资本的规模等；③劳动力的数量和质量，包括劳动力输入输出程度和受教育及技能培训的强度；④技术水平，主要是指区域内先进生产设备的拥有状况、产业劳动生产率的高低和技术创新指数的大小；⑤经营管理水平的差异。

第四章 基于资源环境约束下产业发展与主导产业选择的实证研究

(2) 市场需求约束。

主要是指现实需求和潜在需求,现实需求包括产业的销售收入,产品的市场占有率和顾客对产品的满意程度;潜在需求是指新产品的销售收入和市场占有率,以及新产品市场的布局范围等。

(3) 产业发展约束。

区域内的产业基础支持、制约和影响以及产业急需转型的迫切要求是区域产业发展的两大基础性影响因素,其中关键是产业链的延伸程度;同时还要考虑区域经济总体规划和战略目标方向。

(4) 经济政策约束。

国家和区域的总体规划,如"十二五"规划,中原经济区建设规划纲要等,还有一些具体的产业发展政策等。

(5) 技术创新约束。

主要是指区域生产技术结构、区域技术输入输出水平和区域研发和技术服务应用水平,即区域产业的研发活动经费总投入和总产出(新产品产值和有效专利拥有数)等。

(6) 环境容量约束。

这是产业可持续发展的重要影响因素,主要是指环境对工业"三废"的吞吐量和消化吸收量。大自然的自净化能力是有一定上限的,怎样才能在不影响区域经济发展的同时,尽量减少对环境的破坏,这就要运用本书所提到的循环经济发展模式。循环经济的主要思想就是处理好环境压力对产业发展的制约影响。因此,把这一理念应用到区域主导产业选择上,不仅在理论上可以创新,也可以体现经济可持续发展要求。

2. 资源环境约束下陕西省发展主导产业的新要求

区域主导产业的发展离不开区域人口、资源和环境。一方面,区域人口、资源和环境为本区域主导产业的发展创造良好的物质基础和前提条件;另一方面,循环经济下区域主导产业发展的最终目标是要求实现在生产流程中尽量避免和减少废物,努力构建一个"资源节约、环境友好"的可持续发展的生态社会。这两者之间存在一个相互影响、相互促进、相互制约的关系。具体来说,它们之间存在两种关系,当区域主导产业的发展没有超过资源环境容量承载的范围,其科学合理的发展能促进区域生态优化,而生态环境的改善又会进一步为区域主导产业的发展提供优质的基础和条件,这样,在它们之间就会形成一个良性循环;当其发展超越了资源环境容量的承受能力时,就会带来生态环境的逐步恶化,那么,主导产业发挥作用的基础条件就不复存在,就会制约其发展,结果必然引起它们之间的恶性循环。我们现阶段提出的转变经济发展方式,就是要改变以前的那种恶性循环模式，转向良性互动循环模式，从而实现可持续发展。

在循环经济下陕西省主导产业的发展必须符合区域产业生态化的要求。要把产业发展的经济效益、社会效益和生态环境效益有机结合起来，以资源循环为主要特征，以环境友好的方式利用资源，以循环经济"3R"为实践原则，在保证应有的经济效率基础上，去追求生态效率（生态资源的循环利用率）的最大化。一方面，在原有产业链条的基础上建立生态链，通过原有产业链的纵向延伸使两个链条有机组合，形成一个新的物质和能量循环生态产业链，这是循环经济发展模式的主导思想；另一方面，可以通过不同的生产加工产业链体系的横向耦合，达到要素投入的多极化利用、物质产品的高效化产出和产业经济的可持续发展目的。循环经济下陕西省主导产业的发展必须符合区域产业的集群化要求。要通过主导产业集群的规模经济、范围经济和技术创新协同作用，形成覆盖整个区域的生态产业链耦合网络系统，从而实现生态经济的均衡发展。

二、基准分析

1. 产品需求收入弹性

产品需求收入弹性系数的大小，可以从需求方面说明各产业部门在产业结构中所占份额的变化及其未来可能的变动趋势，强调的是需求结构变动对产业结构有序演进的直接影响，弹性越大，则未来市场前景越好，因此，应将收入弹性高的产业作为主导产业。产品需求收入弹性的计算公式为：

$$E_{di} = \frac{\Delta Q_i / Q_i}{\Delta Y / Y} \tag{4-6}$$

在式（4-6）中，E_{di}为第i产业部门产品的需求收入弹性系数；$\Delta Q_i/Q_i$为该产业产品需求量（或人均需求量）变动的百分数；$\Delta Y/Y$为国民收入（或人均国民收入）变动的百分数。

2. 关联系数

一个产业只有与其他产业具有广泛、密切的技术经济联系，才可能通过自身的发展带动地区相关产业的发展。因此，关联效应是选择主导产业的一个重要基准。利用投入产出表的逆矩阵系数来计算产生的影响力系数和感应度系数，然后通过这两个指标来判断关联效应的大小。影响力系数的计算公式为：

$$\alpha_j = \sum_{j=1}^{n} r_{ij} \Big/ \frac{1}{n} \Big(\sum_{i=1}^{n} \sum_{j=1}^{n} r_{ij} \Big) \tag{4-7}$$

式中，$\sum_{j=1}^{n} r_{ij}$为列昂惕夫逆矩阵的第j列和；$\frac{1}{n}\Big(\sum_{i=1}^{n}\sum_{j=1}^{n} r_{ij}\Big)$为列昂惕夫逆矩阵

的元素均值。影响力系数越大,说明该部门对其他部门的拉动作用越大。

感应力系数的计算公式为:

$$\beta_j = \sum_{j=1}^{n} r_{ij} \Big/ \frac{1}{n}\Big(\sum_{i=1}^{n}\sum_{j=1}^{n} r_{ij}\Big) \tag{4-8}$$

在式(4-8)中,$\sum_{j=1}^{n} r_{ij}$ 为列昂惕夫逆矩阵的第 i 行和;$\frac{1}{n}\Big(\sum_{i=1}^{n}\sum_{j=1}^{n} r_{ij}\Big)$ 为列昂惕夫逆矩阵的元素均值。感应度系数越大,表示该部门受到其他部门需求的影响越大。

3. 比较劳动生产率

用于比较工业内部各行业的相对优势。比较生产率系数的计算公式为:

$$CP = \frac{p_{ik}/p_i}{p_k/p} \tag{4-9}$$

在式(4-9)中,CP 为比较生产率系数;p_{ik} 为 k 地区 i 产业全要素生产率;p_k 为 k 地区所有产业平均全要素生产率;p_i 为全国 i 产业全要素生产率;p 为全国所有产业平均全要素生产率。该指标是将某产业劳动生产率作地区间比较,当系数大于 1 时,说明某地区某产业全要素生产率高于全国平均水平,主导产业应在该范围内选择。

4. 资本利税率

$$T = (\pi + t + q)/z \tag{4-10}$$

在式(4-10)中,π 为利润总额;t 为利税总额;q 为利息支出;z 为资产总额;资本利税率反映了一个产业全部资产的总获利能力,即要素报酬率,是产业全部资产的综合利用产出效益,它是评价判断和实际考核一个产业绩效规模的核心指标,是产业经营业绩和综合管理水平的直接体现。应选择资本利税率较高的产业为支柱产业。

5. 产值能耗

$$N = C/R \tag{4-11}$$

在式(4-11)中,N 为能源消耗系数;C 为能源消耗量;R 为总产值。该指标反映能源的消耗情况,指标越小,表示对不可再生能源投入的依赖性越小,投入的"减量化"效应越好,产出的环境效益越好。在选择主导产业时,能源消耗系数值越小越好。

6. 三废循环利用系数

$$F = G/R \tag{4-12}$$

在式(4-12)中,F 为"三废"循环利用系数;G 为"三废"创造的产值;R 为总产值。该指标越大,该产业的循环发展水平越好。遵循循环经济理念,在支柱产业选择时,"三废"循环利用系数越大越好。

三、实证分析

在进行支柱产业选择的过程中,除了需要对全部38个行业进行基准分析,同时还需要考虑产业规模和产业对区域经济的贡献程度,所以要对产业进行初选。本书以主营业务收入占全省2%以上作为初选标准,选出的主要产业包括煤炭开采和洗选业、石油和天然气开采业、农副食品加工业、食品制造业、酒、饮料和精制茶制造业、石油加工、炼焦及核燃料加工业、化学原料及化学制品制造业、医药制造业、通用设备制造业、专用设备制造业、交通运输设备制造业、电气机械和器材制造业以及电力、热力生产和供应业13个行业。

本书截取2013年陕西省工业发展相关数据,依据上述主导产业选择基准计算陕西省初选出来的13个行业的基准值,结果如表4-9所示。

表4-9 陕西省主要工业行业的基准值 单位:%

类别 行业	产品需求收入弹性	综合感应系数	比较劳动生产率	资本利税率	产值能耗	三废循环利用系数
煤炭开采和洗选业	0.0072	0.774	0.8026	0.4557	0.13	0.7963
石油和天然气开采业	0.0013	0.605	0.8026	0.5809	0.39	0.496
农副食品加工业	0.0041	1.5559	0.555	0.2101	0.05	0.5202
食品制造业	0.0037	0.8688	0.5762	0.1382	0.15	1.0846
酒、饮料和精制茶制造业	0.0042	0.7071	0.5177	0.1469	0.09	0.4691
石油加工、炼焦及核燃料加工业	0.005	0.888	0.8117	0.6982	0.42	0.0703
化学原料及化学制品制造业	0.0036	0.8855	0.8117	0.214	1.5	0.4175
医药制造业	0.2224	0.7154	0.7904	0.2617	0.05	0.0256
通用设备制造业	0.0085	0.9359	0.6849	0.8456	0.03	0.5709
专用设备制造业	0.1336	1.1002	0.8023	0.1336	0.04	0.8804
交通运输设备制造业	0.0101	0.7918	0.8714	0.1013	0.03	0.7523
电气机械和器材制造业	0.0646	0.7355	0.8131	0.6456	0.04	0.7346
电力、热力生产和供应业	0.0655	0.6794	0.3378	0.6547	2.28	0.8334

从表4-9可以看出，陕西省医药制造业，专用设备制造业，电气机械和器材制造业以及电力、热力生产和供应业市场前景较好。煤炭开采和洗选业，石油和天然气开采业，石油加工、炼焦及核燃料加工业，化学原料及化学制品制造业，交通运输设备制造业，电气机械和器材制造业具有相对优势。农副食品加工业，专用设备制造业，通用设备制造业，食品制造业，化学原料及化学制品制造业具有较强的带动作用。化学原料及化学制品制造业，电力、热力生产和供应业，石油加工、炼焦及核燃料加工业以及石油和天然气开采业受到资源、环境约束较强。

四、基本结论

依据需求收入弹性基准、综合感应系数基准、比较劳动生产率基准、资本利税率基准、产值能耗基准以及三废循环利用系数基准进行综合分析。考虑到不同基准的重要程度存在较大差异，同时为了更好地从资源环境角度考虑支柱产业的选择，本书对各基准分别赋予不同的权重，然后计算综合基准分析系数，作为选择主导产业的主要依据。某产业之所以能称之为支柱产业，必须具备两大功能，首先，该产业要是经济系统的主体和核心，并具有较好的发展前景；其次，该产业还要具有明显的相对优势，不仅产值比重大，而且关联效应也要强。需求收入弹性基准可以从需求方面说明各产业部门在产业结构中所占份额发生的变化及其未来可能的变动趋势，综合关联系数基准能反映该产业对其他产业的影响及影响力，比较劳动生产率和资本利税率基准能突出支柱产业的效率特征。产值能耗和三废循环利用率基准则强调从环境、资源方面考察产业发展的外部客观条件，它们成为影响支柱产业选择的重要因素。

通过以上分析，借鉴有关学者研究成果，本书对需求收入弹性基准、综合感应系数基准、比较劳动生产率基准、资本利税率基准、产值能耗基准以及三废循环利用系数基准分别赋予10%、10%、15%、15%、20%、30%的权重，备选出方案综合基准系数的排序，如表4-10所示。值得注意的是，产值能耗基准是负向指标，因此，在综合分析时取其倒数进行计算。

表4-10 综合基准排名

主要工业行业	综合基准系数	排名
煤炭开采和洗选业	2.044216538	8
石油和天然气开采业	0.929775513	10

续表

主要工业行业	综合基准系数	排名
农副食品加工业	4.426825	5
食品制造业	1.853123333	9
酒、饮料和精制茶制造业	2.533772222	7
石油加工、炼焦及核燃料加工业	0.813065476	11
化学原料及化学制品制造业	0.501348333	13
医药制造业	4.259275	6
通用设备制造业	7.161951667	1
专用设备制造业	5.527885	3
交通运输设备制造业	7.118451667	2
电气机械和器材制造业	5.519195	4
电力、热力生产和供应业	0.561104298	12

五、资源环境约束下的陕西主导产业的最终确定

综上分析，陕西省应选择作为主导产业的有：通用设备制造业、交通运输设备制造业、专用设备制造业、电气机械和器材制造业、农副食品加工业、医药制造业。这些主导产业（群）都具有较强的技术研发与循环发展优势，可以很好地突破资源环境约束的限制；确定仪器仪表及文化办公机械业，有色金属冶炼及压延加工业，通信设备、计算机及其他电子设备制造业，黑色金属冶炼及压延加工业，电力、热力的生产和供应业，煤炭开采和洗选业为陕西省的工业主导产业的备选产业，该备选产业也可以通过构建循环型生态产业链来实现"资源节约环境友好"的和谐发展。

本书基于主成分与灰色聚类模型的陕西省主导产业选择实证分析结果说明：在对区域主导产业理论及选择基准和方法进行研究综述的基础上，结合陕西省产业发展现状，构建了区域主导产业选择模型，并采用灰色聚类分析确定了陕西省8个主导产业，最终确定仪器仪表及文化办公机械业、交通运输设备制造业、电气机械及器材制造业、有色金属冶炼及压延加工业、通信设备和计算机及其他电子设备制造业、黑色金属冶炼及压延加工业、电力和热力生产及供应业、煤炭开采和洗选业8大类产业为陕西省的工业主导产业，这些主导产业都有较强的技术研发与循环发展优势，可以很好地突破资源环境约束的限制。同时，

本书分析了选出的 8 个主导产业的优势和劣势,并与国家同行业平均水平进行比较,通过研究认为,陕西省主导产业的产业规模效益和创新成果转化能力亟待提高。

本书基于资源环境约束下的陕西主导工业产业选择实证分析结果说明:目前陕西省工业发展面临着较大的资源环境约束,未来应根据"十二五"规划工业结构进行调整。本书将资源、环境约束引入工业支柱选择体系,为陕西省工业结构调整提供了一个有效途径。然而要真正实现结构的调整,还需要政府层面和企业的共同努力,以可持续发展理论为依据,根据"十二五"规划指示精神,加大对低能耗、低污染产业的支持力度,同时引导高能耗、高污染产业逐步转型,从整体上优化地区产业结构。

第五节　基于资源环境约束下发展陕西主导产业的对策建议

经济的增长必然伴随着产业结构的同步升级,而产业结构的升级也会反过来推动经济的加速发展。产业结构的合理化和高度化在本质上要求孕育产业结构变动的因素,即科技创新和资源环境不断发展变化,推动产业结构不断地向技术经济关联度高、知识信息集成度高、资源环境"和谐"度好的方向调整,这样就会导致产业发展模式由原来的资源和资本驱动向技术和创新驱动转型,知识和技术密集型产业密集度大大提高,由此将会产生或推动传统优势工业主导产业的衰落或改造升级。

本书采取定性与定量相结合的分析方法,分别确定了资源环境约束下陕西的主导产业,遵循循环经济"减量化、再利用、资源化"的"3R"原则要求,突破资源环境"瓶颈"限制,深入贯彻落实科学发展观,加快转变经济发展方式步伐,一方面,通过整合技术研发创新能力,提高资源利用效率;另一方面,积极寻找能替代传统资源尤其是能源的新型能源、材料,充分发挥区域主导产业尤其是工业主导产业的综合带动优势,积极处理好工业化、城镇化和农业现代化之间的发展关系,努力走出一条不以增加工业资源和生态环境综合成本为代价的技术创新能力强、经济产出效率高、资源循环利用优、生态环境协调好、人力资源优势得以充分发挥的可持续发展之路,这才是陕西省现阶段必须考虑的重点。

一、政府应充分运用宏观调控优化主导产业布局

市场经济在给我们带来充分竞争和激发个人积极性，从而提高效率获得超额利润的同时，也带来了市场生产和布局的盲目性、滞后性和随意性，由于受高额利润的驱使，一些产业尤其是对国民经济影响较大的产业会随着区域要素资源成本和利润的不规则性变化而产生非正常性膨胀趋势，因此，产业的发展受市场环境影响较大，从而造成不可持续发展。那么就需要政府对主导产业的布局和发展进行政策指导、宏观调控、统筹规划和正确引导。因此，政府应积极做好以下四个方面的工作。

1. 积极制定主导产业发展规划优化配置资源环境

研究和制定产业发展规划是现阶段市场经济环境下政府实施宏观调控的重要举措。然而由于长期受计划经济影响，造成了政府在制定发展战略规划上对主导产业的选择和定位不够科学、准确、合理，由此导致陕西省的产业规划往往滞后于区域经济的发展，对现有资源配置效率低下，可以这样说，制定产业发展规划对陕西省未来产业的发展质量、资源的配置方向和环境的和谐程度起着至关重要的作用。一方面，要合理运用宏观政策协调手段，使资源的循环利用和环境的生态保护实现产权明晰、有利可图，从而使企业和个人对生态环境保护的外部效益内部化；另一方面，要大力宣传和积极制定生态环境的有偿使用和利益相关者的权责统一制度，尽快建立污染者治理、受益者追偿机制。

因此，陕西省应该在正确认识工业发展现状的基础上，结合"十二五"规划发展目标和方向，因地制宜，积极开展具有区域特色的主导产业循环经济战略规划的研究和制定，转变和创新政府职能，并依据各市的比较优势，指导它们进行产业布局的调整，建立政府导向机制；引导企业以调整产品结构、延伸产业链条、提升资源综合利用水平为重点，推行清洁生产；选育出一批符合陕西省循环经济发展要求的工业主导产业；按照循环经济理念和工业生态学理论加快生态工业园区建设，形成产业间共生和代谢的生态网络关系，打造园区内循环型的资源流、物质流、能量流、信息流和技术流的高效耦合系统；建立符合循环经济和主导产业发展的区域分工与合作体系，达到资源环境的优化配置，加强区域之间的交流与合作，同时积极加速陕西省参与承接产业转移政策研究和制定的步伐。

2. 加快相关法律法规体系的制定和完善

加快建立循环经济相关法律法规建设，首先，在循环经济下陕西省工业主导产业发展的法律法规体系建设应该遵循"3R"原则、预防优先原则和污染者付费原则三项标准；其次，针对现有的循环经济法律法规建设问题，迫切需要构建一套完备的体系设计。应该逐步完善相关法律法规，同时加强相关制度体系设计，例如，生态责任补偿制度、环境管理认证制度、工业经济激励制度、排污许可及其交易制度、生产者责任延伸制度等，通过相关法律法规的制定和完善，逐步引导和规范企业的生产行为，倡导节约资源、清洁生产和环境保护的绿色生产理念。

3. 加快落实促进循环型主导产业发展各项相关政策优化投资环境

政府要充分利用好宏观调控这一重要杠杆，综合利用行政、经济、法律、技术、监督手段不断促进陕西省工业主导产业的发展和壮大。其中包括税收政策、财政政策、价格政策和产业政策。税收政策是促进主导产业可持续发展的重要保证，在设计新税制过程中，要坚持科学发展、资源节约、环境友好、循环创新的总原则，优化税收结构、创新税收征管，不断促进陕西省主导产业的可持续循环发展。具体包括开征燃油附加费、污染交易税；综合调整资源税、所得税（个人和企业）、消费税、增值税和关税，从而达到调整产业结构和实现资源节约、环境友好的双重目标。财政政策主要包括加大对环保基础设施、产业化示范项目、生态产业园以及重大共性技术项目的投资政策、对推行循环发展的产业实行财政贴息政策和对环保节能产业产品优先采购的绿色采购政策。价格政策主要是指通过调整资源和产品价格体系，逐步建立能反映资源性产品供求关系的价格机制，实现对资源能源的优化配置。产业政策是指要尽快建立促进循环经济下区域主导产业发展的常态政策体制机制，加强支持循环型主导产业发展的科学技术支撑体系和创新人才培养力度。

4. 深化财政发展资金投入方式改革，发挥好财政资金的"乘数效应"

陕西省应更多地利用市场化、间接化的方式，进一步加强财政政策和金融政策、产业政策的融合，形成财政资金引导信贷、社会资金投放优势项目的产业投融资服务体系。完善以奖励补助、贷款贴息、股权投入和融资引导等为主的投入机制，引导金融和社会资本投入主导产业发展，推动产业转型升级。积极实施各项支持中小微企业融资的政策，拓展中小企业融资渠道。进一步完善创业投资、军民融合、航空产业、渭北产业投资等基金管理机制和制度体系，通过市场化的手段充分发挥财政资金的政策引导放大作用，吸引社会资金、创投资本以及风投资本投资于全市重点产业以及成长型中小企业。

大力推进渭北工业区产业集群建设，支持重点企业投资与技术改造，增强企业自主创新能力，推进产业结构调整。对市政府确定的工业"一事一议"、重大招商引资项目进行支持。落实支持重点装备制造、中小微企业发展的各项财税支持政策，支持企业上规模发展。实施工业地产品促销配套奖励政策，引导全市大中型企业和重点项目优先使用本地中小企业产品。支持科技创新和统筹科技资源改革深化，促进创新驱动发展，推动产业经济转型升级。加大对重点行业共性技术、关键技术研发的支持力度，支持节能环保、新一代信息技术、生物医药、高端装备制造、新能源、新材料和新能源汽车等高新技术产业加快发展。

二、探索产业转型新路径，促进主导产业向产业集群方向发展

1. 制定和实施区别性的产业政策

政府应该明确主导产业的地位和意义，努力制定相关主导产业发展的优惠定额，使主导产业实实在在地得到支持。对工业主导产业实行优先倾斜的扶持政策和措施。设立工业主导产业发展基金；在国家政策允许的范围内，对先导产业实行减免税收、差别税率的财政政策；实行特别折旧，推动设备更新，并鼓励国防技术向民用技术转化的产业技术政策；降低风险投资基金市场准入门槛的有关政策。对发展主导产业的重点企业，其所得税给予一定年限、一定程度的先征后返优惠，对新增增值税方面的留成，应该返还给企业一部分，通过实行合理的价格和税收政策，使主导产业具有较强的自我发展能力，增加其投资吸引能力和资金积累能力，以此壮大支柱骨干企业的规模和实力，从而增强产业核心企业的市场优势，使这些企业真正成为行业的领头羊，推动产业集聚。对工业主导产业实行倾斜配置资源。在明确划分哪些产业应该发展、哪些产业应被制止发展后，政府应通过明确的条文规定，促使资源流向主导产业。凡是主导产业涉及的资源，都应通过一定的形式给以优先的考虑和支持。主导产业因发展所需资源的不足部分应给以优先的照顾。一方面，可以将一部分资源投入耗费资源最少的产业；另一方面，应当设法促使资源从应该缩减的产业朝着需要大力发展的主导产业流动。

2. 促进主导产业向产业集群方向发展

主导产业发挥扩散作用最主要的条件就是在本区域内必须有大批能为之生产服务配套的上游和下游部门，否则其带动作用无从谈起。迈克尔·波特在研究产业和地点竞争效应问题时发现，在一个区域范围内，存在产业集聚现象，即企业、供应商、相关产业和专业化机构集中在某一区域。在波特看来，生产力的高低离不开区域的竞争环境和高品质的生产要素，激烈的市场竞争、精明的本地供应商、能够刺激与支持生产力的快速创新，有利于创新力的形成。波特所指的产业簇群，实际上就是产业链。构建完善的产业链，有目的、有重点地发展配套企业，形成强大的配套能力，有助于区域主导产业竞争力的提高。

引导产业集群的发展。一是引导主导产业由分散办企业到集中办企业,这是企业在空间布局由分散走向集中。企业由分散到集中布局,有利于共享公共设施、吸引优秀人才、获取市场信息、集聚生产要素、取得规模效应,从而释放发展潜能。但是,企业这种集聚还只是空间上的集中布局,企业之间基本上没有建立起太强的产业关联和分工协作关系,处于一种地理空间上的集中、产业关联上的离散状态,企业集聚效应还没有真正充分发挥出来。二是引导主导产业由集中办企业到集中做产业,这是由企业集聚走向产业集群。由分散办企业到集中办企业并不必然带来区域竞争力的增强,只有通过产业链将企业紧密有机地集聚在一起,增强企业间的产业关联和协作效应,形成产业集群,才能促进区域生产力和竞争力的真正跃升,增强区域经济发展的持续动力。基本路子是以追求集群效应为目的,自发形成生产协作体系,群体中的龙头企业、品牌企业不断将一些特定的生产工艺分离出来,形成一批配套企业,而一些生产同类产品的中小企业也走向专业化,整个企业群落围绕特定的产业生产,通过群体协同效应获得综合成本,供销集中等竞争优势。

3. 促进技术进步和技术创新

在产业建设和经济发展中,由于主导产业所处的特殊位置和自身固有的特点,使它在一个国家和地区中往往率先进入技术创新,高创新率或高吸收创新率是主导产业最重要的特征。只有具备较高的创新率或吸收创新率,主导产业才能通过创新在产业间扩散,带动相关产业素质、层次的整体跃迁,才能发挥结构高级化的导向作用,承担区域经济动态比较优势的重任。陕西省应充分发挥科研单位和高校密集的优势,加快以市场为导向的科技经济一体化进程,加强国民经济发展的关键技术研究和优势产业上规模、上水平的重点科技攻关及科技成果转化,强化技术开发和推广,加速科技成果商品化、产业化。要以科技进步为动力,充分挖掘企业内部潜力、夯实有利于经济增长方式转变的技术基础。鼓励和促进企业技术创新与技术改造,实行特别折旧,推动设备更新,并鼓励国防技术向民用技术转化的产业技术政策;加大研发费用投入,降低风险投资基金市场准入门槛的有关政策;促进高新技术产业及各类科技园区建设的产业布局政策。大幅度提高企业技术自主开发、创新能力,推动大中型企业建立健全技术开发机构,有计划地创立高水平的技术开发中心,使之成为各行各业科技进步的原动力。

4. 加快培养和完善生产要素市场

一是政府对要素市场的行政干预必须限制在绝对必要的范围内,尽快形成有要素市场供求决定的要素价格机制,以市场价格调节要素的自由流动,合理配置资源。二是政府要建立和维持市场经济秩序,制定一套规范要素市场运行的法律及严格的监管程序,促使要素市场健康发展。三是政府通过扶持和发展中介机

构,达到培养和完善区域资本市场、产权交易市场和人才、技术等要素市场的目的。例如,通过培养发展券商、融资担保机构、会计师事务所等,完善资本市场;通过发展产权交易中心、知识产权转让机构、律师事务所等,完善产权交易市场;通过发展人才交流中心、猎头公司等,完善人才市场;通过发展技术咨询中心、技术评估事务所、生产力促进中心等,培养和完善技术市场。

5. 开辟多种融资途径,健全资金支撑体系

多渠道筹集产业投资资金。通过财政预算拨款、国有资产变现、国有股权出让、土地使用权转让、国有资产经营收益等多种渠道,扩大现有工业发展基金的规模,扶持优势行业和主导产业。集中用好各种资金扶持政策,综合运用财政债券、技改和新产品贷款贴息等措施,支持重点企业的技术改造和新品开发。加快企业直接融资步伐,管理水平高和成长性好的优势企业要积极上市,实现资本规模快速扩张,同时提高经营业绩,争取回报社会。完善小企业融资担保,现已建立的中小企业担保基金按企业化要求运作,扩大基金规模,提高担保能力,帮助中小企业多渠道融通资金。积极筹集高科技风险投资基金,通过引导法人参股、吸引外资参与、鼓励公众认购,逐步扩大基金规模,重点扶持高科技企业成长。

6. 建立主打产业生态工业园聚集区,加快循环型生态产业链建设

工业的生态化是工业系统与生态系统的相互耦合,依据循环经济理念以及生态学原理,在认真分析物质、能量流动特点的基础上,通过生产系统以及各个环节之间的一体化运作,将原来传统单线型的开放系统转为物质能量的再循环、再利用和再制造的一个闭合系统,从而实现资源的闭路循环和能量的梯次使用,以达到物质能量的多极化和高效化利用,顺利实现工业经济发展模式的转变。工业生态园区包含两层含义:从纵向来看,是由于某一产业的产业链在纵向延伸过程中与其他相关产业的产业链发生契合而形成的一个基于生态产业链整合优势的纵深一体化单中心工业代谢共生生态网络系统。在资源环境约束的宏观大背景下,遵照"十二五"规划要求,要不断发展壮大区域高成长性主导产业,努力改造升级传统优势产业,使其迅速适应发展环境的变化,成为推动陕西省经济可持续增长的"先行者"。

在建立各个工业主导产业延伸生态链条的同时,还要依据产业链横向共生耦合效益,积极建立主导产业群多中心生态工业共生网络园区,构建"回收—再利用—设计—生产"的循环经济模式,仿照自然生态系统的资源闭路循环方式,使不同主导产业之间形成共享资源和副产品互换的产业共生组合,从而达到各产业相互间资源的最优化配置。这样就可以形成三个物质能量循环:产业内物质能量循环、区域内产业间物质能量循环、区域与自然生态系统间物质能量循环,可以充分保证资源的多元化利用和能量的层级化使用,最终达到资源的高效产出和节

能环保目标的顺利实现。

图 4-5 可以很好地反映生态工业园区的资源循环和一体化管理原理，同时也可以参照丹麦卡伦堡多中心共生网络生态工业园结构和加拿大伯恩赛德平等型共生网络生态工业园区结构，首先，建立符合陕西省发展要求的工业主导产业共生网络生态工业园区，并逐步建立基于循环经济的陕西省水资源、固体废弃物以及能源一体化管理的生态工业园生态产业链共生网络结构体系，降低污染物排放量；其次，应扩大支柱产业规模和产值，形成上中下游一体的产业链，实现支柱产业的规模经济，形成代表产业先进水平的产业集团和产业集群；最后，加强环境监管，政府应对污染排放不达标的企业进行限制，直至关停，同时对环境税、碳排放权交易等环境管制措施进行试点，引导企业发展循环经济、低碳经济。

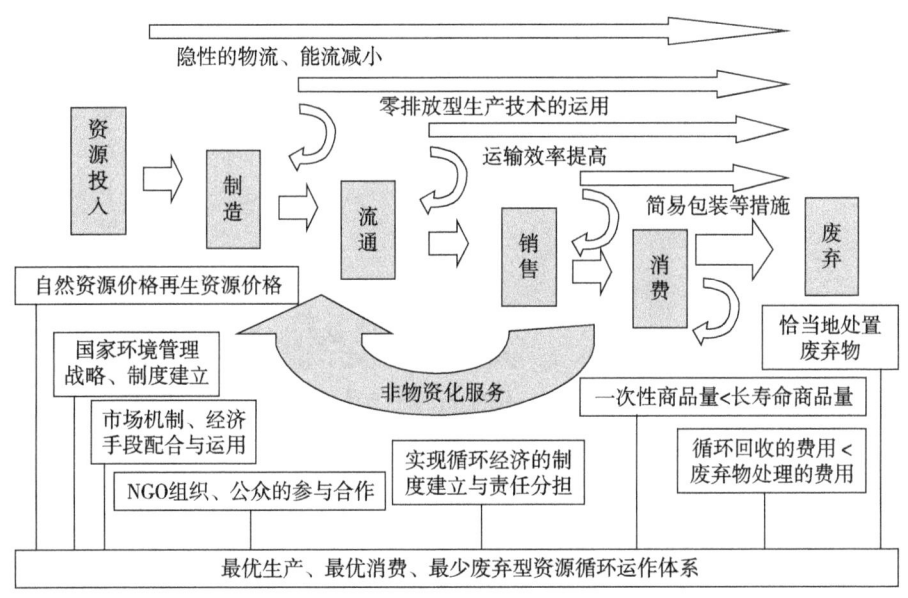

图 4-5　主导产业生态工业共生网络园区资源循环和一体化管理体系

三、提高自主研发创新能力，探索循环型企业发展模式

技术创新是一个企业（产业）生命的灵魂，在企业的成长过程中扮演着重要角色，尤其是在陕西省大力倡导循环经济、绿色经济、低碳经济的当下，更显

得尤为突出。除了延伸技术产业链、生产高附加值产品之外，还需积极拓展企业发展模式，具体有企业内循环发展模式、企业间循环发展模式。

1. 企业内循环发展模式

在技术创新基础上，采用新技术工艺和材料，采取新产品深度开发和废弃物综合利用等手段，不断促进物质能量在闭合产业链内进行循环，得到节能环保的目的。该发展模式主要有产业链纵深模式和多元化拓展模式，前者是通过新技术方法的运用不断拓展产业链条，实现企业内部资源的高效利用；后者是通过多渠道发展与主营业务密切相关的其他业务，把产业链条横向拓展到其他行业，然后逐步整合产业链，实现企业系统内部的生态化经营。

2. 企业间循环发展模式

该模式是沿着产业生态园区的发展思路运营企业，该模式的建立有利于陕西省产业结构调整，解决产业结构性污染问题。具体包括：一是共赢模式，即以生态产业园区内某一主导企业的产品为核心，集群内其他企业围绕它来进行相关产品和服务的生产和运作，从而共同受益；二是互补模式，即以生态产业链为中心而形成的产业园区内多企业资源、技术、信息优势互补，实现这个系统的和谐发展；三是区域整合模式，即通过开展区域内各产业间不同企业的整合协作，达到资源优化和清洁生产的目标。

第六节 基于资源环境约束下陕西主导产业的发展路径

对于资源型主导产业来讲，随着产业的不断发展和资源的慢慢枯竭，也必将会从地区主导产业转化为夕阳产业，并被新兴主导产业所替代。这是资源型产业发展的规律，任何人都无法改变的事实。资源的有限性和不可再生性决定了资源型主导产业转型具有必然性。任何一个地区的资源储量都是有限的，都会随着开采利用不断减少乃至枯竭，资源型产业不可避免地要面对资源枯竭问题，资源型产业转型不可避免。因此，为保持陕西主导工业的主导产业可持续发展，需要做好以下五方面的路径设计：

一、加大政府扶持力度，优化产业发展环境

工业主导产业的发展事关陕西省"十二五"经济社会的大局，扶持与培育

工业主导产业是政府经济工作的重点之一。"十二五"期间，陕西省在国家及省"十二五"规划的基础上，明确工业主导产业，科学合理地制定陕西工业主导产业发展规划与多样化的扶持政策。积极发挥政府的引导作用，使政府和市场的作用完美结合，共同推动工业主导产业的发展与成长。在市场发挥资源配置作用的前提下，合理确定政府政策的干预措施，优化工业主导产业发展环境的建设。强化公共基础设施建设、产业配套设施建设、网络信息化建设，改善工业主导产业的投资环境、经营环境及发展环境。另外，政府部门应加快行政制度的改革，提供方便高效的行政服务，塑造工业主导产业发展的优越环境。

二、积极发展循环经济，实现可持续性发展

循环经济呈现出能耗低、排放少、效率高的特点，是"十二五"时期陕西省完成节能减排目标，转变经济增长模式，实施可持续性发展，走新型工业化道路的重要方式和途径。陕西省"十二五"工业主导产业实施循环经济发展，就要着力加强低碳、循环及其他环保技术和设备的研发、推广及应用，积极完善"资源—产品—再生资源"的闭路循环系统。加快传统产业的改造升级，优化资源消耗结构，缓和结构性污染问题。打造循环经济工业物资信息与交易平台，建立适合循环经济发展的政策与体制环境。"十二五"时期陕西要继续实施工业强省与赶超战略，就必须加大环境污染治理工作，严格环境保护审核。积极探索与发展新型工业主导产业，做好经济试点工作，发挥示范引导作用，确保陕西省"十二五"工业主导产业实现全面、协调、可持续的发展，走能耗低、污染少、科技高、效益好的新型工业化道路。

三、推动产学研用联盟，完善技术创新体系

"产学研用"联盟是一种把生产、学习、科研、运用进行有机结合的系统工程，与"产学研"相比，更加强调应用与用户，突出市场的导向作用与企业的主体地位。建立工业主导产业的"产学研用"联盟，不仅能够避免技术创新的盲目性，有效地规避风险和降低成本，缩短研发到市场的时间周期，完善区域技术创新体系，而且还有利于发挥陕西雄厚的科研实力，为陕西省"十二五"工业主导产业成长与发展注入新的活力。"十二五"期间，陕西省应以国家技术创新工程试点省的建设为平台，着手从突破体制障碍，探索合作模式及培养创新人才三个方面来优化区域创新环境，强化科技人力资源管理，鼓励自主创新，推进产业高科技化，全面提升工业主导产业的技术创新水平与核心竞争力。

四、引导产业空间布局，提升产业集群效益

为加速"十二五"工业主导产业的成长与发展，陕西省应充分发挥区域经济特色，推动产业集群与空间布局，延伸产业链条发展，力促传统产业转型升级，东向发展快速融入长三角。重点依托示范区、创新区、都市圈，以工业园区与产业功能区为载体，着力培育一批产业特色突出、专业分工明确、配套协作完善、产业链条完整的工业主导产业园区，打造工业主导产业集群及规模经济效应。建立适合工业主导产业发展的区域合作与协调机制，实现信息、人才、技术、资金等优势的互补和协同效应。着重培育一批大型企业集团和知名品牌，引导企业在价值链横向和纵向的拓展，增强陕西工业主导产业的辐射带动作用与核心竞争能力，从而带动"十二五"陕西全省"点—线—面"的综合全面发展。

五、拓宽多元融资渠道，支持服务业重点领域加快发展

全面推进服务业综合改革试点工作，支持服务业重点领域加快发展，支持服务业聚集区发展和重大项目融资，提升服务业对其他主导产业的承接支撑作用。同时，积极培育新型服务业，着力提升传统服务业，加快发展生产性服务业，健全和完善生活性服务业，重点支持连锁经营、物流配送、电子商务、会展经济、服务业信息化和现代流通体系建设。落实好支持总部、楼宇经济等服务业重大项目税收奖励政策。积极推进国家电子商务、下一代互联网和信息惠民示范城市创建工作。支持外贸结构调整，促进开放型经济突破发展。鼓励优势企业走出去建立生产基地，支持国际经济技术合作和外派劳务输出基地建设。鼓励服务外包产业发展，支持承接离岸外包业务、人才培育引进、园区平台、企业技改和培训机构建设。支持口岸服务功能建设，提高国际货物通运能力。支持丝路经济带建设，支持企业积极开拓丝路经济带沿线国家市场。重点支持重大项目招商引资、节能和循环经济发展、高新区创建世界一流科技园区、新能源汽车推广试点、国际货运航线、班列开通、安全生产和信息化建设等方面。

资金是加速陕西工业主导产业发展进而推动产业升级的基础，工业主导产业进行自主创新和引进外部高新技术，首要解决的便是资金瓶颈问题，拓宽融资渠道是陕西工业主导产业发展和壮大的必然要求。"十二五"时期，陕西省应当加大政府投资力度，改善投融资环境，建立多元化投资机制，设立工业主导产业投资专项资金，继续颁布全方位的投融资优惠政策，吸引更多资金进入工业主导产

业。全面推动金融体系创新,运用多种金融工具,增加资金来源渠道,积极引导企业进行企业债券、风投基金、项目融资等资本运作。完善信托机构与资金担保能力,鼓励有条件的优秀企业尽早上市,充分发挥资本市场的作用。进一步引进域外资金,强化"招商选资"力度,提高"招商选资"的质量与效率。依据工业发展的需要,精心规划招商项目,有选择、有计划、有步骤地承接产业转移,优先引进一批新材料、新能源、高端装备、信息技术等与工业主导产业相关性高的企业。企业集团、行业协会、政府部门通力配合,共同推进陕西省"十二五"工业主导产业及经济社会的发展。

第五章 高技术产业、传统产业与区域经济耦合协调度的实证研究

高技术产业、传统产业与区域经济环境的耦合系统是一个复杂的开放系统，系统内部包含了高技术产业子系统、传统产业子系统以及区域经济子系统，还涉及系统论、协调学、产业经济学以及物理中的耦合概念，研究过程具有一定难度。本章从系统论角度入手，首先，辨析了高技术产业子系统、传统产业子系统以及区域经济子系统，并应用开放系统论、耗散结构理论以及协调学等系统阐述高技术产业、传统产业与区域经济各子系统的耦合关系；其次，基于前述分析借鉴物理学中的耦合概念，构建耦合协调度模型，并对高技术产业、传统产业与区域经济的耦合度和耦合协调度进行测算；再次，应用BP人工神经网络模型对各指标的动态因子贡献度进行测算，找出因子贡献度的差异为下文分析做数据准备；最后，依据前文得到的实证结果，结合当前陕西省产业发展的客观事实，给出相关政策建议。

第一节 产业耦合、产业关联和产业融合之间的关系

从耦合概念在经济学领域中应用发展过程来看，产业耦合是介于产业联合和产业融合之间的一种产业发展模式，继承于产业联合，发展于产业融合。产业联合的主要表现形式是产业链上下游企业之间的资源交换，以各种投入品和产出品为重要的联系载体。产业间关联关系形成连续的价值增值过程，产业耦合关系在产业关联的基础上形成了耦合关系，耦合关系在起到加强产业关联作用的同时还能使产业间形成良好的协同效应，产生更大的增值效用。

虽然产业耦合继承产业关联的基本内容，但不限于产品的交换，因而更加侧重生产要素、技术信息、产品市场等内容的互相配合性，这种互动更多的是通过不同产业共同依赖的经济环境来进行，而不仅是依靠产业链的相互关联。耦合的渠道和内容相对产业关联更加复杂，产业间能量和信息交互形式趋于多样化，协

同效应更加明显。

产业融合是指相关产业及不同产业间相互交融而形成新产业的过程。产业的融合性及耦合性具有各自的独特性在于产业耦合并不消除耦合产业之间的边界,技术的扩散和产业发展形式的改变无法达到消除产业边界的程度,耦合产业之间依然保持各自产业的发展特点,维持基本的独立性。

根据以上对产业关联、产业耦合及产业融合概念的辨析,可以看出三者之间的基本逻辑关系,产业耦合的基础在于不同产业间相互关联,也就是说产业间的关联性是产业耦合的基础条件。在产业耦合不断深化发展中,不同产业间所体现出的新型产品及技术发展具有类似性,导致不同产业间界限模糊融合并产生新的产业(见图5-1)。

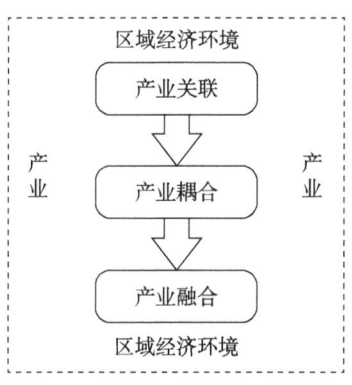

图 5-1 产业关联、产业耦合与产业融合关系

本书用产业耦合理论尝试解释当前产业协调发展问题,主要因为产业耦合具有发展成本低,机制灵活、适用范围广,产业结构合理三大优势,与我国当前产业结构调整和转型升级的理念相符,能更好地解决产业间协调发展的问题。

第二节 高技术产业、传统产业与区域经济耦合系统的理论分析

一、系统耦合模型的理论框架

高技术产业、传统产业和区域经济间耦合系统,由高技术产业子系统、传统

产业子系统和区域经济子系统以及各子系统内部的能量流、物质流和信息流构成。三系统耦合相对两系统耦合内部构成更加复杂，各耦合要素不再是单一的相互对应耦合，要素之间更多的呈现出复杂的交互状态。耦合系统通过各子系统间的协同与竞争，形成相互促进，相互支撑的耦合开放经济系统，在物质、能量和信息等耦合要素的相互交汇中向更高的系统层次发展。高技术产业、传统产业和区域经济各子系统，通过传统机制、联动机制叠加放大机制等系统运行机制来保障耦合系统的协调运行。在开放系统条件下，外部经济对区域内耦合系统具有不可忽视的作用力，负熵流与正熵流的交汇保障了系统的稳定发展（见图5-2）。

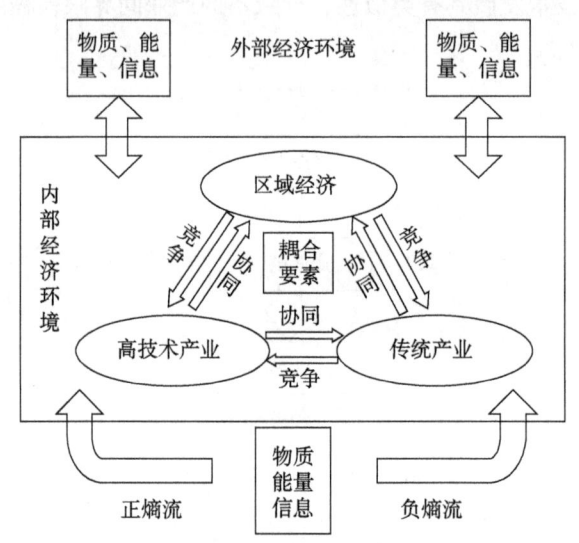

图5-2　高技术产业、传统产业与区域经济耦合运行机制

二、耦合系统协调发展内涵分析

系统论认为，系统是由众多相互作用的要素构成的具有特定功能和结构的有机体。本章尝试构建的复合系统由高技术产业子系统、传统产业子系统和区域经济子系统构成，由于高技术产业系统和传统产业系统分别是区域经济系统的一部分，所以为了分析三者之间协调发展的关系，本书在此考虑将高技术产业和传统产业分别作为独立的系统，与区域经济系统进行区分。高技术产业、传统产业与区域经济耦合协调系统是指在特定范围内，高技术产业、传统产业与区域经济三者之间相互作用、影响和制约而构成的具有特定结构和功能的有机经济系统。

耦合是指两个或两个以上的系统或运动方式之间通过各种相互作用而彼此影响的现象，是在各子系统之间的良性互动下，相互依赖、相互协调、相互促进的动态关联关系。协调是一种状态，是指两种或两种以上系统之间和谐一致，相互配合的关系。发展则是指事物本身由简单到复杂，由低级向高级、由无序向有序的发展过程。耦合协调发展是指系统内部各要素或子系统以耦合作用的方式相互配合，达到系统由无序发展到有序发展、由低级向高级的总体演化目标。其中，耦合是系统内部要素的相互作用关系，协调是对发展过程的约束条件，而发展是最终目标。高技术产业、传统产业与区域经济耦合协调系统要求系统在谋求向更高水平发展的过程中，要通过寻求三个子系统之间的耦合作用关系，以在时间上和空间上保持相互协调、相互促进的方式，形成发展均衡，弱化矛盾的经济协调系统，以实现区域经济整体发展的最大化。

三、耦合系统协调发展的条件

本书综合运用相关经济理论尝试系统阐述有关高技术产业、传统产业与区域经济耦合协调发展的基本原理，为下文实证部分做好理论基础。在进行系统耦合协调发展的理论分析之前，要明确高技术产业、传统产业与区域经济系统的耗散结构特征。高技术产业、传统产业与区域经济系统由高技术产业子系统、传统产业子系统和区域经济子系统构成，同时各子系统又是由众多下一层级要素构成，形成了具有特定功能和目标的系统，各子系统和构成子系统的众多要素又具有各自特征，如生产要素的规模差异和构成差异，产业在区域经济内部的分布状态差异，区域内部经济市场环境差异等，当区域内经济活动发生时，必然会引起物质和能量的交换。因此本书认为，高技术产业、传统产业与区域经济系统具有以下耗散结构的特点：

首先，开放性。虽然本书研究对象为特定区域内的经济系统，但并不意味着要割裂区域与外界经济系统的联系，相反要重视与外界经济系统的物质、能量和信息交换。高技术产业、传统产业与区域经济系统要从外界获得生产活动所必需的物质资料和信息，如原材料、劳动力以及市场信息等。同时也要进行必要的物质输出，如产成品的输出。多种途径的输入、输出过程是耗散结构最基本的条件，而高技术产业、传统产业与区域经济系统显然具备这一特征。

其次，远离平衡态。经济系统是复杂多样的，不同区域之间必然存在经济发展水平不均衡的现象，高技术产业、传统产业以及区域经济发展水平之间的发展必然存在经济势差，造成了高技术产业、传统产业与区域经济系统内部的非平衡性，非平衡性的客观存在导致了系统内部随机扰动和涨落的产生，使系统处于一种动

态调整的过程,让系统的有序发展成为可能。

最后,系统内部产生随机涨落。系统的非平衡态导致了随机涨落的产生,涨落的幅度决定了系统状态的改变,幅度较小会影响系统非平衡状态,较大幅度会使系统功能结构发生变化。

高技术产业、传统产业与区域经济系统内部无时无刻不在发生着物质与能量的交换,涨落也不可避免地产生着,如果发生较大变革,即涨落程度较大的情况,则会出现产业结构调整与内部资源重新分配进而导致系统功能和发展方式出现变革。

四、耦合系统内部子系统的竞争与协同

在高技术产业、传统产业与区域经济系统内部,高技术产业子系统、传统产业子系统以及区域经济子系统之间既有竞争关系也有协同关系。高技术产业子系统与传统产业子系统处于特定的区域内部,产业发展要不断地吸收区域内部和外部的经济资源,以满足自身的发展需要,这就不可避免地产生了子系统之间争夺经济资源,而经济资源又是有限的,尤其是在一定的空间和时间内,这种竞争更加激烈,所以高技术产业和传统产业之间存在着竞争的关系,虽然竞争关系会形成一定的内耗,但是竞争更为重要的特点是可以促使有限经济资源的高效利用,经济资源总是会向效率更高、利润更大的产业转移。也正是这样竞争的关系导致了系统内部结构的不断变动,为整个系统发展提供基本动力。

理论上学者们根据产业发展特征将其分为高技术产业与传统产业,但事实上高技术产业与传统产业的界限并不清晰,在一定区域中高技术产业与传统产业往往基于产业链,形成纵向或横向的关联,同时依赖于区域经济的整体发展水平和经济环境。例如,基于产品生产的产出与投入关联,高技术产业的技术外溢性,传统产业与区域经济对高技术产业的资源与技术补充性等。高技术产业、传统产业和区域经济的协同性体现为:首先,高技术产业与传统产业要基于区域经济提供的经济环境才能存在与发展,区域经济内有其他支持性产业和基本生产资料,决定了高技术产业、传统产业与区域经济三者之间具有协同发展的要求;其次,高技术产业与传统产业对区域经济的贡献具有不可替代的作用,是区域经济发展的最主要力量。如高技术产业对区域经济内部传统产业以及其他产业的技术外溢与反哺,能有效加速区域经济发展。综上所述,可以看到高技术产业、传统产业和区域经济三者之间,存在着协同发展内在条件,三者之间的竞争关系为经济系统的发展提供动力,协调关系为促进经济高速有效发展提供了保障。

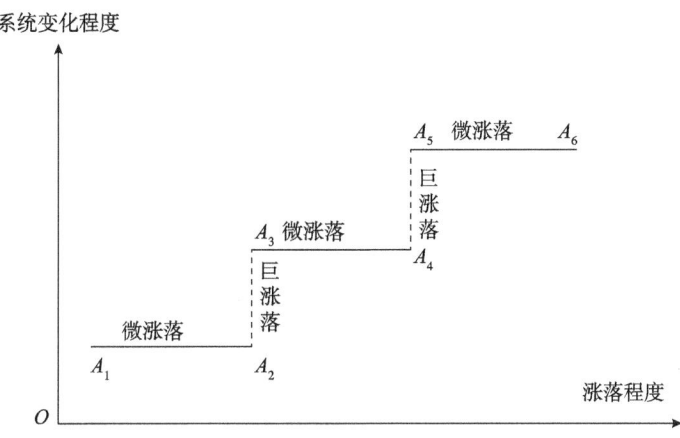

图 5-3 产业耦合系统的微涨落到巨涨落过程

总结上文可知,高技术产业、传统产业与区域经济耦合发展由系统内部竞争与协同提供耦合发展动力,使系统内部要素不断变化的过程中产生了随机扰动。初始阶段随机扰动通常是微涨落,微涨落不断冲击与扰动非平衡态,虽然短时间内无法对非平衡态产生明显影响,但微涨落通过长时间积累,最终会形成对耦合系统作用明显的巨涨落,从而会影响系统结构参数,出现产业结构调整与内部资源重新分配,引发系统功能和发展方式出现变革,具体过程如图 5-3 所示,耦合系统涨落积累最终引起系统出现新功能的过程。$A_1 \sim A_2$ 阶段系统通过协同与竞争机制产生扰动,虽然扰动不断冲击非平衡态,但无法从根本上改变非平衡态的位置,此类扰动只能使系统出现失稳状态。但在 $A_1 \sim A_2$ 过程中,扰动或说是微涨落是可积累的,微涨落的积累一旦达到系统临界点,如图 5-3 中的 A_2 点,就会有足够的能量改变系统参数,形成巨涨落使系统从 A_2 跃进到 A_3。以后阶段会重复这一过程,总体上呈现阶梯式的上升曲线。

五、开放系统负熵流的引入

系统的混乱程度可由非平衡热力学中的熵概念来代表,在封闭系统内熵值的增加具有不可逆性,即熵值增加则系统的混乱程度不可逆地增加,从而使封闭系统走向混乱的无序发展(见图 5-4)。

在封闭系统环境下,系统没有外部输入的条件,在假设区域经济内部形成了耦合系统的情况下,耦合系统在运行的过程中必然会不断产生正熵,而缺少外部

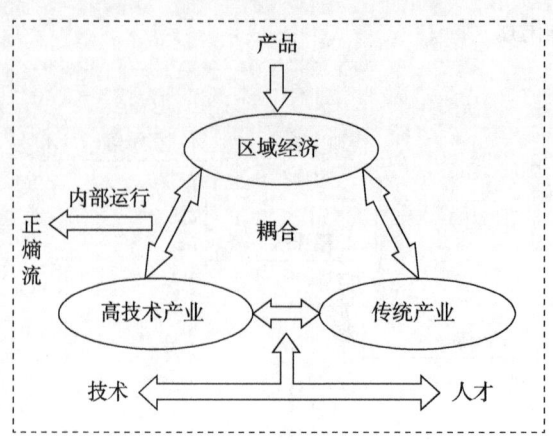

图 5-4 封闭耦合系统运行

负熵流的输入对产生的正熵进行抵消,系统内部熵值会持续增加,熵值的增加意味着系统走向混乱,使系统无法向更高级发展。但高技术产业、传统产业与区域经济系统是开放系统,开放系统的一个重要特征是能与外界经济系统进行物质和信息的交换,进入的能量和信息成为负熵流,负熵的进入会降低系统整体的熵值。可用以下公式表示:

$$ds = ds^+ + ds^-$$

高技术产业、传统产业与区域经济系统整体熵值由 ds 来表示,ds^+ 表示系统内部产生的熵值,因系统内产业发展规模由小到大、由简单到复杂,熵值逐渐增大,这一过程本身是不可逆的。但与此同时,外界经济系统也不断向高技术产业、传统产业与区域经济系统输入负熵 ds^-,如外界系统反馈的产品信息,输入的技术专利,先进的管理技术等,这些输入会以负熵的形式进入系统内。若 $ds^+ + ds^- \geq 0$ 则会有系统熵值 ds 为正值系统向无序发展,如果出现 $ds^+ + ds^- \leq 0$ 则系统熵值为负值,系统向有序发展。可见系统的有序发展需要引入足够的负熵,持续的负熵流输入可降低系统整体熵值,使系统向有序的更高级的阶段发展。同时要关注的是负熵流的输入形式的多样性,如改进的法律制度和市场环境、新政策的颁布与实施等,如果与系统特征相匹配,都可以为系统提供可以抵消内部正熵的负熵流,进而保证系统的有序发展。

在开放系统条件下,高技术产业、传统产业和区域经济三者通过多种渠道进行能量和信息的交换形成耦合关系。如图 5-5 所示,产品、技术和人才等向区域内输入,这些能量和信息的输入形成了负熵流。系统内部在运行的过程中,会自

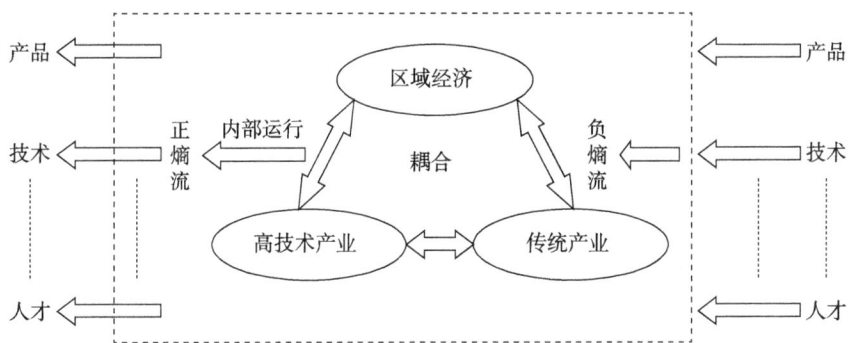

图 5-5 开放系统负熵流引入

发地产生正熵进而形成正熵流。正熵流和负熵流在经济系统运行的过程中会不断地产生和输入，形成动态的系统发展模式。同时开放系统的特性决定了系统在接受外部负熵的同时也会向系统外部输出人才、技术和产品等能量和信息。正、负熵流的抵消，使系统整体熵值控制在可接受的范围内，避免了系统扩张引起内部混乱。

六、耦合系统的发展周期

根据产业发展生命周期理论可知，产业发展一般要经历产生、成长、成熟和衰退四个阶段，结合高技术产业、传统产业与区域经济耦合系统的特点，本书将高技术产业、传统产业与区域经济发展分为产生时期、萌芽时期、发展时期和衰退时期。

（一）产生时期

初始阶段区域内部相关产业刚起步，高技术产业自身处于培育时期，无法和传统产业形成有效互动，带动区域经济的能力十分有限。耦合系统处于前期筹备阶段，产业与区域间关联十分有限。

（二）萌芽时期

基于前一阶段发展积累，耦合阶段进入萌芽时期，即图 5-6 中 $O_1 \sim O_2$ 点，此时高技术产业已经初具规模，对区域经济影响力和传统产业的关联性不断加强，并出现系统耦合特征。虽然高技术产业有了一定的发展，但在这一阶段还比较弱小，与区域经济还处于相互适应阶段。尽管这一阶段高技术产业没有走入快速发展的轨道,但是适应经济环境的能力显著提高,初期产品对区域内供应链的布局和销售渠道的开发为下阶段的高速发展打下基础。

(三) 发展时期

本书将发展时期分为发展初期和发展中后期两个阶段,发展初期为系统从萌芽时期刚进入发展期,即图 5-6 中 $O_2 \sim O_3$ 阶段,在这一时期,高技术产业已经具有一定规模,高附加值产品对区域经济影响力明显加强。高技术产业与传统产业开始建立能量和信息交流渠道,传统产业和区域经济对高技术产业的支撑作用明显,高技术产业完全加入传统产业与区域经济的系统内并产生重要影响。发展中后期,高技术产业、传统产业与区域经济的耦合系统已经成熟,并正经历着高速发展阶段,这一阶段系统内组织形式向高度有序发展,负熵流流入强劲,人才、资金不断向高技术产业涌进,高技术产业承担着对传统产业改造和带动区域经济发展的重要作用。

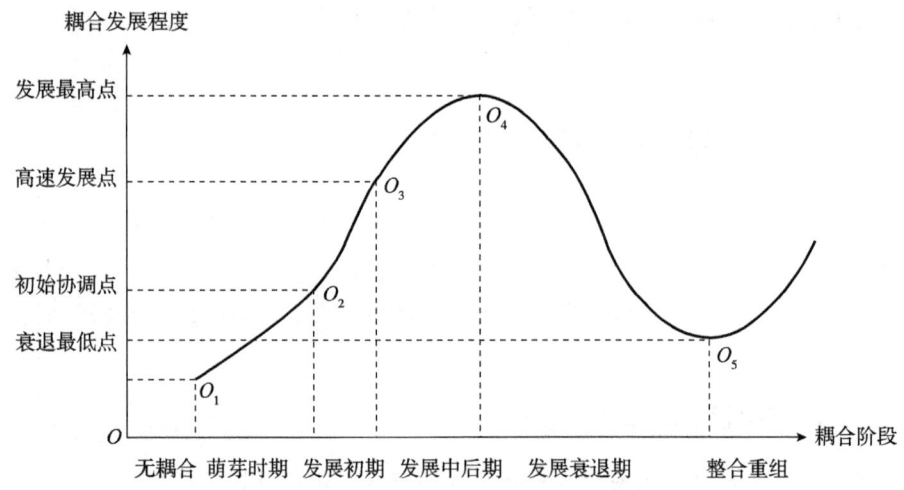

图 5-6 产业耦合发展阶段

(四) 衰退时期

高技术产业、传统产业与区域经济耦合系统经历过高速发展时期达到顶点 O_4 后,开始进入衰退时期,高技术产业产品附加值降低,部分传统产业被淘汰。步入这一阶段的原因可能是由于资源环境的约束,也可能是宏观调控不足或出现失误。当系统整体发展水平达到最低点 O_5 后,高技术产业、传统产业与区域经济系统会因系统自组织的特点，开始重新组织自然资源和社会资源，从而进行新一轮的系统发展。

高技术产业、传统产业与区域经济耦合系统遵循着产业发展的一般规律，经历产生、发展到衰退的过程，在这一过程中，系统耦合协调度也会出现由极度失调到优质协调再到极度失调的状态。但要注意这一过程不是必然的，系统协调程度在系统发展过程中会出现倒退或反复的情况，要密切关注产业发展规律，结合实际情况做好相应的调控工作，才能稳步引导高技术产业、传统产业与区域经济耦合协调发展，促进经济健康有序增长。

第三节　三系统耦合理论的实证分析

一、指标选择与标准化

高技术产业、传统产业与区域经济耦合系统的指标评价主要涉及三个方面的内容，即对高技术产业子系统发展水平评价，传统产业子系统发展水平评价，区域经济发展水平评价。各子系统具有各自内在的系统特征，在指标选取的过程中要依据子系统特征，选取适当的评价指标。

1. 高技术产业子系统评价指标选取

在遵循全面准确的评价产业发展水平的基础上，不仅要对高技术产业评价指标选取还要关注高技术产业在耦合系统中的作用，高技术产业是带动传统产业和区域经济发展的重要力量，是高技术产业、传统产业与区域经济耦合系统中最为活跃的子系统，规模增长快、创新能力强，产业基本处于高速成长阶段，这些特征决定了高技术产业在系统中对传统产业和区域经济具有很强的带动性。因此，在选取高技术产业评价指标时，首先，从高技术产业的规模效益考虑，任何产业规模增长都会影响与其关联的其他产业和其所处的经济环境，正在经历高速增长的高技术产业规模越来越大，规模效益越加明显，在对高技术产业发展水平的评价中，规模效益是不可忽略的。其次，高技术产业通常具有高附加值的特征，所以对高技术产业的经济效益的评价也是指标评价的重要内容。最后，创新能力是高技术产业与其他产业区别的最明显特征之一，所以在指标评价体系中引入创新能力指标。指标选取结果如表5-1所示。

表 5-1 高技术产业发展水平评价指标

一级指标	二级指标	指标解释
规模效益	产业年均就业人数占总人口比重	产业就业人数/区域总人口
	产业利税总额	产业利税总额
	产业总产值	产业总产值
经济效益	产业出口率	产业出口额/主营业务收入
	产值利税率	产业利税总额/产业总产值
自主创新能力	产业 R&D 投入率	R&D 内部经费支出/主营业务收入
	产业自主专利拥有率	专利申请数/所有企业发明专利数
	新产品开发支出占销售收入比重	新产品开发支出/主营业务收入
	新产品销售收入率	新产品销售收入/主营业务收入

2. 传统产业子系统评价指标选取

传统产业在系统中为高技术产业和区域经济提供基础支撑，同时还促进高技术产业技术成果产业化向高技术产业输入资金等。近年来，虽然传统产业在区域经济中占比不断下降，但依然对区域经济发展水平起到不可替代的重要作用。因此，在指标选取过程中要体现传统产业的支撑性，也应和高技术产业一样，从规模效益和经济效益两方面入手。同时考虑到各地区资源禀赋因素，不同地区的优势传统产业不尽相同，本书拟将显性区位优势引入指标体系，来凸显研究区域内的优势传统产业。指标选取结果如表 5-2 所示。

表 5-2 传统产业发展水平评价指标

一级指标	二级指标	指标解释
规模效益	产业就业人数占总就业人数比重	产业就业人数/区域总就业人数
	产业利税总额	产业利税总额
	产业总产值	产业总产值
经济效益	资产利税率	产业利税总额/产业资产合计
	成本费用利润率	成本费用利润率
显性优势	资本产出率	工业总产值/资产总计
	总资产周转率	总资产周转率
	就业吸纳率	产业就业人数/产业总产值
	区位熵	（产业销售收入/地区所有产业销售收入）/（全国某产业销售收入/全国所有产业销售收入）

3. 区域经济子系统评价指标选取

虽然区域经济子系统和产业子系统的差别较大,但区域经济发展水平的评价指标相对较为成熟。本章采用较为全面的指标评价方法,分别从生产、消费、经济总量、投资四个维度选取指标,这一方法基本体现了区域经济对区域内产业的基础支撑作用和带动作用。指标选取结果如表5-3所示。

表5-3 区域经济发展水平评价指标

一级指标	二级指标	指标解释
生产指标	第一产业增加值占GDP比重	第一产业增加值/GDP
	第二产业增加值占GDP比重	第二产业增加值/GDP
	第三产业增加值占GDP比重	第三产业增加值/GDP
消费指标	人均社会消费品零售总额	人均社会消费品零售总额
经济总量指标	GDP	GDP
	人均GDP	GDP/从业人员平均人数
	财政收入占GDP比重	财政收入/GDP
	进出口额占GDP比重	进出口额/GDP
投资指标	全社会固定资产投资总额	全社会固定资产投资总额

二、指标体系的建立

高技术产业、传统产业与区域经济耦合系统是动态的复杂系统,要对其进行全面有效评价,需要从多维度进行指标选取,但过于复杂的指标体系并不总是有利于对系统综合发展水平的评价,因此,为了简化指标,同时又不过多失去指标所含信息量,本章根据文献将指标的选取分为两个阶段。

(一) 指标初选阶段

这一阶段大范围采用有关文献中的高频指标,根据指标选取的综合性、可靠性和数据可得性等基本原则,第一阶段得到了27个指标。

(二) 运用主成分分析法

对第一阶段选取的指标进行进一步筛选,查阅有关文献做法,利用SPSS统计软件进行主成分分析,前四个主成分累计贡献率达到了90.33%,表明前四个主成分涵盖了全部指标的主要信息。最终选取 17 个指标作为高技术产业、传统产业与区域经济耦合系统的评价指标，指标选取结果如表 5-4 所示。

表 5-4　筛选后高技术产业、传统产业与区域经济耦合系统的指标体系及权重

一级指标		二级指标	指标值	单位	权重值
高技术产业发展水平评价指标	规模效益	产业年均就业人数占总人口比重	X_1	%	0.124760425
		产业利税总额	X_2	亿元	0.217292041
		产业总产值	X_3	亿元	0.226674182
	经济效益	产业出口率	X_4	%	0.120328528
	创新能力	产业 R&D 投入率	X_5	%	0.15347345
		新产品开发支出占销售收入比重	X_6	%	0.157471375
传统产业发展水平评价指标	规模效益	产业利税总额	X_7	万元	0.233326594
		产业总产值	X_8	万元	0.248623969
	经济效益	成本费用利润率	X_9	%	0.086402618
	显性优势	就业吸纳率	X_{10}	人/万元	0.345345928
		区位熵	X_{11}	%	0.08630089
区域经济发展水平评价指标	生产指标	第二产业增加值占 GDP 比重	X_{12}	%	0.07217611
	消费指标	人均社会消费品零售总额	X_{13}	元	0.190976389
	总量指标	GDP	X_{14}	亿元	0.189046407
		人均 GDP	X_{15}	元	0.187810185
		财政收入占 GDP 比重	X_{16}	%	0.123725662
	投资指标	全社会固定资产投资总额	X_{17}	亿元	0.236265248

三、指标的标准化

考虑到指标的数量级、量纲以及方向的差异，在此运用极差法将数据进行标准化处理，具体算法为：

正向指标：

$$X'_{ij} = \frac{[X_{ij} - \min(X_{ij})]}{[\max(X_{ij}) - \min(X_{ij})]} \tag{5-1}$$

负向指标：

$$X'_{ij} = \frac{[\max(X_{ij}) - X_{ij}]}{[\max(X_{ij}) - \min(X_{ij})]} \tag{5-2}$$

式中，X_{ij} 为第 i 指标 j 的功效数；$\max(X_{ij})$、$\min(X_{ij})$ 分别为指标 j 的最大值和最小值；X'_{ij} 为标准化后第 i 指标 j 的功效数。式（5-1）用来对指标体系中的正向指标进行标准化，式（5-2）应用于指标体系中的负向指标标准化。上文中我们采用极差法对数据进行了标准化，这必然会造成数据处理过程中出现零值，从上述熵值赋权法计算公式中不难发现，熵值法要求指标数据必须全部大于零，为了保证数据的可信度零值数据不能删掉。因此，本书对公式进行修正，对极差法进行调整。

正向指标：

$$X'_{ij} = \frac{[X_{ij} - \min(X_{ij})]}{[\max(X_{ij}) - \min(X_{ij})]} + 0.00001 \quad (5-3)$$

负向指标：

$$X'_{ij} = \frac{[\max(X_{ij}) - X_{ij}]}{[\max(X_{ij}) - \min(X_{ij})]} + 0.00001 \quad (5-4)$$

在极差公式的基础上加上 0.00001，由于 0.00001 相对于标准化后的数据不具有重要性，在计算后产生的误差也在可接受的范围内，所以在对数据标准化时，本书采用修正的标准化公式进行计算。

四、各子系统的发展水平评价值计算

本书采用线性加权法对各子系统的发展水平评价值进行计算，计算过程如下：

$$f(x) = \sum_{j=1}^{m} a_j x'_j \quad g(y) = \sum_{j=1}^{n} b_j y'_j \quad h(z) = \sum_{j=1}^{k} c_j z'_j \quad (5-5)$$

式中，$f(x)$、$g(y)$、$h(z)$ 分别为各子系统的发展水平评价值；a_j、b_j、c_j 分别为各系统指标权重；m、n、k 分别为各子系统指标数量；x'_j、y'_j、z'_j 分别为标准化后各指标功效数。

五、指标权重的确定

在耦合协调度模型的构建中，指标权重值对最终结果有着重要的影响，对权重的确定本书采用熵值法这一客观的权重计算方法，具体算法如下：

$$S_{ij}=\frac{x'_{ij}}{\sum_{i=1}^{q}x'_{ij}};\ h_j=-\frac{1}{In(q)}\sum_{i=1}^{q}S_{ij}InS_{ij};\ a_j=1-h_j;\ \omega_j=\frac{\alpha_j}{\sum_{j=1}^{q}\alpha_j} \quad (5-6)$$

式中，S_{ij} 为第 i 年第 j 项指标的比重，根据 S_{ij} 计算熵值 h_j，q 为时间跨度，本书中 q 为 14 年。利用差异系数 α_j 各指标权重系数 ω_j。

六、耦合协调度模型

耦合是指两个或两个以上的系统或运动方式之间通过各种相互作用而彼此影响以至协同的现象，是在各子系统之间的良性互动下，相互依赖、相互协调、相互促进的动态关联关系。由物理学中的容量耦合模型可知式（5-7）。

$$A=\left[\frac{a_1\cdot a_2\cdots a_n}{(a_1+a_2+\cdots+a_n)^n}\right]^{\frac{1}{n}} \quad (5-7)$$

式（5-7）可推广为两系统耦合模型和三系统耦合模型，分别为式（5-8）和式（5-9）

$$C=\left[\frac{f(x)\cdot g(y)}{(f(x)+g(y))^2}\right]^{\frac{1}{2}} \quad (5-8)$$

$$C=\left[\frac{f(x)\cdot g(y)\cdot h(z)}{(f(x)+g(y)+h(z))^3}\right]^{\frac{1}{3}} \quad (5-9)$$

C 为系统的耦合度，由于耦合度是衡量各子系统间相互作用关系的强弱值，从耦合度值我们只能得到子系统间相互作用的强弱关系，而本书要计算得到子系统间的协同程度，在此引入耦合协调度模型，即：

$$D=\sqrt{C\times T} \quad (5-10)$$

$$T=\alpha f(x)+\beta g(y)+\psi h(z) \quad (5-11)$$

式（5-10）、式（5-11）中，D 为耦合协调度；T 为高技术产业、传统产业与区域经济综合协调指数；α、β、ψ 为待定系数，高技术产业、传统产业与区域经济相比，并不是对等的系统，区域经济的发展还受到高技术产业和传统产业的推动或制约。综合考虑高技术产业、传统产业与区域经济全局影响，本书分别令 $\alpha=0.3$，$\beta=0.3$，$\psi=0.4$。两系统耦合模型按此比例进行赋值。在得到系统耦合协调度后，要对协调度数值进行评价，目前使用较多的评价标准将耦合协调度分为十个等级如表 5-5 所示。

表 5-5　高技术产业、传统产业与区域经济耦合协调度评价标准

协调度	协调等级	协调度	协调等级
(0, 0.09)	极度失调	(0.5, 0.59)	勉强协调
(0.1, 0.19)	严重失调	(0.6, 0.69)	初级协调
(0.2, 0.29)	中度失调	(0.7, 0.79)	中级协调
(0.3, 0.39)	轻度失调	(0.8, 0.89)	良好协调
(0.4, 0.49)	濒临失调	(0.9, 1.00)	优质协调

资料来源：廖重斌. 环境与经济协调发展的定量评判及其分类体系 [J]. 热带地理, 1999 (2)：171-177.

第四节　耦合协调度的 BP 人工神经网络模型的构建与因子贡献度计算

一、耦合协调度的 BP 人工神经网络构建

人工神经网络是基于对人脑组织结构、活动机制的初步认识提出的一种新型信息处理体系。通过模仿脑神经系统的组织结构以及某些活动机理，人工神经网络可呈现出人脑的许多特征。含有隐层的 BP 人工神经网络能以任意精度，无限逼近非线性连续函数，在结构上具有信息并行处理、信息分布存储、结构可塑的特点。性能上具有高度的非线性和计算的非精确性。对本书研究来说最重要的特点在于 BP 人工神经网络的自学习、自组织与自适应性。对于给定的输入值和输出值，BP 人工神经网络通过自学习和自组织能力，不断调整各输入因子对输出值的影响程度，确定各神经元的连接权重，最终达到逼近真实函数值的目标。通过对经过动态调整后各层权重值的观察与计算，可以了解到各输入因子对最终输出结果的贡献度，如图 5-7 所示。

本书尝试构造三层 BP 人工神经网络，将高技术产业、传统产业和区域经济发展水平共计 17 个指标作为输入层节点，耦合度和耦合协调度分别作为输出节点。目前对于 BP 人工神经网络隐层节点数的确定还没有成熟的方法，通常做法是通过不断地调试，选择能使网络误差降为可接受范围的隐层节点数。

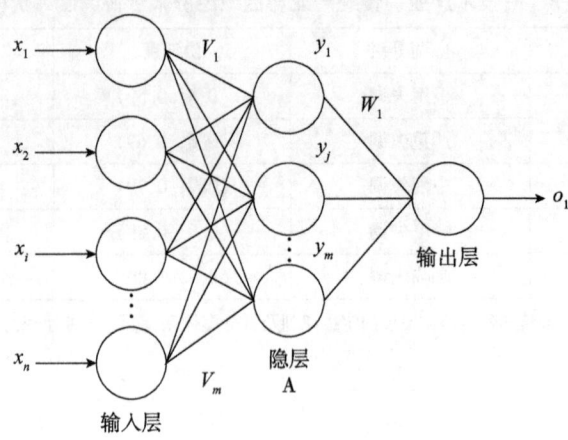

图 5-7 人工神经网络结构

二、因子贡献度的计算

陈端吕，彭保发等（2013）在对环洞庭湖区生态经济系统耦合特征的研究中，提出了依据人工神经网络连接值权重计算理想状态因子贡献度的方法。理想状态下因子贡献度是在给定目标值的条件下，描述各因子动态调控并不断趋近目标值过程中的重要程度，是模拟系统动态发展过程的一种方法。同时要指出这与前文中通过熵值法计算所取得的各个因子权重有着本质上的不同，指标权重是针对耦合度与协调度数值实际大小的指标重要性，而因子贡献度是针对高技术产业、传统产业与区域经济耦合系统达到相应给定目标值的指标重要性。在认识复杂系统间各因子相互作用的过程中，因子贡献度要比因子权重更能反映因子对给定目标值的调控关系。依据所构建的 BP 神经网络，因子贡献度具体过程如式（5-12）。

$$V_{m \times n} = \begin{bmatrix} v_{11} & v_{12} & \cdots & v_{1n} \\ v_{21} & v_{22} & \cdots & v_{2n} \\ M & M & O & M \\ v_{m1} & v_{m2} & \cdots & v_{mn} \end{bmatrix}_{m \times n} ; \quad W_{n \times 1} = \begin{bmatrix} w_1 \\ w_2 \\ M \\ w_n \end{bmatrix}_{n \times 1} ; \quad x_i = \sum_{j=1}^{n} |v_{ij}|;$$

$$B_{n \times 1} = \begin{bmatrix} |w_1| \\ |w_2| \\ M \\ |w_n| \end{bmatrix}_{n \times 1} ; \quad X_{m \times 1} = \begin{bmatrix} x_1 \\ x_2 \\ M \\ x_m \end{bmatrix}_{m \times 1} ; \quad a_{ij} = \frac{|v_{ij}|}{x_i};$$

第五章　高技术产业、传统产业与区域经济耦合协调度的实证研究

$$A = \begin{bmatrix} a_{11} & a_{12} & \cdots & a_{1n} \\ a_{21} & a_{22} & \cdots & a_{2n} \\ \mathbf{M} & \mathbf{M} & \mathbf{O} & \mathbf{M} \\ a_{m1} & a_{m2} & \cdots & a_{mn} \end{bmatrix}_{m \times n} ; \quad S_{m \times 1} = A_{m \times n} \cdot B_{n \times 1} = \begin{bmatrix} s_1 \\ s_2 \\ \mathbf{M} \\ s_m \end{bmatrix}_{m \times 1} ;$$

$$O_{m \times 1} = \frac{S_i}{\sum_{i=1}^{m} S_i} = \begin{bmatrix} o_1 \\ o_2 \\ \mathbf{M} \\ o_m \end{bmatrix}_{m \times 1} \tag{5-12}$$

在公式（5-12）中，$V_{m \times n}$ 为输入层因子与各隐层节点连接权重构成，其中 m 为输入层节点数，n 为隐层节点数。$W_{n \times 1}$ 为隐层各节点到输出层节点权重，其中 n 为隐层节点数，由于本书所建立的 BP 人工神经网络模型输出节点只有一个，所以 W 矩阵为 $n \times 1$ 阶矩阵。矩阵 $X_{m \times 1}$ 是由矩阵 $V_{m \times n}$ 各元素的绝对值横向相加得到。矩阵 $B_{n \times 1}$ 由矩阵 $W_{n \times 1}$ 各元素取绝对值得到，代表各隐层节点对输出节点的贡献。矩阵 $A_{m \times m}$ 为各输入神经元与各隐层节点衔接的相对紧密程度。$S_{m \times 1}$ 表示各 m 个输出因子通过隐层节点对最终输出节点的作用程度。$O_{m \times 1}$ 为最终各因子对输出节点的贡献度。

三、实证结果与分析

1. 高技术产业、传统产业与区域经济发展水平评价值分析

从图 5-8 结果可以看到，高技术产业、传统产业与区域经济发展的综合发展水平总体上呈现逐渐提高的趋势。高技术产业发展水平平均值为 0.40，传统产业发展水平平均值为 0.39，高技术产业发展水平曲线在 2010 年以前基本处于传统产业发展水平曲线的下方，而 2010 年以后出现了较大幅度的增长，可见陕西省经济结构转型取得了一定的成效，高技术产业在经济结构转型的大背景下逐渐体现出高效率、高附加值的优势。虽然传统产业规模指标还保持增长，但在陕西省区域经济中的重要性呈现逐年下降的趋势。表明在适当的经济政策的引导下，区域经济在向更高级的结构发展，高技术、高附加值产业在逐步取得主动地位。同时可以看到，在经济结构调整的过程中，区域经济发展水平曲线相对来讲比较平滑，说明区域经济增长的稳定性并没有受到内部产业结构调整的明显影响。

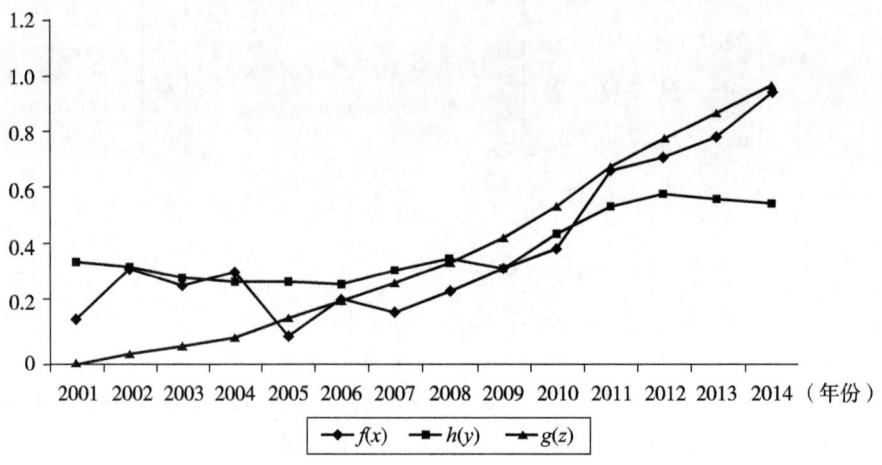

图 5-8 高技术产业、传统产业和区域经济发展水平评价值

2. 高技术产业与传统产业耦合度和耦合协调度分析

耦合度体现的是产业之间相互作用的强度，由结果可知，陕西省高技术产业与传统产业耦合值相对比较稳定，基本维持在 0.45~0.50，处于拮抗耦合阶段，只有 2005 年耦合值较低，为 0.43。主要原因在于当年高技术产业出口率较低影响了高技术产业整体的发展水平，进而削弱了对传统产业的带动作用。拮抗耦合阶段高技术产业与传统产业出现相互抑制的状态，突出了在区域经济系统内部对资源的争夺，与相互之间作用力关系的调整，这一结果的出现符合陕西省经济结构调整的大背景，高技术产业的经济规模逐渐加大，效益提高明显，而传统产业规模增长开始放缓，效益相对稳定，资金、人才等生产要素开始向高技术产业流动，产业之间形成相互抑制的状态。但拮抗作用并不是产业之间的内耗，反而是产业进入加速发展时期的标志，高技术产业的高速增长，传统产业的稳定增长是使系统呈现拮抗作用的原因，高技术产业发展水平的快速增长是主要原因（见图 5-9）。

高技术产业与传统产业的耦合协调度值总体上呈现上升趋势，由 2001 年的轻度失调发展为 2014 年的勉强协调。其中也有波折与反复，在 2004 年已经达到了轻度失调的状态，2005 年又回落到中度失调的状态，耦合协调度下降了 26%。可见当年高技术产业出口率的波动对耦合协调度造成了一定的影响。2007 年以后，耦合协调度开始持续走高，由轻度失调经过濒临失调最后达到了勉强协调，表明高技术产业与传统产业开始走向相互配合相互促进的阶段，高技术产业对传

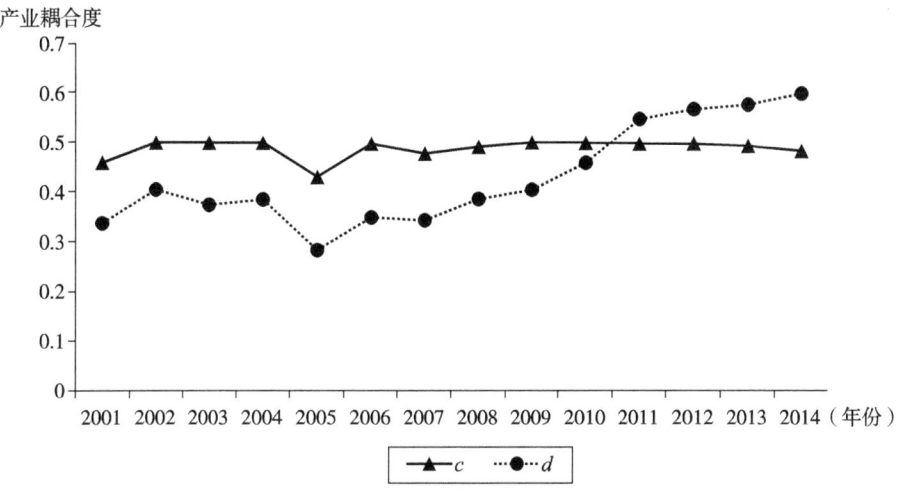

图 5-9　高技术产业与传统产业耦合度值与耦合协调度值

统产业的带动作用初步显现，同时传统产业对高技术产业的基础支持作用促进了高技术产业的发展。

3. 高技术产业与区域经济的耦合度与协调度分析

高技术产业对区域经济发展水平起到带动作用是进行经济结构转型的重要目标之一，由高技术产业与区域经济耦合曲线可以看到，高技术产业与区域经济之间的相互作用正逐渐加强，由2001年的低水平耦合经过两年时间快速发展到了拮抗耦合，2004年以后，耦合值基本稳定在了0.4~0.5，维持拮抗状态。事实上2001年的耦合度向0值靠近，主要是受到了区域经济发展水平指标值上下线的计算方法影响，但同时也说明了2001年区域经济相对其他年份各方面发展水平都较低。拮抗状态下高技术产业子系统与区域经济子系统之间相互抑制，受陕西省经济发展政策、区域经济资源开始向高技术产业倾斜，高技术产业进入快速发展时期，但高技术产业通常前期投入大，形成显著成果需要一定的时间，目前还无法在区域经济中起到主导作用。2014年陕西省高技术产业总产值占工业总产值的比例仅有7.74%，显然无法对区域经济的发展水平起到决定性作用。但也应该看到高技术产业进入了快速发展时期，发展速度明显快于传统产业（见图5-10）。

耦合协调度基本上实现了稳步增长，高技术产业与区域经济在不断进行物质、能量信息交换的过程中，逐步实现相互配合，向协调一致的方向发展。由耦合协调曲线可知，高技术产业与区域经济耦合协调等级由2001年的极度失调逐

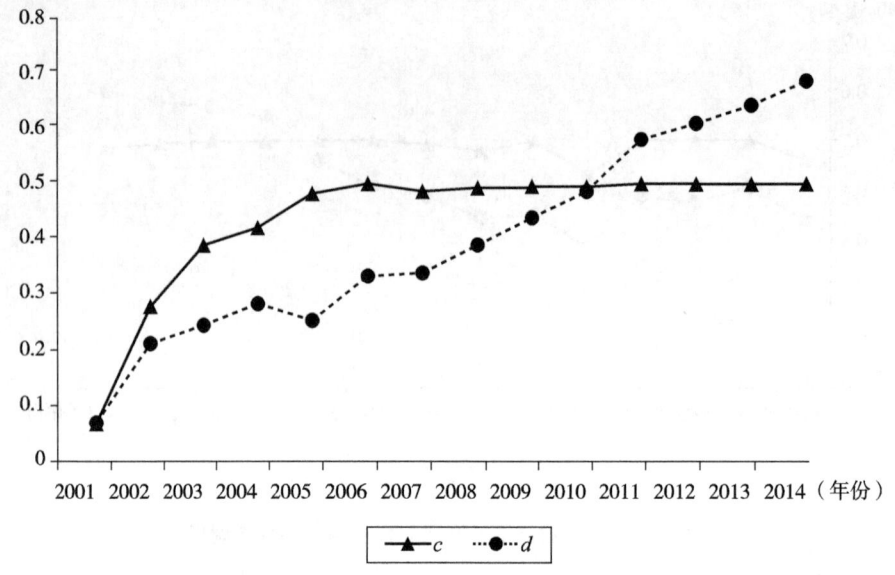

图 5-10 高技术产业与区域经济耦合度值与耦合协调度值

步提高,最终在 2012 年达到了初级协调。从三个系统发展水平也可以看出,高技术产业发展水平在 2014 年基本赶上了区域经济发展水平,高技术产业子系统逐渐和区域经济子系统相互适应,达到了较高程度的协调水平。

4. 传统产业与区域经济的耦合度与协调度分析

从传统产业与区域经济耦合曲线可以看到,2001 年的低度耦合阶段经过两年时间在 2004 年达到了拮抗耦合阶段,并一直保持稳定。值得注意的是耦合度在 2008 年达到顶峰 0.50 后开始出现微弱的回落趋势,在 2014 年回落到了 0.48。这一现象表明传统产业与区域经济相互作用的关系开始减弱。传统产业经历了多年发展,由快速增长阶段进入成熟阶段,对区域经济的贡献趋于稳定,无法满足区域经济的持续高增长要求。虽然传统产业依旧是区域经济发展的主要力量,但由于高技术产业、战略新兴产业的快速发展,削弱了传统产业与区域经济之间的相互作用力,即区域经济对传统产业的依赖正随着产业结构升级在不断被弱化(见图 5-11)。

传统产业与区域经济的协调度等级由极度失调快速走向初级协调。相对于高技术产业与区域经济的耦合协调度来说,传统产业与区域经济的耦合协调曲线要更为平滑,区域经济和传统产业两个子系统通常趋向于较稳定的增长速度,两子系统之间的协调水平提升相对于高技术产业来说通常更加稳定。虽然传统产业与

第五章 高技术产业、传统产业与区域经济耦合协调度的实证研究

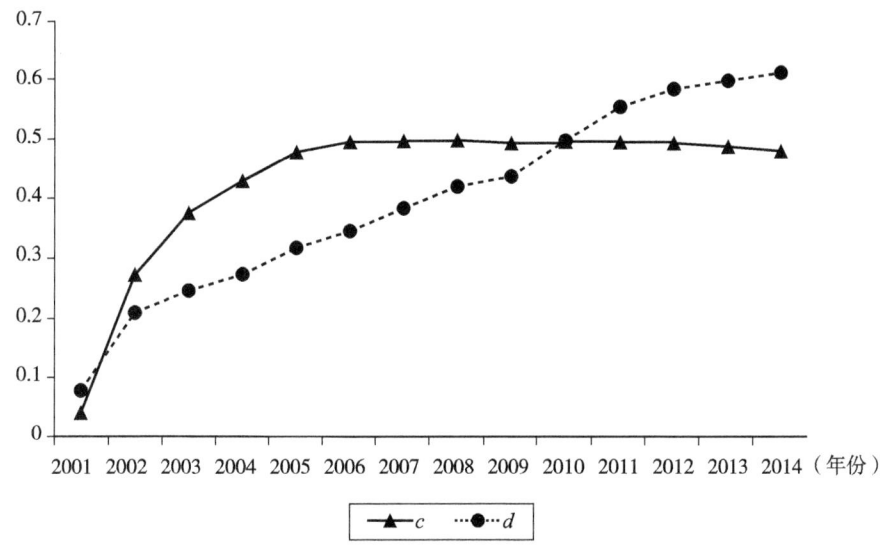

图5-11 传统产业与区域经济耦合度值与耦合协调度值

区域经济之间的耦合度在减弱,但这不影响两子系统之间的耦合协调性,传统产业经过多年发展,在稳定增长的基础上与区域经济系统更加契合,两者之间的能量、资源互换导致传统产业在对区域经济水平的影响逐步降低的情况下,依然能通过结构性调整达到更高层次的协调水平。

5. 高技术产业、传统产业与区域经济的耦合度与耦合协调度分析

高技术产业、传统产业与区域经济耦合系统由三个相应的子系统构成,相对比较复杂。从耦合值曲线可以看出,三个子系统之间耦合值从2005年以后基本稳定在0.3~0.4,其耦合度平均低于两子系统耦合(见图5-12)。高技术产业、传统产业与区域经济之间的耦合关系呈现非线性的复杂状态,相互之间的作用力会出现相互抵消或局部加强的状况,导致耦合值下降。虽然耦合值下降,但从2005年后基本维持在拮抗状态,说明陕西省高技术产业、传统产业与区域经济之间的相互作用力比较稳定,相互之间能量与信息的交换方式和交换渠道比较稳定,各子系统总体上进入快速发展时期。

从耦合协调度曲线来看,三子系统的耦合协调度呈现上升趋势,从2001年的极度失调经历了中度失调、轻度失调、濒临失调,在2014年达到了勉强协调。尽管高技术产业发展的不稳定性依然是影响高技术产业—传统产业—区域经济耦合协调值的主要因素,但随着高技术产业发展水平的提高,三系统间的协调性也逐渐提高。

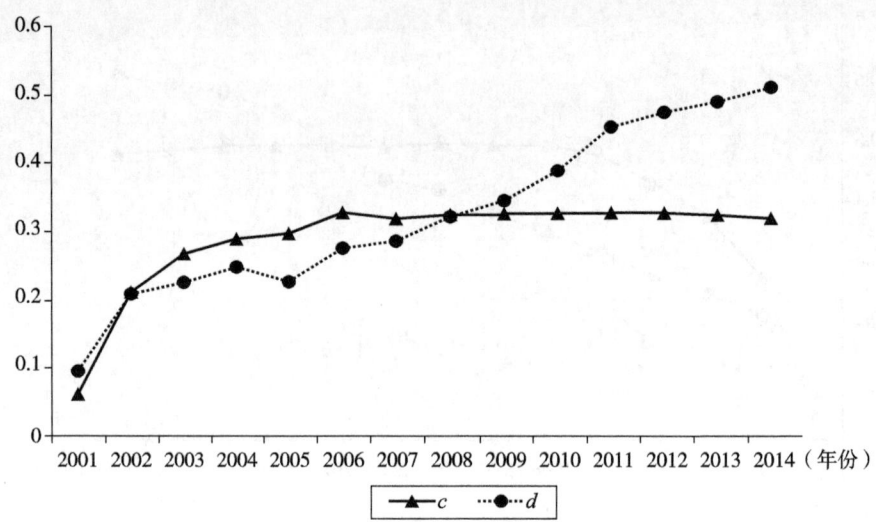

图 5-12 高技术产业、传统产业与区域经济耦合度值与耦合协调度值

四、耦合协调因子贡献度实证结果与分析

根据选取的 17 个高技术产业、传统产业与区域经济耦合协调指标以及所计算出的耦合度值和耦合协调度值,设计了含有一个隐含层的人工神经网络模型。应用 Matlab 统计软件,用 2001~2014 年的数据作为训练样本。最终确定构建耦合度 BP 人工神经网络。为此构建的 BP 人工神经网络模型为 17×10×1。构建的神经网络最终如图 5-13 所示。

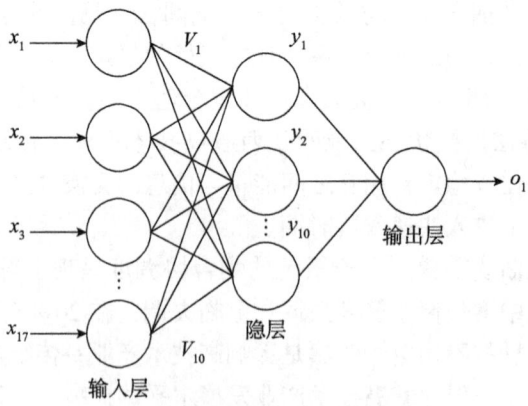

图 5-13 耦合度 BP 人工神经网络模型

第五章 高技术产业、传统产业与区域经济耦合协调度的实证研究

在应用 BP 人工神经网络过程中,要注意输出值与实际值的接近程度,即误差。耦合度 BP 模型具体误差值见表 5-6。各年份输出值与实际值基本吻合,符合应用要求。

表 5-6 耦合协调度 BP 人工神经网络检验及误差

年份	C			年份	C		
	样本值	模拟值	误差		样本值	模拟值	误差
2001	0.063	0.063	0.000	2008	0.329	0.332	-0.003
2002	0.214	0.213	0.001	2009	0.330	0.330	0.000
2003	0.271	0.267	-0.004	2010	0.331	0.331	0.00
2004	0.293	0.290	0.003	2011	0.331	0.331	0.000
2005	0.301	0.310	-0.009	2012	0.331	0.331	0.000
2006	0.331	0.331	0.000	2013	0.328	0.328	0.000
2007	0.323	0.332	-0.008	2014	0.323	0.322	0.001

耦合协调度 BP 人工神经网络建立的网络模型为 17×11×1,模型见图 5-14,各年份输出值与实际值基本吻合,符合应用要求。

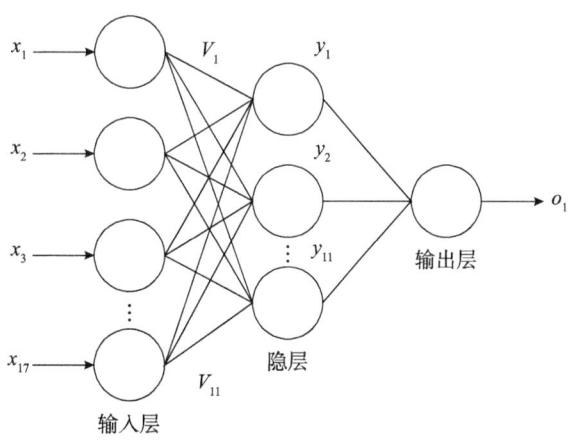

图 5-14 耦合协调度 BP 人工神经网络模型

耦合协调度 BP 人工神经网络模型输出值与实际值误差见表 5-7,各年份输出值与实际值基本吻合,符合应用要求。

表 5-7 耦合协调度 BP 人工神经网络检验及误差

年份	D			年份	D		
	样本值	模拟值	误差		样本值	模拟值	误差
2001	0.096	0.098	−0.002	2008	0.325	0.324	0.001
2002	0.211	0.206	0.005	2009	0.349	0.349	0.000
2003	0.228	0.224	0.004	2010	0.394	0.397	−0.003
2004	0.251	0.259	−0.08	2011	0.459	0.459	0.000
2005	0.229	0.228	0.001	2012	0.481	0.480	0.001
2006	0.279	0.279	0.000	2013	0.496	0.499	−0.003
2007	0.289	0.290	−0.001	2014	0.517	0.516	0.001

1. 基于耦合度的因子贡献度分析

因子贡献度模型是以现有的耦合度值为标准，测算为达到当前耦合度值，各个指标在动态变化的过程中对其做出的贡献，或说是动态的调控与适应能力（见图 5-15）。

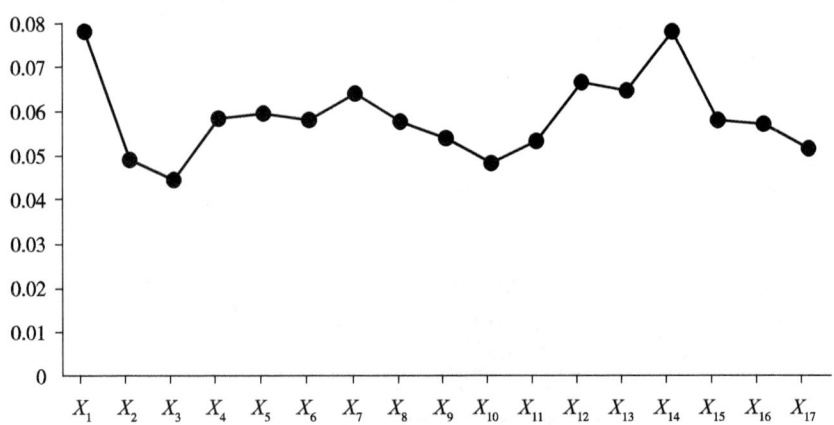

图 5-15 基于耦合度高技术产业、传统产业与区域经济系统因子贡献度

从子系统层面来看，高技术产业子系统的贡献度为 34.7%，传统产业的贡献度为 27.7%，区域经济的贡献度为 37.6%。从各子系统所占比重可以看出，区域经济在高技术产业、传统产业与区域经济耦合系统中起到了主导作用，高技术产业和传统产业起到了次要作用。可见区域经济作为各产业发展的基础支撑，对各产业的发展具有重要影响，理想的区域经济环境是高技术产业、传统产业与区域

经济之间形成耦合互动的重要保障。同时高技术产业对耦合系统的贡献度也较高，说明虽然高技术产业资产规模比较小，但由于其技术密集和资本密集的特点，使其与传统产业和区域经济的相互作用明显。

从因子层面来看，最为突出的因子有产业年均就业人数占总人口比重和GDP两个因子，贡献度值达到了0.078，这说明在系统以耦合度值为目标的动态调整过程中，产业年均就业人数占总人数比重和GDP两个因子表现出了良好的调控能力和动态适应性，为高技术产业、传统产业与区域经济系统达到当前耦合状态做出了最重要的贡献。相对的产业总产值这一因子的贡献能力较弱，加强系统间耦合程度的调控能力也较弱。

2. 基于耦合协调度的因子贡献度分析

在高技术产业、传统产业与区域经济系统的动态发展过程中，各个子系统间通过各因子交互作用逐渐走向更高级别的有序状态，理想状态下的因子贡献度是基于当前客观事实，测算达到当前耦合协调状态，各因子所做出的贡献（见图5-16）。

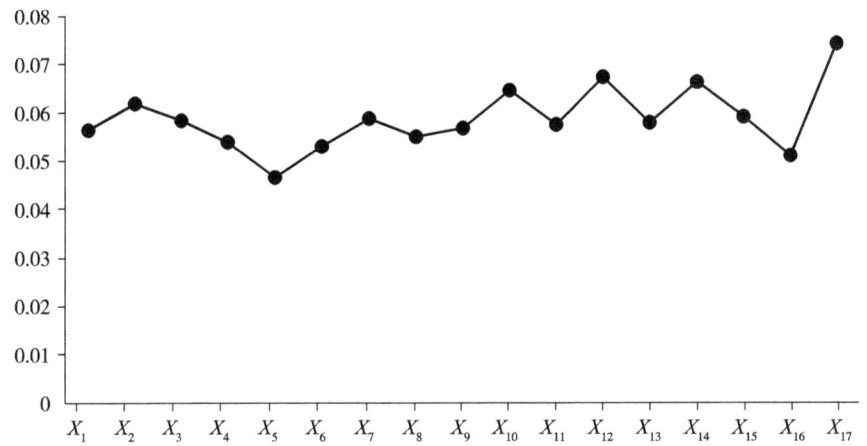

图5-16 基于耦合协调的高技术产业、传统产业与区域经济系统因子贡献度

从子系统层面来看，高技术产业子系统贡献度为33.1%，传统产业子系统贡献度为29.3%，区域经济子系统贡献度为37.6%。与耦合度因子贡献度类似，区域经济子系统在整个系统走向中依然处于主导地位，说明区域经济子系统对高技术产业与传统产业的耦合协调性也具有重要的影响。再次印证了区域经济对高技术产业与传统产业的支撑与承载作用。区域经济在提供区域内经济系统之间物质、信息交换场所的过程中，不仅加强了区域内产业之间的联系，同时也为各系统的有序发展提供了秩序与空间。从高技术产业的贡献度来看，高技术产业的高速发展，为区域经济系统的有序协调发展做出了重要的贡献，是区域经济有序和谐发展的重要调控力量。

从因子层面来看，评价目标的改变会使因子的贡献度发生变化，不同的评价目标会得出不同的重要因子。在以耦合协调度为目标的系统中，对理想状态下耦合协调度贡献较为突出的是全社会固定资产总投资这一指标，贡献度值达到了0.074，要明显高于其他因素。显然贡献度最低的值为产业R&D投入率仅达到0.47。贡献度值的改变本身也说明了在系统演化过程中，不断地自我调节与自我适应的过程。

五、耦合协调值的模拟

在对高技术产业、传统产业与区域经济耦合协调模型的指标构建中，需要对这一系统进行多维度的指标衡量，这也必然会使用大量的统计指标。众多的统计指标能保证对系统发展水平评价的全面性，但同时也会带来一些问题，例如，统计指标数据的可得性，统计数据的纵向连续性以及统计口径的变化等。这些客观问题的存在会给耦合系统的研究带来极大的困难，为解决这一问题，本书尝试用人工神经网络模型，对系统耦合值进行拟合测算，用极少数的指标通过BP人工神经网络模型模拟耦合值，以求解决这一问题。

本书依然以高技术产业、传统产业与区域经济系统为例，通过前一阶段的研究，可以找到对系统耦合协调值贡献较大的因子，为保证评价的全面性，本书在高技术产业子系统、传统产业子系统和区域经济子系统中分别选取一个贡献度最大的因子，分别为产业利税总额（X_2）、就业吸纳率（X_{10}）和全社会固定资产投资（X_{17}）。从原始数据来看，这三个指标的时间序列的统计口径较为稳定且易取得。采用2001~2014年时间序列数据作为样本数据，其中训练样本为2001~2012年，测试样本为2013年和2014年数据。

1. 网络结构的构建

在该模型中，输入数据是一个3维的向量，即产业利税总额（X_2）、就业吸纳率（X_{10}）和全社会固定资产投资（X_{17}），输出数据维数为1，即耦合协调度值。因此，首先确定的是输入层神经元数为3个，输出层神经元数为1。对隐层节点数的确定，目前并没有成熟的方法，一般通过经验和不断试验确定节点数，经验公式为 $n_1 = \sqrt{n+m}+a$，其中 n 为输入节点数，m 为输出节点数，a 为[1, 10]间的常数，通过试验修正，本书采用的隐层节点数为7个。因此，构建的BP人工神经网络模型为3×7×1。构建的神经网络最终如图5-17所示。

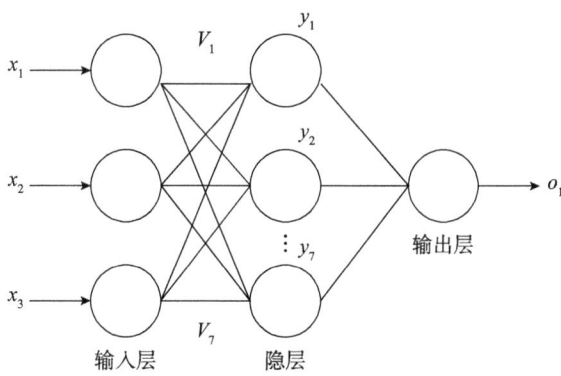

图 5-17　耦合协调度预测的 BP 人工神经网络构建

2. 训练及结果分析

训练时训练函数设为 trainlm，学习函数设为 learngdm，传递函数设为 tansig。训练步数为 10000 步，训练精度为 0.1。对 BP 人工神经网络进行训练，只需要 7 次就能达到要求。具体误差如表 5-8 所示。

表 5-8　耦合协调度 BP 人工神经网络预测模型检验及误差

年份	D			年份	D		
	样本值	模拟值	误差		样本值	模拟值	误差
2001	0.096	0.105	-0.009	2007	0.289	0.277	0.012
2002	0.211	0.210	0.001	2008	0.325	0.318	0.007
2003	0.228	0.259	-0.03	2009	0.349	0.355	-0.006
2004	0.251	0.248	0.003	2010	0.394	0.398	-0.004
2005	0.229	0.249	-0.02	2011	0.459	0.449	0.01
2006	0.279	0.259	0.02	2012	0.481	0.487	-0.006

3. 网络仿真与预测

根据上文拟合的 BP 人工神经网络模型，将产业利税总额（X_2）、就业吸纳率（X_{10}）和全社会固定资产投资（X_{17}）三个影响因子 2013 年和 2014 年的数据输入模型，得到相应的仿真值，具体结果如表 5-9 所示。

表 5-9 预测值与真实值的比较

年份	类别	真实值	误差	误差率
2013		0.496	-0.007	0.014
2014		0.517	0.009	0.017

从表 5-9 可以看出，利用 BP 人工神经网络简化耦合协调度指标体系是可行的，误差在可接受的范围之内。就本书而言利用上述方法，在计算高技术产业、传统产业与区域经济的耦合协调度时，只需要知道产业利税总额（X_2）、就业吸纳率（X_{10}）和全社会固定资产投资（X_{17}）三个指标的相应数据就可以进行计算，耦合协调度的预测也简化为预测这三个指标未来年份的相应值，这要比直接估算耦合协调度直观得多。同时也解决了在计算耦合协调度过程中，遇到的统计指标数据的不可得，统计数据的纵向不连续性以及统计口径变化等不易解决的客观问题。

第五节 促进耦合发展的政策建议

高技术产业、传统产业与区域经济耦合系统是高度复杂的系统，要引导经济健康发展，重点需要关注的是区域经济内部的产业耦合协调问题。陕西省经过多年的经济发展积淀，已经形成了较大规模的传统产业和一定规模的高技术产业，产业结构升级也在高速进行之中。通过投资扩大经济体量来实现经济快速增长的发展模式无法适应当前经济结构转型的大环境，当前经济形势更加强调以技术创新驱动的产业协调发展模式，要从传统产业带动区域经济发展逐渐转变为以高技术产业带动区域经济发展。为形成高技术产业与传统产业相互补充，相互促进的发展模式，一方面，要关注高技术产业与传统产业之间的结构匹配，同时也要保证两者之间的经济资源流动渠道、人才流动渠道以及信息流动渠道的畅通。注重区域经济整体发展对高技术产业与传统产业的基础保障作用，提供基础经济资源的能力，以及必要的产业发展基础设施。另一方面，要尊重市场规律，以市场需求为产业发展方向，遵循市场竞争规则的同时调控产业间发展协调和产业与区域经济的发展协调。

政府调控的最终目的是使该技术产业、传统产业与区域经济系统呈现耦合协调、有序发展，而在无引导调控的状态下，各子系统基于自身发展需要，会依靠所有可能利用的资源进行自身规模的扩增，这种增长从各系统角度看是有利的，但从全局角度看就可能出现区域经济全局的效率损失，强调协调发展正是基于经济整体高效发展的目标，进行综合协调的有计划的产业部署，显然政府调控起着举足轻重的作用。政府政策的制定应重点围绕体制、机制创新与规范，良好市场制度的建立以及有选择地进行外部负熵流引进方面。

一、政府区域调控政策

1. 关注区域经济整体性规划

在制定区域产业规划过程中，不能仅从某一产业来考虑问题，而要从区域经济全局进行整体性规划，尤其要注重区域经济资源在产业间的合理分配问题。建立高技术产业与传统产业的信息交流平台，形成以高技术产业发展带动传统产业结构升级的良性发展模式，进而实现创新驱动的耦合协调发展模式，带动区域经济产业结构升级，促进经济高速增长。

2. 引导全社会投资合理布局

由实证结果可知，全社会固定资产投资对系统耦合协调具有十分突出的作用，与陕西省区域经济相匹配的投资布局能有效地促进高技术产业、传统产业和区域经济的耦合协调发展。但投资个体对利益的追逐决定了个体投资者不会站在全局制定投资计划，政府宏观调控的引导作用得到凸显。根据陕西省区位优势和区域经济内部产业结构，统筹规划产业投资，把握投资大方向，采取税收政策引导社会投资，完善产业链条促进产业耦合协调发展。

3. 尊重市场竞争规则和市场调节作用

高技术产业、传统产业和区域经济之间对资源的争夺是系统向更高耦合层次发展的基本动力，以市场需求引导产业发展，建立完善的企业进入与退出机制，在培育高技术企业的同时，加快推进传统产业的技术改造与转型升级，淘汰无法适应经济环境的传统企业，形成良性的竞争机制。

二、高技术产业相关政策

1. 注重高端人才的培养与引进

技术创新的根本是人才，高技术产业是资本密集型、技术密集型产业，高技术人才对产业发展的促进作用尤为明显。陕西省具有丰富的教育资源和较多的科研机构，在此优势条件下，要注重高校与企业人才的培养衔接，搭建高校、科研院所能够与企业的衔接渠道，完善人才培养机制。同时，吸引外部人才是经济系统引入负熵流重要的内容，制定适当的高端人才激励政策，完善人才评价机制，发挥高端人才对经济系统有序发展的重要作用。

2. 要形成良好的技术创新机制

先进的技术是高技术产业发展的最强大动力和保证。技术创新是产业和区域经济提升竞争力的关键点，培育良好的区域技术创新机制应积极推进基础产业信息与数据的共享，建立官方信息技术交流平台，对进行基础性科研任务的机构企业给予财政支持，灵活制定税收政策鼓励企业进行技术创新与工艺改进。鼓励企业积极申请专利，同时完善专利保护制度，切实让企业依据自身研发的专利获取超额收益。

3. 加大初创高技术企业的扶持与培育力度

高技术产业本身就是技术高速变革的产物，在高技术产业发展的过程中，会不断有新的技术、新的企业，甚至是新的产业产生，初创高技术企业在生产初期受到产品不完善，产品销售渠道不成熟等一系列风险的威胁，自身生存能力相对薄弱，尤其是考虑到高技术产品研发成本高和风险大等因素，政府应从高技术产业的资金扶持和政策扶持方面入手，加大对其扶持力度，保障高技术产业在初期具有良好的生存环境。

三、传统产业相关政策

1. 有序淘汰落后产能

陕西省经过多年发展，传统产业体量已经十分庞大，在过去很长一段时间，陕西省是经济发展的主要贡献力量。但随着高技术产业兴起，高技术高附加值产业会成为经济发展的主流，传统产业在区域经济发展的过程中，部分技术落后企业无法适应当前经济环境，最终被淘汰。考虑到传统产业吸纳劳动力和维持经济稳定的作用，政府应统筹考虑对落后产能的淘汰问题。在坚持淘汰落后产能的原则上，做到有序稳步推进落后产能淘汰工作，合理安置下岗劳动力以及其他后续工作。

2. 积极推进环境管制

建立在牺牲环境上的产业发展并不能称为真正意义上的发展，过去陕西省传统产业在发展过程中多以牺牲环境为代价，从长远来看，这不利于传统产业与区域经济和区域环境的良性耦合发展，政府应从全局考虑，合理规划发展传统产业，建立长效的环境管制工作，积极推进环境管制法律法规的落实，建立经济社会与自然的和谐发展模式。

3. 引导传统产业转型升级

传统产业要想摆脱发展瓶颈，应积极推进产业转型升级，以新技术、新工艺代替传统工艺，以效率更高的生产手段代替效率低下的生产手段。积极与高技术企业开展合作交流。在耦合发展模式下，充分利用高技术产业的带动作用，变革自身生产工艺。

第六节 本章总结和展望

高技术产业、传统产业与区域经济环境的耦合系统是一个复杂的开放系统，系统内部包含了高技术产业子系统、传统产业子系统以及区域经济子系统，研究过程中涉及系统论、协调学、产业经济学以及物理学中的耦合概念，研究过程具有一定难度。本书从系统论角度入手，首先，辨析了高技术产业子系统、传统产业子系统以及区域经济子系统，并应用开放系统论，耗散结构理论以及协调学等系统地阐述了高技术产业、传统产业与区域经济各子系统的耦合关系；其次，基于前述分析借鉴物理学中的耦合概念，构建耦合协调度模型，并对高技术产业、传统产业与区域经济的耦合度和耦合协调度进行测算；再次，应用 BP 人工神经网络模型对各指标的动态因子贡献度进行测算，找出因子贡献度的差异为下文分析做数据准备；最后，依据前文得到的实证结果，结合当前陕西省产业发展的客观事实，给出相关政策建议，以供读者参考。根据上述研究本书得出以下三点结论：

（1）本书将高技术产业、传统产业和区域经济视作相对独立的经济系统，运用系统概论和其他相关理论结合物理学中耦合概念，从系统的开放性和涨落机制、系统间的竞争与协调等方面全面探讨了三子系统间的关系，得出了三者之间具有耦合关系的结论。

（2）依据上文理论分析，建立了高技术产业、传统产业与区域经济的耦合协调模型。从多角度全面评价系统发展水平，构建较为全面的指标体系。应用物理学中的耦合协调模型，对高技术产业、传统产业与区域经济系统的耦合度和耦合协调度进行测算，得出 2001~2014 年系统耦合度和耦合协调度。发现三个子系统之间耦合度值从 2005 年以后基本稳定在 0.3~0.4，呈现非线性的复杂状态，相互之间的作用力会出现相互抵消或局部加强的状况，导致耦合值下降。从 2005 年后基本维持在拮抗状态，陕西省高技术产业、传统产业与区域经济之间的相互作用力比较稳定，相互之间能量与信息的交换方式和交换渠道也比较稳定，各子系统总体上进入快速发展时期。三子系统的耦合协调度呈现上升趋势，从 2001 年的极度失调经历了中度失调、轻度失调、濒临失调，在 2014 年达到了勉强协调。虽然高技术产业发展的不稳定性依然是影响高技术产业、传统产业与区域经济耦合协调值的主要因素，但随着高技术产业发展水平的提高，三系统间的协调性也逐渐提高。

（3）运用 BP 人工神经网络模型，运用其在给定目标值条件下权重值动态调整的特性，研究因子对高技术产业、传统产业与区域经济耦合度和耦合协调度的动态贡献程度，得出对耦合度贡献较为突出的因子有产业年均就业人数占总人口比重和 GDP 两个因子，对耦合协调度贡献较为突出的有全社会固定资产投资额。运用 BP 人工神经网络解决耦合协调度的计算和预测方法是可行的。在一定范围内可以有效解决指标统计口径变动与指标数据不连续的问题。

第六章　高技术产业协同创新对西部区域创新影响的实证研究

本章主要研究西部高技术产业协同创新与区域创新现状，以及评价西部区域创新绩效。从相关数据分析得出目前西部高技术产业协同创新以及区域创新过程中存在的主要问题、不足之处，以及与其他区域的差距所在；本章基于现有研究建立评价指标，使用超效率DEA模型对西部11个省（市、自治区）（由于西藏地区数据缺失严重，故将西藏剔除）区域创新绩效进行评价，从实证结果分析得出西部区域创新存在的主要问题。

第一节　西部高技术产业协同创新的现状

参考《国民经济行业分类》（GB/T 4754—2011）、《中国高技术产业统计年鉴》产业分类标准，本章将高技术产业研究范围限定在国民经济行业中R&D投入强度，即R&D经费支出占主营业务收入的比重相对较高的制造业行业，主要包括：医药制造，航空、航天器及设备制造，电子及通信设备制造，计算机及办公设备制造，医疗仪器设备及仪器仪表制造，信息化学品制造六大类。[①] 由于数据的可得性与研究范围的适用性，在研究中将这六大产业作为一个整体产业即高技术产业进行研究。

作为国民经济的战略性产业，高技术产业的关键是技术创新。其主要有以下四个特点：第一，高投入性。高技术产业是国际经济和各国科技竞争的重要阵地，无论是在国家层面还是在地方政府层面都格外重视高技术产业的发展。从高技术产业发展来讲需要大量研发经费的支撑，使企业研发经费投入与人才资本投入的占比都比较高。第二，高附加值性。高技术产业相比于传统产业，其知识密集度较高，有较高的技术含量，而且能耗、污染较低。第三，高带动性。相比于

---

① 资料来源于2013年国家高新区综合发展与数据分析报告。

传统产业,高技术产业价值链较长,高技术产业的发展可以拉动其上下游相关产业的发展,辐射效应明显,高技术产业对经济的贡献逐年增加,成为促进经济增长和产业结构转型的重要推力。第四,创新性。高技术产业得以持续发展的动力源泉就是创新,包括技术和产品的创新,在创新过程中能够有效提升区域整体创新能力。

一、区域差距明显

我国高技术产业协同投入整体上呈现东部最多,中部次之,西部少,东北最少的格局。由于东北地区省份少,数据缺失,在本节中仅比较东中西三地区。东中西三个地区高新技术企业的 R&D 人员全时当量分别为 551566 人年、94699 人年、67386 人年,R&D 内部经费支出分别为 22345137 万元、3264036 万元、2826319 万元。首先,从人员上来看,东部地区是中部的 5.8 倍,西部的 8 倍,其中,江苏高新技术企业的 R&D 人员全时当量有 115597 人年、浙江 69990 人年、广东 201218 人年;中部地区中湖北 21218 人年、湖南 20480 人年、安徽 19258 人年;西部地区中贵州 4805 人年、云南 2007 人年、甘肃 1728 人年,各省(市、自治区)间差距较大。其次,从 R&D 内部经费支出来看,东部是中部的 6.8 倍,西部的 7.9 倍,差距明显。东部地区中北京内部经费支出有 1299264 万元、江苏 3882343 万元,中部地区中湖南 637668 万元、安徽 635542 万元,西部地区中贵州为 192664 万元、云南为 63001 万元、甘肃为 39084 万元。而且单从西部地区 12 个省(市、自治区)来看,差距也较大,陕西省、四川省和重庆市相关指标值明显高于其他省(市、自治区)。仅从这两个指标来看,高技术产业协同在投入方面表现出了很强的空间异质性,高投入地区如何利用好这些资源以及低投入地区如何结合自身优势以及利用其他地区创新资源进行创新活动是提高自身协同创新能力的关键所在(见表 6-1)。

表 6-1 2016 年我国高技术产业创新投入

地区 \ 类别	高新技术企业的 R&D 人员全时当量(人年)	R&D 经费内部支出(万元)
东部地区	551566	22345137
中部地区	94699	3264036
西部地区	67386	2826319
东北地区	17030	721970

续表

地区 \ 类别	高新技术企业的R&D人员全时当量（人年）	R&D经费内部支出（万元）
北京	23138	1299264
天津	17609	698875
河北	14151	409416
山西	3774	83719
内蒙古	1267	90426
辽宁	7653	361213
吉林	3123	117146
黑龙江	6254	243612
上海	28283	1338172
江苏	115597	3882343
浙江	69990	2132658
安徽	19258	635542
福建	27895	1117716
江西	8807	300891
山东	51955	2224899
河南	21161	575937
湖北	21218	1030278
湖南	20480	637668
广东	201218	9201115
广西	2387	85092
海南	1731	40681
重庆	10314	442088
四川	21368	1006821
贵州	4805	192664
云南	2007	63001
西藏	39	1972
陕西	21725	837638
甘肃	1728	39084
青海	221	9619
宁夏	1135	34421
新疆	390	23494

二、省域效益不均衡

2016年我国高技术产业主营业务收入东部地区为108167.6万元、中部地区为23773.4万元,西部地区为17840.6万元,东北地区为4014.8万元,四个地区高技术产业利润总额分别为7190.4万元、1478.9万元、1232.4万元、400万元,同样四个地区差距较大(见表6-2)。从单个省份(市、自治区)层面来看东部地区中江苏、广东、上海等省市主营业务收入与利润总额数值也远高于中部、西部与东北地区的其他省份。从中可以看出,高技术产业的主营业务收入较高的省份(市、自治区),经济发展水平也是比较高的,这说明高技术产业协同在促进区域创新能力提升的同时,也促进了区域经济的发展。但是,从投入与效益两个方面来看,有些地区投入与产出不成比例,例如,尽管广东省在人员与经费的投入方面是江苏省的3倍,但两省的主营业务收入与利润额却非常接近。西部高技术产业效益的空间异质性也说明了协调好各方资源对高技术产业协同发展与创新效益的重要性。

表6-2　2016年各地区高技术产业效益值[①]

类别 地区	高技术产业主营业务收入 (万元)	高技术产业利润总额 (万元)
东部地区	108167.6	7190.4
中部地区	23773.4	1478.9
西部地区	17840.6	1232.4
东北地区	4014.8	400
北京	4308.5	321
天津	3762.5	296.2
河北	1836	162.6
山西	997.4	47.1
内蒙古	406.9	23.6
辽宁	1459.2	143.7
吉林	2067.6	190

① 资料来源:《中国区域创新能力评价报告》。

续表

类别 地区	高技术产业主营业务收入 （万元）	高技术产业利润总额 （万元）
黑龙江	487.7	66.4
上海	7010.2	334.6
江苏	30707.9	2059.9
浙江	5885.2	616.6
安徽	3587.6	2387
福建	4466	328.8
江西	3913.6	282.4
山东	12263.5	952.7
河南	7401.6	444.8
湖北	4211.9	259.8
湖南	3661.3	206.2
广东	37765.2	2094.2
广西	2077.6	222.5
海南	163.6	23.8
重庆	4896	210.8
四川	5994.4	393.5
贵州	1007.8	66.8
云南	462.1	43.4
西藏	9.7	3.5
陕西	2394.5	211
甘肃	196.1	24.3
青海	129	8.8
宁夏	176.4	12.4
新疆	90.1	11.6

三、西部区域创新的现状

在区域经济学中，区域是指一种地理范畴，是按一定标准划分的连续的有限空间范围，是具有某一方面或几个方面同质性的区域单位。本章研究的区域是以国家统计局分类标准划分的西部、中部、东部和东北地区，亦指以我国行政区域划分的西部地区的省、市或自治区，属于空间地理范畴，因此，在本章中区域和地区范围大小一致，在研究中将西部、东部、中部以及各省份都称为地区。由第二章区域创新系统理论可知，区域创新能力的提升对区域经济有正向的促进作用，可以通过测算区域创新绩效的高低来衡量区域创新能力的强弱，区域创新绩效是区域创新能力的重要体现。目前国内对创新绩效还没有形成完整统一的概念，在研究过程中形成三个具有代表性的观点：一是认为区域创新绩效就是区域创新的产出；二是认为区域创新绩效包含创新资源的配置效率与科技成果转化率，资源的配置效率指的是创新投入转化为知识产出和经济产出的效率，科技成果转化率指的是将知识产出继续转化为经济产出的效率；三是认为区域创新绩效是区域创新系统内参与创新的主体与要素之间相互作用，将投入转化为产出的效率。通过文献梳理，本书认为，区域创新绩效是在整个区域创新系统内，各创新主体，即企业、高校、科研机构、政府、中介机构等投入人员、资金、基础设施等资源要素进行新产品的生产、新技术的创造或产品、技术的改造，从而转化为产出。

自从我国提出创新驱动发展战略以来，我国整体创新能力不断提升，创新能力全球排名不断上升，根据"全球创新指数"（Global Innovation Index，GII）排名，2016年居全球第18位①；此外，尽管我国各区域创新能力不断提升，区域创新投入与产出逐年增加，但是呈现出区域差异化特征，东部地区创新投入、产出高于中部、西部与东北地区，创新环境优于其他地区。整体上西部区域创新能力弱，创新水平较低，区域内省份间差异也较明显，部分省份（市、自治区）如新疆、青海等创新能力严重不足。

四、区域创新能力逐年增强

研发经费投入强度稳步提高。从全国范围来看，2015年我国研究与试验发展经费投入为14169.6亿元，同比增长了16.7%，而R&D经费投入强度为2.06%，与2014年相比提高了0.04个百分点。

研发队伍不断壮大，研究人员素质稳步提升。近年来，我国研究队伍中高学历人员比重不断增加，研发人员中具有硕士以及博士学位以上人员占比逐步提升。

---

① 资料来源：人民网，http://scitech.people.com.cn/n1/2017/0216/c1007-29086468.html.

创新产出规模不断扩大。2015年我国专利申请数达到了279.9万件,同比2014年增长了18.5%,专利授权数达到171.8万件,同比2014年增长了31.9%;全国各省(市、自治区)技术市场共签订技术合同30.7万份,比2014年增长了3.4%。合同成交金额9835.8亿元,比2014年增长了14.7%。

创新环境改善明显。万人大专以上学历人数由2014年的1152.7人/万人提高到1332.8人/万人。万人高等学校在校学生数由2014年的248.8人/万人提高到252.4人/万人,科研固定资产投资额也逐年增加。

高新技术产业化稳步发展。2015年我国高技术产品出口额达到6553.0亿美元,占商品出口总额的比重达到28.8%,比2014年提高0.6%。新产品销售收入增长明显,总量已达到15.1万亿元,比2014年增长5.6%。但是从四大区域分类来看,东部地区各指标值仍然远高于中部地区、东北地区与西部地区,尤其是西部地区。西部地区各指标值整体上都较低,处于全国倒数位置。

五、省域创新能力有待提升

我国区域创新能力分布仍然呈现"三跑并存"的态势,东部地区创新能力高,处于"领跑者"位置,部分地区创新能力逐年提升,逐渐成为"并跑者",虽然一些地区创新能力有所提升,但是整体水平还较低,仍然属于"跟跑者"。具体的根据综合科技创新水平指数,可以将全国31个行政区划分为四大类(见表6-3)。

表6-3 2015年科技创新水平指数分类

类别	省份(市、自治区)
第一类:科技创新水平指数高于全国平均水平	北京、上海、天津、广东、江苏、浙江
第二类:科技创新水平指数低于全国平均水平,高于50%	湖北、重庆、陕西、山东、四川、福建、辽宁、黑龙江、安徽、湖南、山西、甘肃、吉林、江西
第三类:综合科技创新水平指数低于50%,高于40%	内蒙古、河北、海南、青海、广西、云南、贵州、新疆
第四类:综合科技创新水平指数低于40%	西藏

从表6-3可以看出,全国创新水平指数较高的地方都处于我国东部与南方沿海地区,中部地区如湖北、湖南、山西,东北三省和西部地区科技资源较为发达

的陕西、四川、重庆等科技创新水平指数均低于全国平均水平67.57%，但高于50%，而西部大多数省份（市、自治区），如内蒙古、广西、青海、云南、贵州、新疆、西藏等地科技创新水平指数值小于50%，区域差异明显。具体从创新投入指数（见表6-4）与创新产出指数（见表6-5）来看：首先，科技创新活动投入指数排名前8的分别是广东、上海、浙江、江苏、天津、北京、山东、安徽，这8个省（市）投入指数高于全国平均值65.63%，从科技创新活动产出指数来看，北京、上海、天津、陕西、广东排在前5位，同时其产出指数值均高于全国平均水平72.88%。西部地区大多数省（市、自治区）投入指数与产出指数排名都处于中间甚至靠后，尤其是西藏、内蒙古、广西等科技资源相对匮乏的地区，排名基本处于全国倒数。

表6-4　2015年各省（市、自治区）科技创新投入指数

序号	省份（市、自治区）	指数（%）	序号	省份（市、自治区）	指数（%）
1	广东	82.85	17	河南	49.99
2	上海	80.59	18	河北	48.36
3	浙江	80.26	19	黑龙江	46.72
4	江苏	79.71	20	陕西	45.52
5	天津	77.83	21	内蒙古	45.01
6	北京	76.1	22	江西	42.93
7	山东	68.94	23	甘肃	42.76
8	安徽	66.3	24	吉林	42.09
9	湖北	63.99	25	贵州	33.75
10	福建	60.66	26	云南	33.48
11	陕西	59.87	27	广西	32.2
12	重庆	57.95	28	海南	30.72
13	湖南	57.41	29	新疆	30.68
14	四川	51.8	30	青海	26.55
15	辽宁	51.34	31	西藏	11.91
16	宁夏	50.32			

表 6-5 2015 年各省（市、自治区）科技创新产出指数

序号	省份（市、自治区）	指数（%）	序号	省份（市、自治区）	指数（%）
1	北京	100	17	青海	41.39
2	上海	99.69	18	湖南	40.47
3	天津	86.61	19	吉林	38.44
4	陕西	75.6	20	江西	33.97
5	广东	73.5	21	山西	32.55
6	辽宁	69.43	22	云南	27.56
7	江苏	69.33	23	新疆	27.43
8	黑龙江	65.09	24	河南	26.5
9	湖北	62.61	25	海南	26.18
10	浙江	59.28	26	河北	22.28
11	四川	59.15	27	宁夏	20.12
12	重庆	56.51	28	贵州	19.52
13	山东	53.04	29	内蒙古	17.81
14	甘肃	47.01	30	广西	15.72
15	安徽	46.94	31	西藏	7.07
16	福建	42.92			

从高技术产业化角度来看，这一指标相对投入与产出指标省域间差距缩小，高于全国平均水平 58.36% 的地区达到 14 个，其中包含了西部地区的重庆、四川、广西三区域，而投入指数与产出指数相对较高的陕西省这一指数却低于全国平均水平，内蒙古、青海、宁夏、西藏这一指标值仍处于全国倒数行列（见表6-6）。

综上，目前我国整体区域创新活动逐年取得了新的进展，虽然整体创新水平逐年提升，但是区域间差异明显，尤其是西部区域创新投入与创新产出不足，创新活动对区域经济发展的推动能力严重不足，目前在区域协调发展战略大背景下，如何协调资源、改善西部区域创新绩效、提升创新能力至关重要。

本书的考察对象为西部区域，主要包括四川、贵州、云南、重庆、广西、陕西等 12 个省、自治区和直辖市。由于西藏数据严重缺失，除西藏本书只研究 11 个省、自治区和直辖市的区域创新绩效。

表 6-6 2015 年高新技术产业化指数

序号	省份（市、自治区）	指数（%）	序号	省份（市、自治区）	指数（%）
1	天 津	83.61	17	陕 西	57.94
2	北 京	80.81	18	甘 肃	56.13
3	上 海	79.55	19	江 西	54.2
4	重 庆	78.33	20	山 西	54.2
5	江 苏	76.26	21	吉 林	51.1
6	四 川	75.33	22	黑龙江	50.66
7	广 东	71.1	23	云 南	50.46
8	湖 北	70.23	24	西 藏	49.94
9	广 西	67.2	25	内蒙古	49.81
10	河 南	61.15	26	辽 宁	47.19
11	贵 州	60.18	27	海 南	41.16
12	浙 江	60.18	28	河 北	35.58
13	山 东	60.18	29	新 疆	35.21
14	湖 南	59.88	30	青 海	34.66
15	安 徽	58.29	31	宁 夏	31.39
16	福 建	57.95			

资料来源：2008~2018 年《中国高技术产业统计年鉴》《中国科技统计年鉴》以及各省（市、自治区）统计局官网。

第二节 评价方法

一、主观评价方法

主观评价法主要有层次分析法、模糊综合评价法和德菲尔法三种。层次分析法是一种将定量与定性相结合的用于因素决策的方法，层次分析法首先根据决策目标将复杂问题分解成若干层，根据目标层、因素层等建立一个多层次的结构，根据不同层次和因素的重要性，得到不同方案的权重，从而确定一种最优的方案。模糊综合评价法是将不易量化的因素定量化，模糊综合评价在确定被评价对象的评判因素集和评价集后根据主观确定权重和隶属度矩阵获得模糊评价矩阵，将模糊评价矩阵和权重矢量相乘得到评价结果。德菲尔法又称为专家打分法，由O.赫尔姆和N.达尔克在20世纪40年代提出，专家匿名发表意见，且小组成员不沟通看法，最后对专家意见进行统计、处理、分析和归纳。这些方法的共同点是需要人为地、主观地给某个因素或指标赋值，相对于客观评价方法其主观因素较强。

二、客观评价方法

客观评价方法有两大类，第一类是参数法，第二类是非参数法。参数法主要有C-D生产函数和随机前沿分析方法，非参数法主要有数据包络分析法（DEA）。

1. 随机前沿分析法

随机前沿分析法（SFA）是根据确定的生产函数、投入和产出值，来确定所有可能的投入产出的外部边界，使所有的产出值都位于边界之内，每个观察值与边界的聚力就是该生产点的效率。随机前沿分析方法必须要确定生产函数的形式，而且产出值只能有一个。本书研究的是区域创新绩效，很显然产出指标不仅有一个。而且区域创新必然是一个多投入、多产出并且存在时滞的系统，随机前沿分析要事先确定生产函数形式，一般使用柯布—道格拉斯生产函数，由此代入过多的假设条件，可能使结果出现偏差，所以客观评价法不适用于本书。

2. 数据包络分析法

数据包络分析法（DEA）不需要提前确定生产函数的具体形式，是评价具有多输入和多产出的决策单元（DMU）之相对有效性的一种方法，区域创新系统在发展过程中生产形式复杂多变，DEA法在测度其效率方面具有很强的适用性。DEA模型根据其假设条件不同分为CCR、BCC、FG、ST、SE等模型。由于传统的模型只能计算出决策单元的有效或无效，数值限定在0~1，数值为1表示有效，小于1则表示无效，无法显示DMU有效决策单元的具体值，本书所要研究各省创新绩效的大小，所以采用超效率DEA模型计算各地区区域创新绩效值。

1988年，Banker和Gifford在传统DEA模型基础上首次提出超效率DEA模型，用于解决传统DEA无法显示处于生产效率前沿面决策单元具体值的问题。超效率DEA模型构建以及测算效率的具体做法是在运用传统DEA方法测算出各个决策单元的效率的基础上，将有效决策单元，即效率值等于1的决策单元从参考效率前沿面分离出去，在CCR模型的基础上构建超效率DEA模型，超效率DEA模型中允许决策值大于1，并且可以对决策单元进行排序，其表达式如下：

$$\begin{cases} \max_k^{crs-super} = \dfrac{\sum\limits_{\substack{i=1 \\ n \neq k}}^{J} u_i^n y_i^n}{\sum\limits_{\substack{i=1 \\ n \neq k}}^{I} v_i^n x_i^n} \\ s.\ t.\ \dfrac{\sum\limits_{\substack{j=1 \\ n \neq k}}^{J} u_j^n y_j^n}{\sum\limits_{\substack{i=1 \\ n \neq k}}^{J} v_i^n x_i^n} \leqslant 1 \end{cases} \quad (6-1)$$

在式（6-1）中 u_j^n，$v_i^n \geqslant 0$；$i=1, 2, 3, \cdots, J$；$J=1, 2, 3, \cdots, J$；$n=1, 2, 3\cdots, N$，y_j^n 和 x_i^n 是第 n 个决策单元 DMU 中的投入和产出，u_j^n 和 v_i^n 是求解方程（6-1）的权重变量；k 代表要评价的第 k 个评价单元。超效率模型的特别之处在于其在对第 k 个决策单元进行效率评价的时候，用其他所有决策单元的投入和产出的线性组合来代替第 k 个决策单元的投入和产出，有效决策单元都位于前沿面，无效决策单元都位于前沿面后，所以，本来 DEA 无效的决策单元用超效率DEA 模型计算的结果是不变的，超效率模型只进一步计算处于前沿面的决策单元。

第三节　指标体系

一、指标设计原则

区域创新系统的创新活动是一个复杂的投入产出过程，在这一过程区域创新系统创新绩效会受到很多因素的影响。从整体层面来讲有创新政策、法律规章等宏观因素；也有资金投入、人员投入、管理水平等微观因素。从区域创新活动的流程来看，区域创新主要分为创新投入与创新产出两个主要环节，因此，本书从投入与产出两个方面构建评价指标体系。指标设计遵循三个原则：

1. 科学性原则

科学性原则要求在建立指标体系时要充分考虑到区域创新活动规律，选取的指标要尽可能少，并且能够充分反映区域创新系统的绩效水平。投入指标中要有反映各创新主体投入活动的指标。产出指标中既要有反映创新产出数量成果的指标，也要有反映产出经济效益的指标。

2. 可比性原则

在可比性原则下要充分考虑西部区域各省份（市、自治区）创新系统的差异，选取的指标要有横向可比性。此外，选取的指标也要有纵向可比性，保证数据是连续、可得的。

3. 可测性原则

可测性原则要求所选取指标在使用 DEA 法测量区域创新绩效能反映实际情况的同时，必须是通过现有公开数据资料获取的，要尽可能确保绩效评价结果的可信度，保障评价结果的客观性。

二、指标体系建立

现有文献对区域创新绩效研究比较成熟，白俊红、蒋伏心（2009）首先选定数据包络分析法测算区域创新的效率，投入指标有 R&D 人员和 R&D 资本存量，产出指标有专利授权数和新产品销售收入；苏屹、李柏洲（2013）选用随机前沿分析法，选用科技活动经费资本存量、R&D 人员全时当量、技术引进金额占地区生产总值比例（表示系统开放程度）、技术市场的成交额与地区生产总值的比值（表示技术市场的成熟度）、区域创新系统内部创新主体之间的协作水平（表示系统协作水平）、创新主体间资金流动额占地区生产总值比例、企业科技投入占主营业务收入比例（表示企业科技投入强度）、专利申请数与就业人口数（项/万人）（表示产权保护意识）、政府科技活动支出占政府支出总额（表示政府资金支持程度）、非国有化工业总产值占工业企业总产值比例（表示市场化程度）等指标来测算区域创新绩效并分析以上指标对创新绩效的影响；赵银虎（2013）建立了以人员全时当量、政府资金所占比重和经费内部支出三项指标为投入指标体系，以大中型工业企业新产品销售收入、发明专利申请授权数、技术市场成交合同金额等 8 项指标为产出指标体系；白俊红、江可申、李婧（2009）以每百万人中科学家和工程师数量、R&D 人员投入强度和 R&D 资金投入强度作为投入指标，万名就业人员专利授权量、万名 R&D 活动人员科技数、万人科技成果成交额等四个指标作为产出测量指标；范建平、卫媛（2018）认为区域创新是一个两阶段的过程，即研发阶段和研发成果投入再生产阶段，将 R&D 人员全时当量、R&D 经费内部支出作为第一阶段的投入，将国内发明专利授权数，国外 SCI、EI、ISTP 收录科技作为第一阶段的产出，将第一阶段产出作为第二阶段的投入指标，将人均 GDP、高技术企业新产品销售收入以及技术市场合同成交额作为第二阶段的产出。

基于指标设计的原则，参考上述文献以及西部数据可得，选取 R&D 人员、R&D 内部经费支出、政府科学技术支出三个指标作为投入指标，选取发明专利授权数、规模以上工业企业新产品销售收入，技术市场合同成交额作为产出指标（见表6-7）。

表 6-7　区域创新绩效指标体系

一级指标	二级指标
投入 X	R&D 人员 X_1
	R&D 内部经费支出 X_2
	政府科学技术支出 X_3
产出 Y	专利授权数 Y_1
	规模以上工业企业新产品销售收入 Y_2
	技术市场合同成交额 Y_3

研究与试验发展是测量科技活动的核心指标，是衡量一个国家和地区科技发展水平程度的重要指标，同时也是反映企业或地区自主创新能力的重要指标。因此，本书用 R&D 人员表征地区区域创新人员投入，R&D 内部经费支出表征区域创新资金投入；在区域创新系统中，政府也扮演着重要的角色，政府不仅是创新政策的制定者、创新制度的推进者、政策的落实者，同时也是区域创新活动重要的参与者，政府投入资金参与区域创新活动。本书用政府财政支出中科学技术支出来表示政府对创新活动的参与，以表征政府活动对区域创新绩效的影响。在区域创新系统中，企业是科技创新成果转化的关键主体，企业的创新活动直接影响着区域创新能力的高低，同时高校与科研机构是创新活动的重要参与者。所以本书以 R&D 人员数和 R&D 内部经费支出来衡量创新主体即企业和高校、科研机构创新活动对区域创新的影响。从产出角度来看，产出不仅有衡量区域创新产出数量的指标，即专利授权数，也有将创新技术转化为经济效益的指标，即规模以上工业企业新产品销售收入和技术市场合同成交额。

第四节　实证结果与分析

综上，利用上文确定的指标体系与研究方法，使用 MAX-dea 软件对西部 11 个地区 2007~2016 年的区域创新绩效进行测算，测算结果如表 6-8 所示：

第六章 高技术产业协同创新对西部区域创新影响的实证研究

表6-8 西部各区域2007~2016年创新效率值

省份（市，自治区） 年份	甘肃	广西	贵州	内蒙古	宁夏	青海	陕西	四川	新疆	云南	重庆
2007	0.5756	0.1869	0.4822	0.3885	0.2275	0.5942	0.3146	0.3848	0.3902	0.6314	0.8665
2008	0.5053	0.6477	0.3512	0.3702	0.3488	0.7889	0.3061	0.5047	0.3806	0.3573	1.0800
2009	0.5099	0.6235	0.2684	0.2661	0.3307	0.4505	0.3705	0.5538	0.1706	0.2653	0.9401
2010	0.5872	0.5516	0.3867	0.3625	0.3185	0.4175	0.4292	0.3201	0.3508	0.2072	1.0000
2011	0.6427	0.5664	0.4747	0.2819	0.3417	0.5514	0.6275	0.3747	0.2958	0.2621	1.0000
2012	0.6867	0.4975	0.3546	0.5418	0.3935	0.4489	0.7147	0.3562	0.2773	0.3488	0.7087
2013	0.7618	0.5892	0.3128	0.2781	0.5330	0.5600	0.9641	0.3889	0.3212	0.3012	0.7249
2014	0.7856	0.4885	0.3103	0.2074	0.3188	0.5230	1.0000	0.4157	0.4172	0.3247	0.9530
2015	0.6950	0.6291	0.3009	0.2340	0.4517	0.9954	0.9665	0.4959	1.0000	0.2601	0.9117
2016	0.7379	0.6998	0.3474	0.2656	0.3032	1.0000	1.0300	0.4926	0.3773	0.2796	1.0000

资料来源：2008~2018年《中国高技术产业统计年鉴》《中国科技统计年鉴》以及各省（市，自治区）统计局官网。

为了更直观、清晰地表示 2007~2016 年西部 11 个区域创新绩效的变化趋势，用折线图表示如图 6-1 所示：其中 1 代表甘肃，2 代表广西，3 代表贵州，4 代表内蒙古，5 代表宁夏，6 代表青海，7 代表陕西，8 代表四川，9 代表新疆，10 代表广西，11 代表重庆。

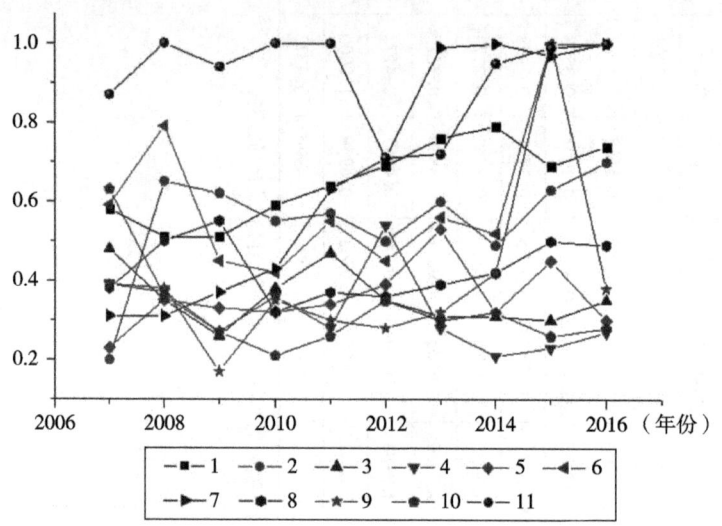

图 6-1　2007~2016 年西部各区域创新绩效趋势

根据各省（市、自治区）2007~2016 年区域创新效率值，得出省（市、自治区）区域创新绩效均值，如图 6-2 所示。

首先，从折线图 6-1 可以看出大多数省（市、自治区）的区域创新绩效在 2007~2016 年是处于波动的状态，除陕西省整体呈上升趋势之外，其他创新绩效没有很明显的上升或下降的规律，处于变化状态，但是与 2007 年相比，大多省份创新绩效值总体还是有所提升的。从图 6-2 来看，西部区域创新绩效普遍较低，近 10 年没有一个省的效率均值达到 1。相对来说西部区域中创新绩效值相对较高的有重庆市、陕西省、甘肃省和青海省，这四个省、市 2007~2016 年区域创新绩效大多都在 0.5 以上，平均效率均在 0.6 以上，是创新投入产出绩效相对较高的地方。其中最高的是重庆市，绩效值达到了 0.9185，在 2008 年、2010 年、2011 年和 2016 年效率值都达到了 1，表现为 DEA 有效。从投入与产出上来看，重庆市 2007~2016 年，R&D 人员和 R&D 内部经费支出投入排名一直处于第三名，R&D 人员投入仅少于四川省和陕西省，多于其他 8 个地区；政府科技经费投入排名徘徊在第 6~7 名，处于中间位置，从产出来看，规模以上工业企业

第六章　高技术产业协同创新对西部区域创新影响的实证研究

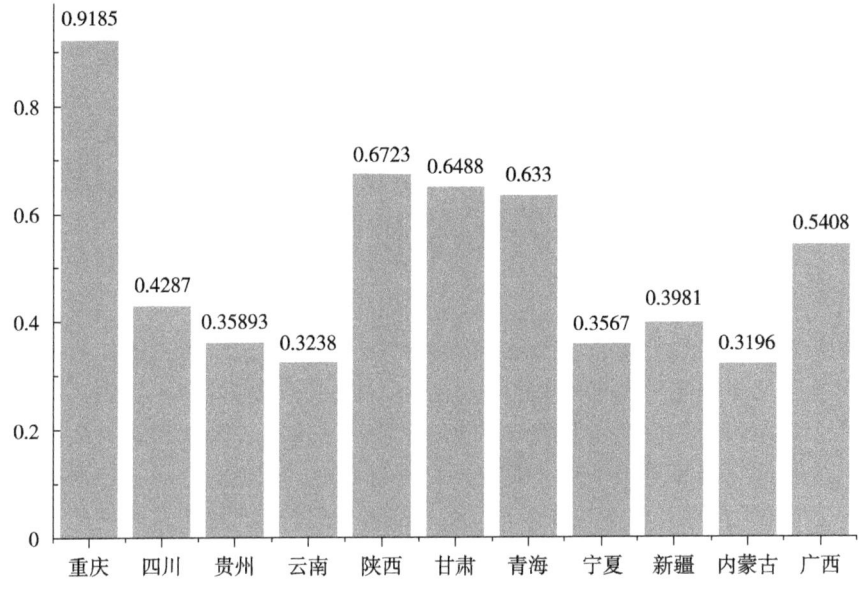

图 6-2　西部各省（市、自治区）绩效均值

新产品销售收入在 2010 年以前基本处于第二的位置，但是和排名第一的四省之间的差距较小，在 2010 年开始，重庆市这一指标值一跃成为第一，一直保持上升的趋势，且逐渐拉开了与其他省（市、自治区）的差距。陕西省、四川省与重庆市相比，创新投入指标值均高于四川省，而产出值却远远低于重庆市，创新绩效也与重庆市有较大差距，说明四川省与陕西省存在产出不足，即创新绩效转化不足的问题。

四川、贵州、云南、宁夏、新疆和内蒙古创新绩效不足 0.5，效率值均在 0.4 以下。贵州、内蒙古、宁夏、新疆四个地区的效率值近十年处于波动状态，无明显趋势，且效率值都较低，从投入产出来看，这四个省份（自治区）创新投入是逐年增加的，但是创新产出处于波动状态，说明这四个省份（自治区）区域创新效率不高的主要原因是因为创新产出不高；虽然广西的区域创新绩效也处于波动状态，但是从 2015 年开始，创新绩效值达到了 0.63，2016 年达到了 0.7，从指标上来看，2015 年和 2016 年，广西投入指标值相对下降，而产出指标值相对上升，说明广西之前区域创新绩效较低的原因可能是投入过剩或产出不足。

综上所述，近年来，虽然西部区域创新能力有所提高，创新投入与创新产出不断增加，但是与东部相比，西部区域创新能力不强，创新水平有待进一步提升,部分省份创新绩效值偏低,投入产出比过低,高技术产业协同创新投入区域间差异较大,协同创新效益不均衡,对区域经济发展的促进作用较弱。

第五节 高技术产业协同创新对区域创新的影响机理分析

在科学技术不断发展的现代社会,高技术产业成为区域经济增长的重要支撑力量,各区域都争先发展高技术产业。由上一章研究内容可知,目前西部地区高技术产业协同创新存在投入不足与协同创新效益不均衡,区域创新绩效值存在普遍偏低等问题。由协同学、技术创新相关理论可知,资源的协同与技术的创新使各种要素资源互相配合,产生协同作用,促进区域整体创新能力的提升,从而促进区域经济增长。提高高技术产业协同创新水平、促进区域创新能力的提升,是实现区域协调发展、西部"后发赶超"的重要手段,因此,要厘清高技术产业对区域创新的影响机理,为区域创新能力的提升提供切实可行的路径。本章主要研究高技术产业协同创新与区域创新的关系,从人员投入、资金投入、物力投入、政府支持和技术市场五个方面分析高技术产业协同创新对区域创新绩效的影响机理。

一、高技术产业协同创新与区域创新的关系

根据协同学理论与区域创新系统理论,高技术产业协同创新与区域创新系统的参与主体有高校、科研机构、企业、政府、中介机构、金融机构等。创新需要各参与主体共同发挥作用,创新能力的提升是创新主体共同作用的结果。第一,从协同学理论来看,协同创新是一个非线性系统,协同创新系统内的各种资源没有必然的交集关系,人员、资金等要素是协同创新的动力源所在,这些要素通过量的变化产生新的组合,使协同创新系统从无序到有序,各要素相互协同的过程也是企业创新产品以及技术产生到推广到市场的过程。第二,协同创新系统是一个开放性的、动态的系统,高技术产业通过这个系统与外界环境进行知识、资源、信息以及技术的交换,从而实现开放的目的。人员、资金、信息等各种资源在各要素间流动,实现资源的优化配置,从而实现"1+1>2"。一方面,在这一过程中协同创新活动参与主体与区域内高校、科研机构、高技术企业等发生紧密的联系,互相交流,互相配合,合理配置投入的资源,进行专业化分工,实现投

入资源要素的协同配合,实现资源的配置效率最优,从而发挥协同创新效应,提高区域创新水平与能力。在高技术产业协同创新中人员、资金、基础设施的投入,为区域创新活动的开展提供保障,同时也为区域营造良好的创新环境。另一方面,高技术产业协同创新依赖于区域创新,创新在区域经济发展、促进产业结构升级等方面的重要作用会促使区域内政府对创新活动给予一定的政策、制度与资金等方面的支持,同时也会将部分资源倾斜到高技术产业中,为高技术产业协同创新提供便利。

二、高技术产业协同创新对区域创新的影响

首先,从创新投入来看,创新投入可以分为三个部分:人员投入、资金投入和物力投入。对于区域来说,无论是创新能力的提升还是创新绩效的增加都要依靠创新产出的增加,而创新投入是创新产出的重要支撑力量与源泉。只有充足的创新投入才能保证创新活动的进行,高技术产业协同创新投入必然是聚焦于科技前沿技术与产品,无论是新技术的研发还是新产品的诞生对区域创新能力与绩效的提升都会起到正向的促进作用。只有在保障研发人员、研发资金以及机器设备等充足的情况下,企业才能进行协同创新活动。如果人力资本投入不足,例如,投入的R&D人员过少,人才培养体制不健全等会严重制约高技术产业协同创新活动的开展,造成区域创新中创新人员匮乏,创新活力不足。如果研发活动没有大量的资金支持,研发活动可能难以维持,有些技术或新产品的研发可能就会夭折,既不能收回已经投入的研发成本,也不能产生经济效益;研发资金投入不足,研发人员相关利益就无法得到有效保障,研发人员就会缺乏创新的动力,造成协同创新的低效,对区域创新的促进作用就会减弱。其次,高技术产业的创新与其他产业不同,需要引入国内外先进的仪器设备以供研发人员在研发过程中使用,因此,物力投入也会影响高技术产业的协同创新,同时,基础设施的引入为区域内相关创新活动提供便利,有利于创新活动的开展。

除了高技术产业自身投入因素之外,外部环境对高技术产业协同创新的作用也会影响到区域创新绩效。从创新环境来看,无论是高技术产业协同创新还是其他产业的协同创新,都会受到创新环境的影响。无论是创新主体还是创新要素都处于同一创新环境中,而且这个环境是动态变化的。协同创新环境可以通过影响区域内经济基础、政策法规等直接影响区域内的创新产出,同时也对协同创新投入与过程产生影响,从而间接影响创新产出。我国东、中、西部,甚至是省(市、自治区)之间区域环境差异明显,所以在研究高技术产业协同创新对区域创新的影响时,需要将环境因素加以考虑。良好的协同创新环境可以使各要素有

效地协同，提高协同创新能力，为区域创新能力的提升营造良好的创新氛围。现阶段我国市场机制还不够完善，环境对高技术产业协同创新的提升能力较弱，因此，政府的政策支持对高技术产业协同创新尤为重要。

综上分析，本书认为，高技术产业协同创新对区域创新绩效的影响主要基于以下五个方面，一是协同创新人员投入；二是资金投入；三是物力投入；四是政府支持程度；五是技术市场。具体影响如下：

1. 人员投入对区域创新绩效的影响

在高技术产业协同创新投入中，研发人员的投入占比相对于同区域其他产业人员投入占比更高，研发人员整体层次、素质、专业化程度都更高，在不断投入的过程中，高技术产业微观主体高技术企业会引进技能与经验丰富的科研人员。随着时间的推移，创新知识与人才在创新过程中不断积累，区域中创新型人才的集聚，以及创新知识的不断更新为提高区域创新整体创新能力与创新绩效提供强有力的保障。

2. 资金投入对区域创新绩效的影响

高技术产业相对于区域内其他产业而言，无论是从政府层面还是企业层面来讲，都会投入相对较多的科研经费，为创新活动的开展、研究人员的引入、生产设备的购买与引进以及技术的引进与改造行为的实现提供前提，为创新活动正常、持续进行提供基础保障。协同创新资金的投入保障区域创新活动的进行，反过来区域创新活动会产生经济效益，区域创新绩效的提升也会使协同创新投入增加，形成良好的相互促进关系。

3. 物力投入对区域创新绩效的影响

高技术产业协同创新投入中物力投入对区域创新绩效也有重要的影响，要想顺利开展高技术产业创新活动，除了保障高技术产业人员和资金之外，还要有提供创新活动必要的设备、设施以及工具等，这些物力投入在满足高技术产业协同创新的同时也可以为区域创新活动服务，从而节约其他创新活动的成本；在设备引入的过程中，先进的技术也会被相应引入，进而提高生产效率促进区域创新绩效的提升。

4. 政府支持程度对区域创新绩效的影响

高技术产业在协同的过程中，政府会给予高技术企业政策上的支持，主要表现为科研经费的拨付，在高技术产业聚集程度高且发展较好的区域，在内部经费支出中政府资金的比例相对来说是较高的。在一定程度上，政府资金的多少体现了区域政府对高技术产业发展的重视与支持程度；与此同时，政府对高技术产业的支持改善创新环境，协同创新环境的改善会带动整个区域内的创新环境改变，从而促进区域整体创新绩效的增加。

5. 技术市场对区域创新绩效的影响

技术市场环境对区域创新绩效有正向的促进作用，其对区域创新绩效的影响主要表现为活跃、高效的协同创新环境对区域创新绩效的促进作用。高技术产业的创新活动除了研发人员、资金、基础设施、政策等条件的保障，还要有良好的市场环境，只有市场环境良好，企业才有进行创新的动力；同样，良好的协同创新环境为企业提供一定的保障，有利于整个区域内企业开展创新活动，激发区域内的创新活力，提高企业创新的积极性，从而促进区域创新绩效的增加。

第六节　高技术产业协同创新指标的建立

高技术产业协同创新的直接主体有企业、科研机构等，创新的间接主体主要有政府、中介机构、平台等，高技术产业的协同创新有人员的协同、资金的协同等。具体来说包括两个方面，首先是高技术产业创新主体内部的协同创新，各创新主体经过共享、整合、转化、运用和开放实现管理、产品、知识、技术、金融和服务创新，完成以用户为中心的协同创新，在这一过程中各创新主体要投入大量的人力、物力与资金，人力以高技术产业和高新技术产业从业平均人数的 R&D 员全时当量作表征，资金以 R&D 经费内部支出占主营业务收入比重作表征，物力以固定资产交付使用率作表征。

其次是产业创新内部系统与外部创新环境的协同；创新主体、创新环境间协同的主要表现是创新活动所需的关键资源的流动和转移，比如政府对高技术产业的支持力度，主要有政策、资金上的支持，这里用政府对高技术产业投入的科技经费来表示，高技术产业的成果必然流向技术市场，从而促进技术市场的发展，反过来良好的技术市场又可以促进高技术产业的发展。所以这里用高技术产业科研经费中政府经费比例和新产品出口销售收入占主营业务收入比重来表征创新主体系统和环境系统之间的协同。如图6-3所示。

据此，建立以下指标体系（见表6-9）。

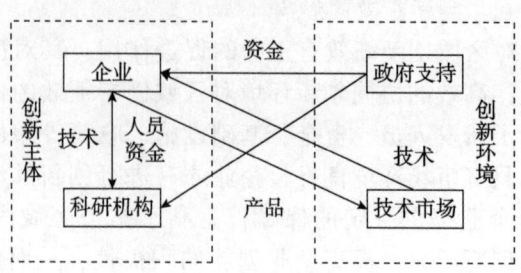

图 6-3　高技术产业协同创新

表 6-9　高技术产业协同创新表征指标

指标	表征
人员投入 X_1	高新技术企业的 R&D 人员全时当量占高技术产业从业平均人数比重
资金投入 X_2	R&D 经费内部支出（万元）占主营业务收入比重
物力投入 X_3	固定资产交付使用率
政府支持 X_4	科研经费中政府经费比例
技术市场 X_5	新产品出口销售收入占主营业务收入比重

第七节　高技术产业协同创新对西部区域创新影响的分析

——基于空间计量模型

本节基于空间计量相关理论，结合第四章高技术产业协同创新对区域创新的影响机理，构建空间计量模型实证分析高技术产业协同创新对区域创新的影响，分别分析了人员投入、资金投入、物力投入、政府支持、技术市场以及其他控制变量对西部区域创新绩效的影响。

一、空间关联的度量

在运用空间计量模型对区域相关经济活动进行空间效应分析时，对不同区域主体之间的关系一般用空间权重矩阵表示。空间权重矩阵反映了截面单元属性值之间的依赖程度。一般经典计量经济学使用最小二乘法估计进行参数估计，而空间计量经济学相对于最小二乘法的独特之处在于将空间地理信息这一要素引入模型。通常以大写字母 W 来代表空间权重矩阵，W 是 n 阶的方阵，其中 n 为区域单元的个数，W 的矩阵表示方式为：

$$W = \begin{bmatrix} w_{11} & w_{12} & L & w_{12} \\ w_{21} & w_{22} & L & w_{2n} \\ M & M & M & M \\ w_{n1} & w_{n2} & L & w_{nn} \end{bmatrix}$$

在矩阵中元素 w_{ij} 表示空间单元 i 与空间单元 j 之间的空间关系。一般来说，空间矩阵的构造要满足空间相关性或依赖性要随着距离的增加而减少。这里的距离可以是地理上的距离，也可以是经济上的距离，也可以是社会学中人际关系的亲疏距离。目前，空间权重矩阵的设定有以下三种方法：

1. 基于相邻的权重矩阵

相邻距离是最常见的空间距离，这类空间距离的设定是根据目标区域在地图中的相对位置，用二进制"0-1"表示相邻与否，即如果空间单元不相邻，则 $W_{ij}=0$，若空间单元相邻，则 $W_{ij}=1$，一般情况下权重矩阵 W 对角线上元素为 0。

$$W_{ij} = \begin{cases} 1 & \text{当 } i \text{ 与 } j \text{ 有共同边界} \\ 0 & \text{当 } i \text{ 与 } j \text{ 没有共同边界} \end{cases}$$

2. 基于距离的空间权重矩阵

距离矩阵，顾名思义，就是根据距离的大小来确定区域的空间权值矩阵的元素值，具体来说主要有两种，一种是基于地理距离的权重矩阵；另一种是基于经济距离的权重矩阵，具体表示如下：

这一方法是运用空间地理距离来定义权重：传统的定义空间权重的方法有：

以区域间距离倒数为权重，即当 $i \neq j$ 时，$W_{ij} = \dfrac{1}{d}$，当 $i=j$ 时，$W_{ij}=0$。

以区域间距离平方为权重，即当 $i \neq j$ 时，$W_{ij} = \dfrac{1}{d^2}$，当 $i=j$ 时，$W_{ij}=0$。

3. 基于经济距离的空间权重矩阵

一般来说在考察空间相关性的时候将地理邻接或地理距离作为研究起点，但地理距离并不是经济现象产生空间效应唯一的因素。近些年，越来越多的学者在研究区域经济问题时，开始从经济属性角度设置空间权重矩阵。例如，区域经济发展水平、社会环境等因素也会使空间各单元之间产生空间效应。近年来，使用最多的是基于万有引力定律的空间邻接矩阵，用公式表示为：

$$w_{ij} = \begin{cases} \dfrac{m_i m_j}{d_{ij}}, & i \neq j \\ 0, & i = j \end{cases} \quad (6\text{-}2)$$

在式（6-2）中，m_i 和 m_j 表示 i 地区、j 地区某种经济量的具体值。

本书中的空间关联指的是区域创新系统间由于生产要素的流动而产生的空间相互作用。本书采用引力模型对西北各省（市、自治区）区域创新系统间的空间关联进行测度。引力模型来源于物理学中的万有引力定律，1929 年，瑞利首次将其引入经济地理研究，用于人口地理分析。在不断探索过程中，通过对不同的参数不断修正，引力模型逐渐形成较为公认的基本表示形式，为式（6-3）所示：

$$T_{ij} = K M_i^{\alpha} M_j^{\beta} / D_{ij}^{\theta} \quad (6\text{-}3)$$

式（6-3）中，T_{ij} 表示引力的大小；M_i 和 M_j 分别为 i 和 j 两个区域某种量的规模；D_{ij} 为城市 i 与城市 j 的引力距离；K 为常数；α、β、θ 为修正参数，一般取值为 1。

之后学者 Stewart、Huff、Gautier 分别将这一模型引入人口迁移规律研究、区域竞争关系分析、城市间通信研究。我国学者冀俊等运用引力模型对广西城市群进行了研究；谭秀杰、周茂荣运用随机前沿引力模型实证分析了"海上丝绸之路"贸易潜力；鲁渤、汪寿阳等利用引力模型对区域物流需求进行了预测研究；齐梦、溪鲁晗等运用引力模型分析了河南省经济空间结构的时空演变。本书借鉴相关研究成果，将引力模型引入区域空间关联的研究中，利用两区域 R&D 人员这一要素的流动测算区域间空间关联度。基于 R&D 人员的空间关联强度计算公式为：

$$TP_{ij} = K P_i P_j / D_{ij} \quad (6\text{-}4)$$

在式（6-4）中，TP_{ij} 为两地区间 R&D 人员的空间关联强度；K 参照相关学者的做法取值为 1；P_i、P_j 为两地区的 R&D 人员数；D_{ij} 为 i 区域和 j 区域之间的距离，在本书中考虑到资源的集聚性，此距离用各省份省会城市之间的直线距离表示。

第六章 高技术产业协同创新对西部区域创新影响的实证研究

根据国家地理信息系统网站提供的省域 1∶400 万电子地图，利用 ArcGIS 10.2 剔除掉包括西藏在内的其他地区，利用 Geoda095i 软件测量得到剩余 11 个省（市、自治区）省会城市之间的直线距离（见表 6-10）。

表 6-10 西部各省（市、自治区）省会城市直线距离

城市	呼和浩特	南宁	重庆	成都	贵阳	昆明	西安	兰州	西宁	银川	乌鲁木齐
呼和浩特	0	2657	1847	1789	2227	2816	1000	1146	1344	716	2825
南宁	2657	0	993	1330	623	879	3324	2352	2407	2673	4279
重庆	1847	993	0	356	384	973	847	1275	430	1570	3202
成都	1789	1330	356	0	736	917	798	1058	1076	1291	2914
贵阳	2227	623	384	736	0	588	2885	1754	1809	1951	3671
昆明	2816	879	973	917	588	0	3475	1938	1977	2540	3865
西安	1000	3324	847	798	2885	3475	0	624	858	723	2541
兰州	1146	2352	1275	1058	1754	1938	624	0	216	433	1928
西宁	1344	2407	430	1076	1809	1977	858	216	0	631	1762
银川	716	2673	1570	1291	1951	2540	723	433	631	0	2111
乌鲁木齐	2825	4279	3202	2914	3671	3865	2541	1928	1762	2111	0

由式（6-4）可以得出：两区域间的 R&D 人员的空间关联强度与两区域的人员规模成正比，与两区域的距离间隔成反比。由上述可以利用矩阵的形式定义任意两地 R&D 人员空间关联强度。矩阵中任意一个元素，可用下式表示：

$$w_{ij} = \begin{cases} TP_{ij} & i \neq j \\ 0 & i = j \end{cases} \qquad (6-5)$$

据此可得出 2007~2016 年西部 11 省（市、自治区）空间关联强度，表 6-11 为 2016 年西部 11 省（市、自治区）关于人员的关联强度。

二、空间计量模型的构建

空间计量经济学在将影响所研究的对象的空间因素引入到空间计量模型中时，根据所引入的因素的不同可将空间计量模型分为空间自回归模型（SAR）、空间误差模型（SEM）两种。空间自回归模型中最常用的就是空间滞后模型，其主要用于解释说明一个区域的某个经济现象直接对其相邻区域的相关经济现象影响程度的高低，当变量间的空间依赖性对模型非常关键而且导致了空间相关性时

表 6–11 2016年西部11个省（市、自治区）人员的关联强度

	内蒙古	广西	重庆	四川	贵州	云南	陕西	甘肃	青海	宁夏	新疆
内蒙古	0	592916	1454696	2750043	1349887	576440	3740981	887417	122366	496488	236813
广西	592916	0	2734712	3738694	1545129	1866466	1137487	437015	69057	134414	158017
重庆	1454696	2734712	0	23821863	4275388	2875744	7613389	1374922	659275	390300	360145
四川	2750043	3738694	23821863	0	4084508	5587332	14796851	3033984	482429	869125	724637
贵州	1349887	1545129	4275388	4084508	0	1686854	792333	354283	55551	111335	111354
云南	576440	1866466	2875744	5587332	1686854	0	1121127	546490	86632	145751	180259
陕西	3740981	1137487	7613389	14796851	792333	1121127	0	3911561	460039	1180065	631889
甘肃	887417	437015	1374922	3033984	354283	546490	3911561	0	496769	535652	226394
青海	122366	69057	659275	482429	55551	86632	460039	496769	0	59441	40060
宁夏	496488	134414	390300	869125	111335	145751	1180065	535652	59441	0	72276
新疆	236813	158017	360145	724637	111354	180259	631889	226394	40060	72276	0

就使用空间滞后模型；而空间误差模型则侧重于强调由于两个相邻区域具有某些共同或相似的特征，当这两个区域在面临一些外在冲击的时候，其经济现象会表现出一样或相似的波动。

1. 空间滞后自回归模型

空间滞后模型主要用于研究相邻地区某种经济行为对整个区域或相邻地区行为的影响。空间自回归模型表达式为：

$$y = \mu + \rho wy + x\beta + \varepsilon \qquad (6-6)$$

在式（6-6）中，y 为因变量，即被影响的变量；x 为解释变量；ρ 为空间回归系数；w 为空间权重矩阵；y 为被解释变量的空间滞后；wy 为空间滞后因变量；ε 为随机误差向量；μ 为常数项。

2. 空间误差模型

空间误差模型（SEM）假定利用误差项来表明各区域之间的空间联系。当模型的误差项在空间上关联时就使用空间误差模型。模型表达式为：

$$y = \alpha + x\beta + \mu$$
$$\mu = \lambda W\mu + \varepsilon \qquad (6-7)$$

在式（6-7）中，β 为空间误差系数，反映的是自变量对因变量的影响；x 为空间滞后因变量；μ 为随机误差向量；λ 为误差项的空间系数；$W\mu$ 为误差项的空间滞后因子；ε 为正态分布的随机误差向量。

基于此，分别建立以下空间滞后模型和空间误差模型：

空间滞后模型：

$$y_{it} = \alpha + \rho wy_{it} + \beta_1 x_{1it} + \beta_2 x_{2it} + \beta_3 x_{3it} + \beta_4 x_{4it} + \beta_5 x_{5it} + \sum x_{kit}\lambda_k + \mu_{it} \qquad (6-8)$$

空间误差模型：

$$y_{it} = \alpha + \beta_1 x_{1it} + \beta_2 x_{2it} + \beta_3 x_{3it} + \beta_4 x_{4it} + \beta_5 x_{5it} + \sum x_{kit}\lambda_k + \mu_{it}$$
$$\mu_{it} = \lambda W\mu_{it} + \varepsilon_{it} \qquad (6-9)$$

在式（6-8）和式（6-9）中，y_{it} 为 i 地区第 t 期的创新绩效；wy_{it} 为在空间上有关联关系的省（市、自治区）创新绩效的空间加权自相关变量；ρ 为空间自回归系数，表示的是空间关联省份对本区域创新绩效的影响；x_{1it}、x_{2it}、x_{3it}、x_{4it}、x_{5it} 为表征高技术产业协同创新的五个指标，分别为协同创新人员投入、资金投入、物力投入、政府支持和技术市场环境；β_1、β_2、β_3、β_4、β_5 分别为协同创新各指标变量的系数；x_{kit} 为其他控制变量，主要有地区经济发展水平，用区域人均 GDP 表示；地区产业结构，用第三产业产值占地区总产值比重表示；地区开放水平，用地区进出口总额占地区 GDP 比重表示。式（6-9）中的 λ 为随机误差项的系数；$W\mu_{it}$为随机误差项的滞后因子；ε_{it}为正态分布的随机误差量。

从式（6-8）中可以看出，一个地区的区域创新绩效不仅受到本地区各自变量，即高技术产业协同指标、各控制变量的影响，还受到相关地区创新活动的影响。从式（6-9）可以看出，区域创新绩效可能还受到因变量误差项的影响。

三、实证分析

1. 空间相关性检验

在使用空间计量分析的时候，无论采用何种空间计量模型，都要对经济变量进行空间相关性检验，以测量变量间是否存在空间相关性或空间依赖性，只有存在空间相关性才能进行空间计量分析。检验主要分为全局空间自相关检验和局部空间自相关检验。

全局空间自相关检验主要使用的指标是 Moran's I 指数，这一指数由 Moran 在 1950 年提出，其反映的是在空间上邻近地区的相似程度，Moran's I 指数计算公式如下：

$$\text{Moran's I} = \frac{\sum_{i=1}^{n}\sum_{j=1}^{n}w_{ij}(Y_i - \overline{Y})(Y_j - \overline{Y})}{S^2 \sum_{i=1}^{n}\sum_{j=1}^{n}w_{ij}} \quad (6-10)$$

在式（6-10）中，i 和 j 均代表地区，n 为地区数，w_{ij} 为空间矩阵中的元素，Y_i 为 i 地区的变量值，Y_j 为 j 地区变量值，$\overline{Y} = \frac{1}{n}\sum_{i=1}^{n}Y_i$，$S^2 = \frac{1}{n}\sum_{i=1}^{n}(Y_i - \overline{Y})^2$。Moran's I 指数取值范围为 [-1, 1]，当 Moran's I 指数小于 0 时表示负相关，等于 0 时表示不相关，大于 0 时表示正相关。

局部空间自相关性测度的主要方法是局部 Moran 指数（local Moran）。局部 Moran 指数计算公式为：

$$I_i = \frac{(x_i - \overline{x})}{S^2}\sum_{j}w_{ij}(x_i - \overline{x}) \quad (6-11)$$

在式（6-11）中字母含义与式（6-10）相同，当 I_i 为正时表示该区域与相邻区域空间属性相似，当 I_i 为负时表示该区域与相邻区域空间属性不相似。莫兰散点图可以直观地将局部 Moran 指数以散点图的形式呈现在四个象限内，第Ⅰ象限、第Ⅲ象限表示观测变量的正相关性，第Ⅱ象限、第Ⅳ象限表示观测变量的负相关性。

本章是运用空间计量模型考察高技术产业协同创新对西部地区创新绩效的影响，因此在做空间计量分析前，首先要对因变量即表征协同创新的指标值做空间自相关检验，如果变量之间存在着空间相关性，才可以进行空间计量分析。本章使用 stata 软件进行 Moran's I 检验，检验结果如图 6-4 所示：

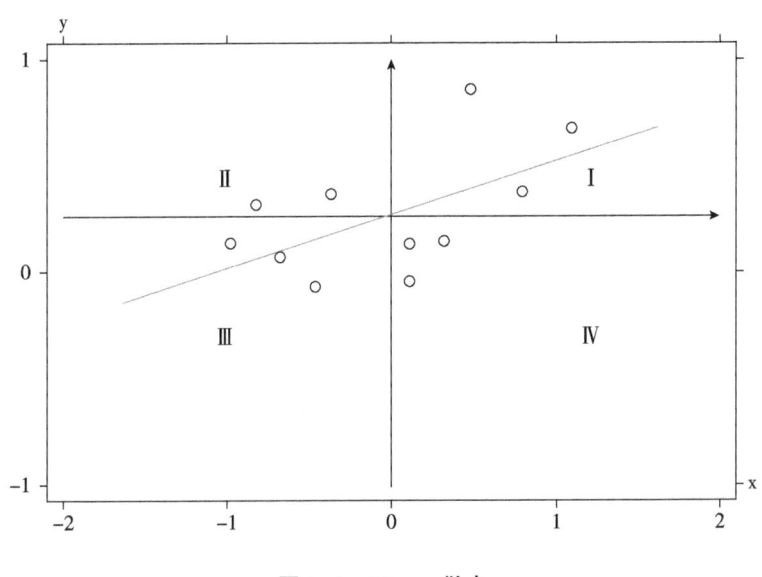

图 6-4 Moran 散点

2. 空间计量分析

本章使用 stata 软件进行 Moran's I 检验，检验结果如图 6-4，Moran 散点图中的第 I 和第 III 象限代表观测值正相关性，第 II 和第 IV 象限表示观测值的负相关性。Moran's I 指数值为 0.251（p=0.024），说明存在空间相关性，可以进行空间计量分析。

四、模型的选择与实证结果

1. 实证结果分析

虽然在样本足够大的情况下，LM 检验、Wald 检验与 LR 检验是等价的，但是后两者的检验要求存在空间效应下的估计量，而且在考虑空间效应时要考虑矩阵运算的问题，使统计量的构造过程十分复杂，所以一般使用 LM 进行模型检验。

LM 检验主要有以下四种：第一种是不存在空间自回归时空间残差相关检验；第二种是存在空间自回归时空间残差相关检验；第三种是不存在空间残差时空间

自回归效应检验；第四种是存在空间残差时空间自回归效应检验。其中第一种检验的统计量称为 LMERR，第二种检验的统计量称为 LMLAG，第三种检验的统计量称为 R-LMERR，第四种检验的统计量称为 R-LMLAG，其中 R 表示稳健性。判别准则如下：如果检验结果 LMLAG 与 LMERR 相比在统计上更为显著，R-LMLAG 显著而 R-LMERR 不显著，则可以判断更适合的模型为空间滞后模型，相反空间误差模型更为适合。

空间面板数据回归模型中分别有固定效应、随机效应与混合估计三种模型：固定效应模型（Fixed Effects Model）是指研究对象的截距不会随着时间的变化而变化，随机效应模型（Random Effects Model）是把原来（固定）的回归系数看作随机变量，一般假设是来自正态分布。如果模型中既有固定效应，又有随机效应，则称为混合估计模型。在固定效应模型中又有三种效应，分别为：地区固定效应、时间固定效应和地区时间均固定效应。一般来说用 F 检验判别固定效应模型和混合估计模型的有效性，用 Housman 检验来判断固定效应模型和随机效应模型的有效性，用 LM 检验来判别随机效应模型和混合估计模型的有效性。

经检验 Housman 结果为 0，所以选择固定效应模型。由于上述建立的空间滞后和空间误差模型均是从全域计算空间相关性的，所以模型中可能会存在内生性问题，因此，如果用最小二乘法进行模型估计，对于空间滞后模型，估计结果不仅是有偏的，而且还是不一致的；对于空间误差模型，虽然结果是无偏的，但模型不具有有效性，因此，应采用极大似然法进行估计。本书借鉴相关学者的做法，通过拉格朗日乘数和稳健性来判别。判断的原则为：比较两个模型的拉格朗日乘数，LM-sar 和 LM-error 哪一个更为显著，结果更显著的则为要选择的空间计量模型；如果两者都显著，则比较两者的稳健性，即 Robust LM-sar 和 Robust LM-error，选择两者中较为显著的模型。

本书利用 stata 软件，首先进行拉格朗日乘数检验，检验结果如表 6-12 所示：

表 6-12 拉格朗日乘数检验结果

Test	Statistic	p-value
Spatial error:	—	—
Lagrange multiplier	2.639	0.104
Robust Lagrange multiplier	11.486	0.001
Spatial lag:	—	—
Lagrange multiplier	2.011	0.156
Robust Lagrange multiplier	10.858	0.201

从表 6-12 可以看出，空间误差模型的 LM 值更为显著，所以选择空间误差模型。接下来是空间滞后模型中效应的选择：如上文所述，主要有三种模型即固定效应模型、随机效应模型与混合估计模型。利用 stata 软件进行相关检验与回归之后，根据回归结果整体和系数的显著性，选择固定效应模型。在固定效应模型中地区固定效应、时间固定效应、时间地区均固定效应模型 LM 估计结果如表 6-13 所示：

表 6-13 空间计量回归结果①

变量	(1) Random Effect	(2) Individual—Fixed Effect	(3) Time—Fixed Effect	(4) Both—Fixed Effect
X_1	1.933*** (0.572)	2.001*** (0.566)	7.779** (3.466)	4.790*** (1.653)
$X_1(-1)$	1.341** (0.241)	1.241* (0.245)	3.432* (1.866)	1.234* (0.231)
X_2	0.246 (0.208)	0.383 (0.259)	-0.971* (0.552)	-0.870** (0.339)
$X_2(-1)$	0.127 (0.024)	0.241 (0.157)	-0.876* (0.256)	-0.654** (0.134)
X_3	0.0535** (0.0254)	0.0579*** (0.0210)	0.285*** (0.0913)	0.0704** (0.0297)
$X_3(-1)$	0.0313* (0.0143)	0.0211** (0.0131)	0.297** (0.0163)	0.0504** (0.0121)
X_4	0.123*** (0.0265)	0.141*** (0.0294)	-0.0949*** (0.0171)	-0.0498*** (0.0164)
$X_4(-1)$	0.101* (0.0023)	0.126** (0.0312)	-0.0876** (0.0412)	-0.0234* (0.0042)
X_5	0.786*** (0.113)	0.769*** (0.119)	0.824*** (0.272)	0.418*** (0.157)
$X_5(-1)$	0.542*** (0.012)	0.531*** (0.023)	0.652*** (0.253)	0.378*** (0.212)

① 资料来源：2008~2017 年《高技术产业统计年鉴》《中国统计年鉴》。

续表

变量	(1) Random Effect	(2) Individual—Fixed Effect	(3) Time—Fixed Effect	(4) Both—Fixed Effect
X_6	7.07e-06 *** (5.70e-07)	7.15e-06 *** (5.69e-07)	2.57e-05 *** (2.49e-06)	2.19e-06 (4.21e-06)
X_7	0.000699 (0.00217)	0.000660 (0.00206)	-0.00543 * (0.00328)	-0.00210 (0.00243)
X_8	0.418 (0.258)	0.378 (0.259)	0.968 *** (0.161)	0.767 *** (0.128)
λ	0.0933 *** (0.0164)	0.102 *** (0.0186)	0.100 *** (0.0229)	0.100 *** (0.0204)
ln_phi	-26.22 *** (0.378)			
sigma2_e	4.922e+09 (0)	5.439e+09 (0)	2.309e+10 (0)	8.456e+09 (0)
Constant	-0.0344 (0.0975)			
R-squared	0.516	0.612	0.533	0.511

注：表中 ***、**、* 分别表示显著性水平小于0.01、0.05和0.1，括号里面表示稳健标准差。

（1）从模型拟合优度来看，模型2的拟合程度更高，从系数的显著性来看，模型2的显著性更高，所以选择个体固定效应模型。R&D人员权重下的空间滞后三种模型的空间误差系数λ均为正数，分别为0.102、0.100和0.100，且在显著性水平p<0.01的水平上通过了显著性检验，说明了区域创新活动在空间上有明显的空间效应，R&D人员在区域间的流动对区域创新绩效有正向的促进作用。区域间除了R&D人员的流动，还有经费、信息等要素的流动，这些创新要素的流动，一方面，有利于区域间创新信息的交换与应用，产生溢出效应；另一方面，也会促进资源要素在不同区域间的优化配置，提高资源的配置效率，从而提升区域的创新绩效。

（2）从表征协同创新的五个指标来看

1）协同创新人员的投入（X_1）。协同创新人员投入系数为正，在0.01水平上通过显著性检验，回归系数为2.001，这一系数大于其他指标系数值，说明在影响区域创新绩效的协同创新因素中，人员的投入对其影响程度最大。这也表明，创新主体即 R&D 人员对创新活动的重要性，任何创新活动的开展、过程以及市场化都离不开人，高技术产业作为高知识和技术密集性产业，在协同创新过程中需要投入大量的高技术人员，在一定范围内，其 R&D 人员投入越多，区域创新的绩效值就越高。X_1 滞后一期，系数变小的同时显著性降低，说明在区域创新中，上期 R&D 人员对本期创新绩效影响程度低于本期 R&D 人员投入强度。因为对于一项研发来讲，其研究过程一般较长，在研究的不同阶段，人员配比可能会随之发生变化，因此，本期人员对其绩效影响会更大。

2）协同创新资金投入（X_2）。在地区固定效应中资金投入回归系数为 0.383，没有通过显著性检验，但是将 X_2 滞后一期后 p 值减小，原因可能在于创新项目一般来说周期都较长、收益回报年限长，所以在当年对区域创新绩效的影响不显著。从长期来看，协同创新资金投入对区域创新绩效是有影响的，高技术产业企业将收入越多地投入研究与实验研发中，区域创新绩效会越高。

3）物力投入（X_3）。高技术产业协同创新物力投入对区域创新绩效的影响在 0.01 的水平上通过了显著性检验，空间影响系数为 0.0579，说明物力投入对区域创新有显著的正向影响，但影响程度小于人员投入与资金投入，原因在于新的固定资产的投入对区域创新绩效的影响在短期内不会有太大提升。一方面，因为固定资产的投入使当年的投入大幅增加，而产出在当年的增加幅度可能不是特别大，所以造成其对区域创新绩效的影响程度较小；另一方面，固定资产的投入存在一定的时滞，研发活动不同于其他制造生产活动，设备的改造与替换产生的效应可能不会马上显现。

4）政府支持（X_4）。在高技术产业协同创新过程中政府的支持对区域创新整体绩效的提升有显著促进作用，回归系数为 0.141。高技术产业作为战略性先导产业，具有高投入、高风险特征，企业进入这一行业可能会存在较大的风险，收益不确定，影响因素较多，所以需要政府在政策上给予支持，保障高技术企业的权益，鼓励更多的企业进入高技术产业。

5）技术市场（X_5）。从表 6-13 来看，高技术产业协同创新环境中技术市场对区域创新绩效有显著的正向影响，系数为 0.769，这一系数值仅小于人员投入系数值，说明除了人员投入之外，技术市场对区域创新环境的影响最大。原因主要有：第一，良好的市场环境可以保障协同创新平稳、有序地进行，从而对区域创新绩效产生影响；第二，环境是动态变化的，协同创新环境良好可以带动区域内整体创新环境的改善，从而提升区域创新绩效。因此，区域内政府应该营造良好的创新氛围，鼓励企业进行创新。

6）其他因素。表 6-13 中 X_6、X_7、X_8 分别为控制变量地区经济发展水平、地区产业结构、地区开放水平，其中，只有地区经济发展水平对区域创新绩效的影响显著为正，地区经济发展水平是地区经济总量的重要体现，区域创新活动必然在本区域范围内进行，所以创新绩效会受到地区经济发展水平的影响。地区产业结构对区域创新绩效的影响在 0.10 的水平上通过了显著性检验，且系数为正，说明第三产业所占比重对区域创新绩效有正向促进作用。这是因为第三产业所占比重越高，地区产业结构越高级，地区整体创新环境就越活跃，有利于区域创新活动的开展。

地区开放水平对区域创新绩效的影响不显著的原因可能在于西部地区相对于其他区域比较闭塞，所以开放水平对区域创新绩效的影响不是很明显，但是随着经济水平的不断提升，区域间的往来会越来越密切，地区开放水平也会对区域创新绩效产生影响。

2. 协同创新总效果对区域创新绩效影响的空间计量分析

表 6-13 依次报告了表征高技术产业协同创新人员投入和创新环境的五个指标：人员投入、资金投入、物力投入、政府支持和技术市场的回归结果。接下来测量高技术产业整体协同创新对区域创新绩效的影响，结果如表 6-14 所示：

表 6-14　协同创新对区域创新绩效影响的空间计量回归结果

变量	(1) Random Effect	(2) Individual—Fixed Effect	(3) Time—Fixed Effect	(4) Both—Fixed Effect
X	0.0151* (0.00937)	0.0182* (0.00949)	0.0172** (0.0271)	0.00714** (0.00840)
$X(-1)$	0.0112 (0.00674)	0.0231* (0.00311)	-0.0124 (0.0117)	0.0564* (0.00341)
X_6	4.38e-06* (2.55e-06)	4.46e-06* (2.47e-06)	8.10e-07 (5.63e-06)	3.46e-06 (4.31e-06)
X_7	-0.00441*** (0.00166)	-0.00469** (0.00183)	3.43e-05 (0.00406)	0.00196*** (0.000612)
X_8	-0.636* (0.328)	-0.816*** (0.301)	0.110 (0.602)	0.917*** (0.303)
lambda	0.224* (0.297)	0.253** (0.289)	0.383* (0.254)	0.409** (0.160)
ln_phi	0.511 (0.609)	—	—	—

续表

变量	(1) Random Effect	(2) Individual—Fixed Effect	(3) Time—Fixed Effect	(4) Both—Fixed Effect
$sigma_2\_e$	0.0212 *** (0.00521)	0.0190 *** (0.00466)	0.0487 *** (0.0127)	0.0169 *** (0.00400)
Constant	0.440 *** (0.0797)	—	—	—
R-squared	0.415	0.411	0.426	0.505

注：表中 ***、**、* 分别表示显著性水平小于 0.01、0.05 和 0.1，括号里面表示稳健标准差。

在表（6-14）中 X 表示协同创新总指标，即 $X_1 \sim X_5$ 的加总。从总体效果回归来看，时间与个体效应均固定效应模型显著性更好。其空间误差系数为 0.409，显著为正，说明了资源要素的流动促进了区域创新绩效的提升。当期协同创新总效果对区域创新绩效的影响在 $p<0.05$ 的水平下通过显著性检验，说明高技术产业协同创新对区域创新绩效的提升有正向的促进作用，而且滞后一期促进作用更明显，在一定程度上说明高技术产业的协同创新对区域创新绩效的提升存在一定的时滞性。其他控制变量地区经济发展水平、地区产业结构、地区开放水平对区域创新绩效有显著的正向影响。

第八节 提高西部区域创新能力的对策建议

在经济新常态下，我国产业结构调整面临着前所未有的压力，区域经济协调发展不仅是我国政府与人民共同追求的目标，同时也是当前亟待解决的问题之一，目前我国区域发展不平衡问题较为突出，区域间投入与产出比例失衡、创新效率低等问题的解决是实现区域间协调发展的前提。高技术产业的发展不仅可以带动传统产业的改造，还可以为国家和区域培育新的经济增长点，同时也是国家实施创新驱动发展战略、区域协调发展战略的重要保障与实现途径。

一、加大高技术产业投入，保障创新活动开展

从实证结果来看，高技术产业协同创新投入对区域创新绩效有显著的正向促进作用，发展高技术产业、提高高技术产业协同创新水平是区域创新能力、创新

绩效提升的重要途径。技术创新活动离不开创新投入，其中最重要的是 R&D 人员的投入，从空间计量回归结果可知，高技术产业 R&D 人员投入对区域创新绩效的影响作用最大。对高技术企业来说，创新是其生存的关键要素，而 R&D 人员又是创新的决定性因素，所以应该加大 R&D 人员的投入。但是在西部某些不发达省份，人才短缺问题较为突出，已经成为制约当地高技术产业发展的主要因素，因此，西部地区应该加大对人才的培养力度，重视人才的引进，重点推进产学研合作，引导企业、高校、科研机构合作，共同培养高科技人才。同时也要提高研发人员自身的素质水平，健全人才培养、培训机制。最重要的是要完善激励制度，提高研发人员的积极性。

在加大 R&D 人员的基础上要加大对西部地区研究经费的投入，尤其是加大对投入严重不足地区研究经费的投入，但是不能无条件地增加经费投入，而要与人员等其他要素配合投入。而且要加大对政府经费运作的监督管理，经费的投入能否发挥应有的作用，一部分取决于能否做到资金的有效监管，因此，对于高技术产业创新的经费投入要建立合理、有效的监管机制，并做到严厉监管，使经费能够真正投入科研中。虽然对高技术产业研究人员和研究经费的投入在一定程度上会促进区域创新效率的提升，但是单靠经费和人员的投入还不够，还要加大基础设施建设，以保障创新活动的正常运行，只有这样才能保障高技术产业的长期持续发展。

二、协调经济资源，促进区域协调发展

从前面分析可知，东部地区资源要素，尤其是高技术要素远比其他地区丰富。从全国创新水平来看，东部发达地区创新能力高于西部、中部与东北地区，区域间差异较大，要推动区域间协调发展，首先，应该因地施策，对不同的地区采取不同的政策；其次，要调整各地区产业结构，推动区域间平衡发展。

1. 因地施策，推动区域平衡发展

地区的发展不可能是一蹴而就的，地区经济发展水平是经济、政治、社会、文化等多种因素共同作用的结果，因此，落后地区想要在短时间内追赶、超越东部地区是不太现实的。东部地区在长期的发展中已经积累了大量的人力资本以及研发资本，技术创新水平高、创新能力强；对于西部地区来说，各种技术资源相对来说比较匮乏，人才流失问题比较严重，使其他资本难以撑起区域创新绩效的提升。因此，对我国这样一个地域辽阔、创新绩效区域间相差较大的大国来说，政府在制定政策的时候要做到不搞"一刀切"，针对区域目前存在的主要问题，结合不同区域的发展现状与特点制定差异化的引导政策，引导地方政府选择最合

适的发展路径。区域创新水平较高的东部地区应该充分发挥其人才、资本与技术优势，引进国外先进技术，进一步提高区域创新绩效，提高其辐射带动能力。落后地区要结合自身发展现状、因素，因地制宜，选择符合自身发展的产业、制定符合自身发展的政策。如西部地区自然资源丰富，劳动力充足，要避免与东部地区同质竞争，在选择高技术产业时，要适当引入与本地区要素禀赋匹配度高的高技术产业；此外，西部也可以承接东部的产业转移。区域创新水平较低的西部地区应该充分挖掘其资源潜力，加大人力资本与研发经费的投入，制定相应的留住人才与人才引进政策，完善基础设施，吸引更多的高技术企业聚集。从而提升区域的创新能力，逐渐减小与其他区域的差异。

2. 调整产业结构，提升第三产业比重

产业结构的调整主要包括产业的转移与升级，在产业升级的过程中，各种资源要素会重新配置与优化，从而促进区域经济发展。从空间回归结果来看，地区经济结构对区域创新绩效有显著的正向影响，地区结构可体现为 GDP 中第三产业增加值的比重，产业结构的高级化对经济增长有明显的促进作用，随着经济结构的不断调整和发展，产业的发展必然是向着高科技含量、高附加值的第三产业发展，只有这样，经济才有持续、健康发展的动力。区域创新能力较高的北京、上海第三产业比重达到了 80%、70%，而西部大多省份第三产业比重不足 50%，严重制约着区域的发展。因此，落后地区要不断调整与优化产业结构，继续提高第二、第三产业，尤其是第三产业的比例，提高与扩大产业调整力度和规模，积极承接东部地区的产业转移，逐渐缩小区域差距，实现区域间均衡发展。

三、破除资源流动壁垒，促进资源有效流动

以 R&D 人员构建的空间权重矩阵，空间误差模型回归结果的空间误差系数 λ 均显著，且为正数，说明了区域创新绩效空间外溢效应明显，同样也说明了创新要素在空间之间的流动有利于促进区域创新绩效的提升，因此，要充分发挥市场在资源配置中的作用，破除限制资源流动的各种壁垒和机制障碍，促进资源的有效流动。

西部地区中陕西省、四川省、重庆市相对其他九省（市、自治区）科技资源较为丰富，高技术企业数、高技术企业平均从业人员数、R&D 人员、活动经费等都多于西部其他省域。西部地区中新疆、西藏、青海、内蒙古地理位置偏远、地域辽阔，与其他区域距离较远，资源要素的流动较为困难，因此，对于这些地区政府应该给予更多的政策倾斜，给予这些地区的研究人员更优厚的待遇，促进其他地区 R&D 人员流向这些区域，减小其他省份人员冗余。对于云南、贵

州、广州，要加强与四川、重庆的紧密联系，进行跨区域合作，促进资源的有效流动。陕西省、四川省要充分发挥自身优势，以自身发展带动邻近省份发展。

西部地区政府要加强与其他区域，尤其是东部地区政府的合作。政府之间、企业之间建立长期合作机制，引进高科技人才，吸收新技术，共同进行研究开发。借鉴东部地区成功经验，与东部地区创新效率的提升引领中部地区、带动西部地区、辐射东北地区区域创新效率的提升，最终达到区域间相互合作、协同创新、良性互动的整体格局，促进区域协调发展。

四、优化创新环境，加大政府支持力度

根据区域创新理论和协同创新理论可知，区域内政府、高技术企业、高校、科研机构、金融机构等主体通过创新活动而紧密联系在一起，协同创新作用使资金和人员自由流动，知识、技术等在系统内扩散，从而实现资源要素的价值增值。区域创新环境保证各创新主体创新活动开展的基础保障。良好的创新环境可以保障市场的稳定，提高协同创新内部创新活力，促进新产品新技术的产生，从而提高区域创新绩效。因此政府要积极构建平稳的创新环境，为创新的开展提供强有力的保障。

（一）共建信息化平台，优化区域创新环境

虽然在同一区域内高技术企业、高校、科研机构等在距离上相邻，但是在互联网技术日益发达的今天，企业与企业、政府、科研院所等机构多是通过网络进行沟通与合作，信息网络的构建打破了地域的限制，使各行为主体间可以无障碍进行交流，信息资源可以自由流动，因此地方政府应实时动态掌握企业的实际需求，发挥政府的引导作用，与企业、高校等主体共建信息化平台。

（二）营造良好的创新氛围，引导和鼓励协同创新

首先，政府要积极为区域内企业搭建合作平台，为企业构建及时、高效的沟通渠道，实现区域内的要素资源自由流动，使企业可以共享资源；其次，政府要通过一定的制度安排，积极鼓励和引导企业进行协同创新，充分发挥政府的主体作用。无论是企业与企业还是企业与其他机构之间能否进行合作创新，关键在于能否建立信任机制，政府可以通过建立创新服务平台，加强对合作创新的宣传，为企业和其他机构营造良好的创新氛围；同时建立有效的激励机制，对区域内创新绩效做出重要贡献的高技术企业、科研机构等给予政策、融资上的倾斜或给予资金奖励，以鼓励区域内高技术产业企业进行协同创新。

五、加快协同创新平台建设，服务区域创新活动

实证结果显示，协同创新总指标对区域创新绩效有显著的正向作用。因此，对于西部来说要注重协同创新平台的建设，为高技术企业创新提供服务。创新平台的建设不仅是地方政府的行为，还可以以政府为牵头单位，积极调动高技术企业、科研院所、中介机构等参与到其中。从高技术企业层面创建协同创新平台，这一平台应具有技术交流、风险预警、成果转化、信息宣传等功能。首先，在技术和产品研发阶段，各协同创新主体可以通过建立技术交流平台进行研发信息、技术、资本的交流、交换与共享，在这一阶段通过建立风险预警机制提前进行风险的规避，以保障各行为主体的相关利益。其次，在技术或产品研发成功以后，通过专门的成果转化通道进行技术的转移或产品的规模化生产。在商业化期，通过信息宣传机制进行成果宣传，一方面，节约流通成本；另一方面，促进成果的商业化，产生协同创新产出，提高企业的经济效益，进而促进区域创新绩效的提升。政府在其中主要起监督保障作用，协调处理协同创新主体间以及在创新过程中的各种问题。再次，政府要健全奖励机制，鼓励更多的高技术企业参与到协同创新活动中，使更多的高技术企业聚集在本区域内，产生集聚效应；优化管理流程，减少不必要的程序，提高管理效率。最后，政府要完善监督机制，制定专业的监督体制，切实保障协同创新体系内每一家高技术企业的切实利益，提高企业参与的积极性。

第七章 西部地区装备制造业与生产性服务业耦合发展的实证研究

本章在前面分析的基础上认为，在区域地方经济发展中，针对陕西省的制造业可以大力发展装备制造业与生产性服务业，以此带动区域经济发展。本章综合运用相关经济理论阐述西部装备制造产业与生产性服务产业耦合协调发展的基本原理（耦合类型、特征、条件、要素、发展过程、作用机制），构建两系统耦合的理论分析模型，并依据实证分析结论，给出对策建议。

第一节 两系统耦合的理论分析

一、两系统耦合类型分析

在西部装备制造产业与生产性服务产业耦合系统下可以分为三类：

第一类耦合（系统内部企业间耦合）：西部装备制造产业子系统内部耦合关系。企业间与生产性服务产业子系统内部企业间，本身存在一定的内部自耦合关系。两产业中的各个企业在空间上相互集聚，在内容上相互关联，在形式上相互耦合。

第二类耦合（系统内部耦合）：西部装备制造产业子系统与生产性服务产业子系统中的各子产业间存在的耦合关系。两系统的各自产业内部相互依赖，相互协调，在技术、人才、资源等方面存在一定程度的耦合关系。

第三类耦合（系统外部耦合）：西部装备制造产业子系统与生产性服务产业子系统之间存在的产业间的耦合关系。西部装备制造产业在西部地区属于主导发展的产业，具有一定规模，提供雄厚的资本基础；而生产性服务产业属于高新技术产业的一个分支，提供人才、科技等生产要素，推动产业结构的优化与升级。两者能形成良好的耦合互动。

第七章　西部地区装备制造业与生产性服务业耦合发展的实证研究

研究西部装备制造业与生产性服务业耦合关系的目的是通过产业特性探究产业间协同发展的最优途径，在对两产业耦合关系详细研究的基础上，重点分析第二类和第三类耦合（见图 7-1）。

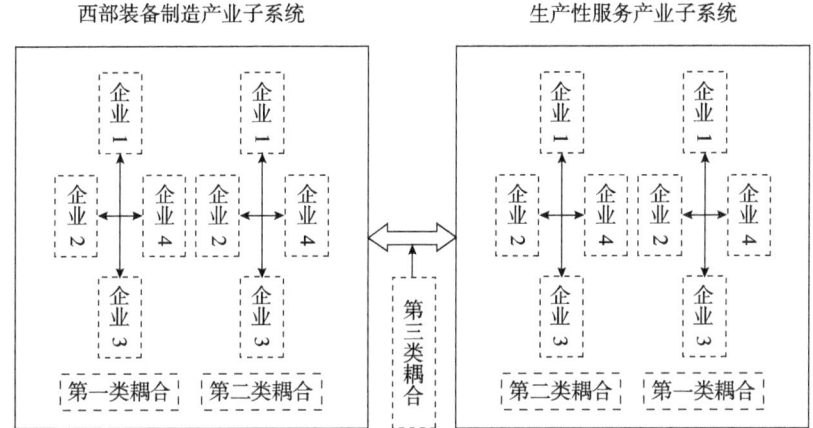

图 7-1　耦合系统的三类耦合关系

二、两系统耦合特征分析

西部装备制造产业与生产性服务产业形成的耦合系统是开放的，产业内外具有互动与要素交换，并且具有内生性、自组织性、网络性、柔性、阶段性的特性。

1. 内生性

两产业系统耦合发展决定于耦合系统内部各要素之间的相互影响与作用。在完备成熟的市场环境下，产业合作与产业集聚有利于规避市场风险，降低生产与交易成本，获得更多的耦合红利，从而达到企业最大化的企业利益。产业间的耦合发展的推动力源于市场本身而不是人为的强制力，市场自发的耦合遵循哈耶克提出的"自发拓展秩序"理论。

2. 自组织性

两产业系统耦合是以产业链为基础，在特定区域内的特定组合形式，是一种开放式的产业区域经济单元。两产业的耦合发展是在市场机制条件下耦合系统的自组织运动。

3. 网络性

产业网络划分为生产网络、社会网络和配套服务网络三大分支，通过分支网络使资源流动起来，使不同主体间形成特定的关系状态，相互依赖，相互作用。依据产业要素功能形成产业关系网络，各个企业在水平维度上交织共生，在纵向维度上延伸发展。纵横交错的产业网络形成多个产业集群的枢纽和重要节点，两系统形成产业间的内外联系网络，多层级业态布局，形成良性发展的网络体系。

4. 柔性

耦合系统存在快速的市场适应性和机动性。产业间竞争与合作形势的变化，区域与国际发展的战略性调整，耦合系统能进行及时的适应性改变，例如：耦合系统内部产业链的延伸与缩短、企业市场格局的重塑、产业集群的地理边际的变化等。

5. 阶段性

耦合系统存在生命周期性。两产业耦合系统会受到系统内核心产业的兴衰、区域政策调整、国内外经济形势变化等因素的影响，呈现阶段性和周期性的发展趋势，存在兴衰的演变过程。

三、两系统耦合条件分析

西部装备制造产业与生产性服务产业的复合系统是一个互为耦合的耗散体，彼此两者都需要从对方的系统中获得物质与能量，进而更新完善本系统并继续发展。因此，两产业间存在协调式耦合跃进的前提，协调耦合，有序发展。

1. 两系统是一个有机开放的系统

在两系统耦合过程中，物质、能量、信息等要素不断与外部环境进行交互，因此，两系统的复合必然是一个有机开放的系统。西部装备制造产业系统从外部环境输入资源与能量，通过系统内部的作用，向外部环境输出工业产成品。对于生产性服务产业子系统，需要从外部输入资金、人才、技术等要素，向西部装备制造产业输出完备服务。有机开放的两产业子系统亦是耦合系统形成有序结构的基础和前提。

2. 两系统是一个非平衡系统

复合系统的非平衡状态是指系统内部各要素复杂且有序，系统具有较低的熵值。西部装备制造产业与生产性服务产业存在经济势差，复合系统内部的资金、人才、技术等要素的分布是远离平衡态的，且各要素在不同时间、不同地点的供给与需求以及能耗是动态变化与不一致的，产业发展的成熟度与经济发展水平在同一时期也具有非均衡性。

3.两系统存在着非线性耦合作用机制

非线性机制指的是系统内部组成要素之间的相互作用呈现出非比例性和非迭加性。两产业子系统之间的耦合由多种要素共同作用而成，各个作用要素的权重是不同的，相互作用不能按照比例进行叠加。各系统要素间的非线性作用促使两产业耦合成有序结构，并不断向更高程度发展。

4.两系统内部存在着随机涨落

随机涨落现象是推进耗散结构形成和演化的内在动力，源自于系统中的非平衡性，涨落的幅度决定了系统状态的变化，幅度小会影响系统非平衡状态，幅度大会影响系统功能与结构。两系统因存在能量、信息与物质不间断的交换，涨落现象随时发生，涨落程度较大时，产业结构会出现调整，系统内部资源会重新分配，最终导致耦合系统功能和发展方式的变革。

四、两系统耦合要素分析

两系统的耦合发展包括三部分：第一部分是以产品、技术、资本为三大产业要素的耦合互动关系；第二部分是以横向与纵向的产业间分布和产业顺序组成的产业结构方面的耦合关系；第三部分是以地域布局、地域分工、地域转移为核心的产业布局方面的耦合关系。

1.产业要素的耦合（以技术要素为例）

相比较而言，两产业技术方面的耦合体现在这个扩散、渗透的动态过程，主要分为三个步骤（见图7-2）：前沿技术供给、技术转移、技术消化吸收再创造。

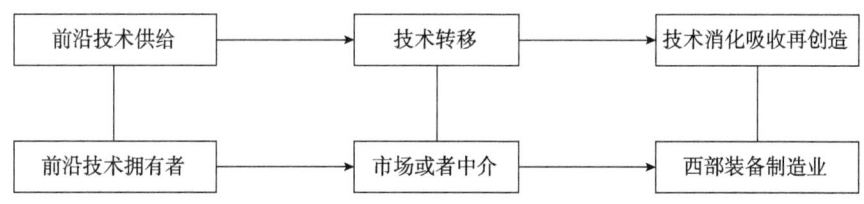

图7-2 技术要素扩散、渗透动态过程

前沿高端技术生产者包含科研集体、个人及研究院，生产性服务产业利用先进技术及理念产出高端产品及服务供给西部装备制造产业使用。新的技术与服务通过市场或其他中介进行技术转移，将高新技术嫁接到相对落后的西部装备制造产业中，技术的转移与技术渗透的范围与时间取决于产品及服务产生效益的高低，高效益则高速渗透，低效益则缓慢渗透。

2. 产业结构的耦合

产业的技术经济联系与方式共同构成了产业结构的框架，产业结构可以从"质"和"量"两个维度进行分析：一方面从"质"的动态演变的维度揭示产业结构的替代规律，起主导与支柱作用的产业具有"结构"效益；另一方面从"量"的静态演变的维度说明产业间"投入"与"产出"的量的比例关系，经过量化分析，进一步阐释产业关联理论。生产性服务业与西部装备制造业在逻辑上具备相互承接、迭代发展的耦合关系。各个产业同样遵循着生命周期的理论，兴起、成长、成熟、衰退。

3. 产业布局的耦合

生产性服务产业的布局主要集中在知识人才与高端技术聚集的地域，不同行业的生产性服务依赖的生产要素是不一致的，因此不同的生产性服务产业会在不同生产要素的特定区域产生，而前期人才的聚集与资源的集中，得益于西部装备制造产业的前期积累。因此，在地域的分布上，西部装备制造业与生产性服务业存在着一定的耦合关联。

五、两系统耦合发展过程

任何一个产业的发展都存在着生命周期，西部装备制造业与生产性服务业复合而成的新的产业系统同样历经孕育期、成长期、成熟期和衰退期四个生命的周期。两产业间的耦合关系分为四个阶段，如图7-3所示：

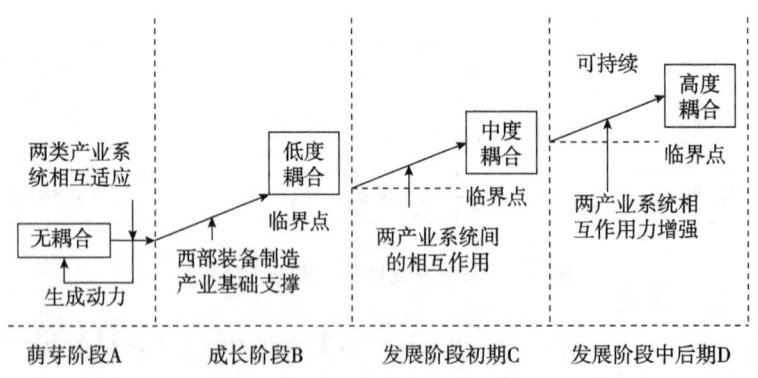

图7-3 耦合发展主要阶段

第七章 西部地区装备制造业与生产性服务业耦合发展的实证研究

六、两系统耦合作用力

西部装备制造产业与生产性服务产业耦合的作用力，指的是生产性服务业与西部装备制造业之间各个组成部分之间相互关联关系的建立健全，逐步地适应契合与支持促进，并且促使整个结构体系的建立和功能的日趋完善。其中包括了五大主要作用力（见图7-4）：政府推动、传导、叠加放大、联动和融合。

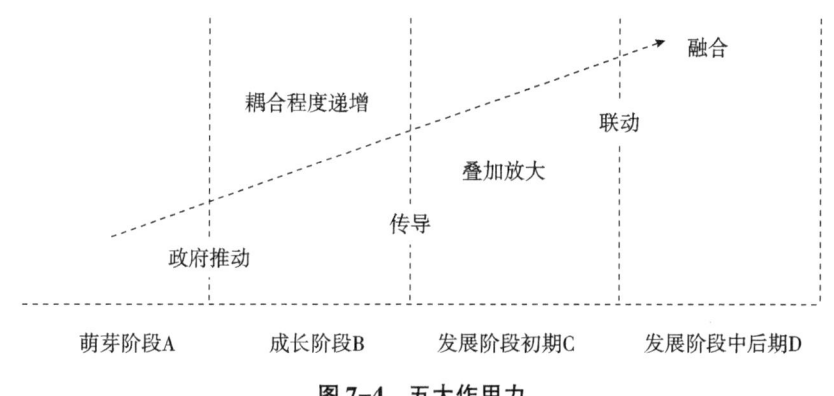

图 7-4 五大作用力

1. 政府推动

一方面，在生产性服务业与西部装备制造业的耦合形成过程中，政府的推动、促进以及宏观把控发挥着不可或缺的能动作用，而市场规律发挥着基础性的作用。在市场规律的能动性调动作用之下，资源与产业要素能够自主地合理分配及优化流动。政府推动力主要体现在对产业规模的作用力，具体表现在经济支撑和对大量基础设施、公共服务的资本投入。国家政府创造了良好的软件和硬件设施与环境，为生产性服务业和西部装备制造业的耦合发展创造了宏观基础环境和人文客观条件。但是假如没有国家政府行政部门管理制度的制约与规范治理，那么生产性服务业和西部装备制造业很难完成紧密的耦合。另一方面，国家政府提供了支持性的协调促进系统，激发产业未来发展潜力，发挥着推动着产业未来发展的作用。使各种具备有利条件的相关参与者能够聚集在一起，并形成一个强有力的有效激励作用以及形成一种保护耦合体的生成状态。不得不说，国家政府的推动在生产性服务业和西部装备制造业耦合状态中承担着不可或缺的角色，推动着产业耦合的发展。政府推动主要作用于A阶段与B阶段的过渡段。

2. 传导

生产性服务业与西部装备制造业耦合的传导作用是指产业在耦合过程中构成耦合群体中的重要组成部分的要素和组成系统之间发生的传导过程、衔接作用、融合状态、放大过程中所产生的密切波动和影响。在各个企业耦合要素之间和构成系统之间发生的内在改变。生产性服务业与西部装备制造业耦合的传导，受制于耦合系统内部构建的网络系统。这个传导的作用主要产生于这两者产业耦合的成长时期和发展的初级阶段。产业的耦合程度造就了系统内部完善的信息网络、市场网络体系、产业网络链条、人才网络储备等关于物质性网络与非物质网络的发展。这一发展又适时地推进了生产性服务业与西部装备制造业耦合系统内的物质流、资金流、信息流、技术流和人才流等要素的交流与互动。这样使产业资源得到了合理的优化配置，在产业结构方面得到优化调整，更具有科学发展的模式。在产业规模方面同样得到提升，极大地加强了生产性服务业与西部装备制造业产业之间的耦合关系，刺激并促成了产业之间耦合系统的形成和完善。传导作用发生于B阶段与C阶段的过渡段。

3. 叠加放大

生产性服务业与西部装备制造业耦合的叠加放大作用，是产业耦合过程中发生在产业内部链条上的任一环节、企业群体中某一个企业效益上的增加。同时这一现象也会引起各个产业链条上其他要素、产业群体中其他部门效益的增加，最终促使每一个产业群体和每一个产业链条整体效益叠加增长和扩大乃至翻倍增长，这显现了产业协调与联动的巨大发展潜力和效益输出。叠加放大与传导类似，但是叠加放大主要作用于C阶段。所以叠加放大作用对产业的基础和实力要求相对更高一层。

4. 联动

联动是生产性服务业与西部装备制造业空间组织之间的联合浮动。联动作用主要表现在生产性服务业产业群体与西部装备制造业产业群体在时间上以及空间上的高度一致状态。联动发生在耦合过程中的初级发展阶段和中后期阶段。联动的产生与其他作用有着耦合程度发展上的区别。生产性服务业随着企业内部规模的不断扩大和生产程度专业化的提升，进而逐渐推进产业分解生产流程，在分解的过程中会将一部分加工制造环节转移给装备制造产业。这样在区域位置内会逐步形成更为合理、有效的产业劳动力分配和生产力布局。通过改善产业整体发展各项服务条件和配套设施，扩展产业整个系统内的横向分配和纵向延伸，环环联动，最终起到优化产业结构的作用，也在一定程度上大大加快了生产性服务业与西部装备制造业的有序耦合。该作用主要发生在C阶段和D阶段的过渡段。

5. 融合

融合是产业间相互融合，共存共赢，互惠互利的发展方式，是相对成熟状态下演变的一种体系，也是产业耦合发展到中后期阶段的结晶。生产性服务业在这一阶段逐步成熟，通过纵向产业链条的聚合与不断发展，形成策略性的生产性服务产业，并且能够与西部装备制造产业下各个产业链条之间存在着环环相扣的叠加和互动关系。生产性服务产业与西部装备制造产业通过相互耦合的状态，实现产业要素、产业结构、产业布局、产业制度体系等各个方面的相互发展，并且逐渐生成产业与产业之间的架构，促进了产业群体的建立和区域之间金融圈的形成。该作用主要发生在 D 阶段。

七、两系统耦合理论模型

运用耦合理论模型，分别从空间逻辑与时间逻辑两个角度对西部装备制造业与生产性服务业的耦合发展进行分析评价与深度研究。耦合理论模型划分为耦合度模型和耦合协调度模型两部分，模型框架如图 7-5 所示：

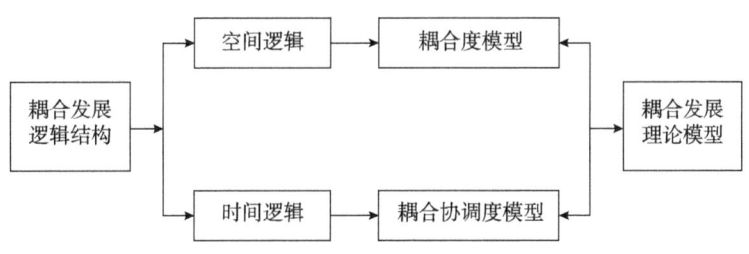

图 7-5 两系统耦合的理论模型

功能说明：第一，耦合度模型的功能。两系统耦合度指的是在空间逻辑维度上，两产业之间彼此存在相互促进、共生发展的正向关联关系。该模型的主要功能是定量分析产业间耦合关联系数，量化耦合的程度。第二，耦合协调度模型功能。在时间逻辑维度上，从西部装备制造业与生产性服务业的产业宏观发展角度进行耦合协调度的测量，并从产业的时间发展角度对产业间的耦合状态进行量化评价。

为了更好地说明西部装备制造业与生产性服务业的耦合关系，分别从两系统间耦合的四大效应以及四大影响因素进行分析，如图 7-6 所示。

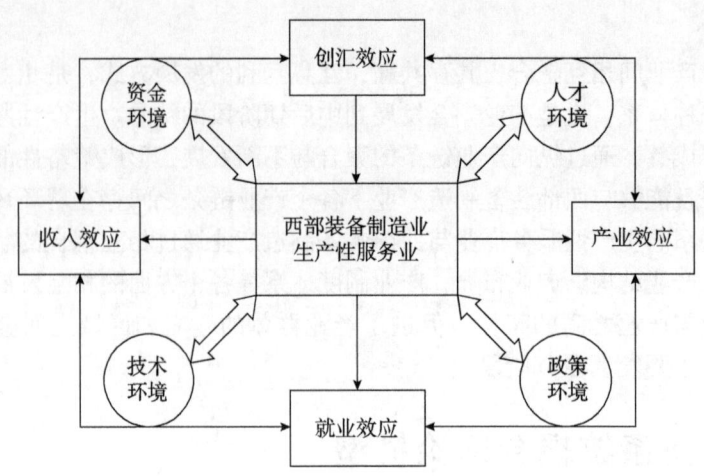

图 7-6 两系统耦合关系

第二节 两系统耦合发展的实证分析

基于理论分析的基础上,本章节对西部装备制造业与生产性服务业的耦合发展进行实证研究,通过对评价指标的双重筛选(高频指标与主因素分析)构建两产业耦合发展的评价指标体系,然后进行耦合度测算、耦合协调度测算以及耦合主因素分析,以实证研究的方式全面分析两产业间的互动耦合发展。

一、指标体系的构建

1. 评价指标的选取原则

西部装备制造业与生产性服务业的耦合系统是动态与复杂的,若对其进行全面有效的评价,指标的选取需要从多维度进行。为了方便进行量化实证研究,同时又保证指标的选取既简化又不丢失有效信息量,在指标选取阶段遵循以下三项原则。第一,可量化原则。实证研究的基础是获得可量化的数据信息,选取的指标要保证含义明确,可以从统计资料里直接获取或计算得出。第二,客观真实性原则。选取的指标需要具备客观真实性和可靠性,并且能有效地反映出两产业的发展现状。第三,突出贡献值原则。在指标的选取过程中,要尽量选择对西部装备制造业与生产性服务业发展贡献值大的衡量指标，这样可以有效简化指标，优化指标评价体系。

2. 评价指标初步选取

在遵循上述三项指标选择原则的基础上，参考众多专家学者对装备制造产业与生产性服务产业的已有研究，对文献中的高频指标进行初步筛选，并结合两产业间耦合发展系统，即由西部装备制造产业发展水平评价与生产性服务业发展水平评价构成。

3. 西部装备制造产业评价指标选取

西部装备制造业对生产性服务业起基础支撑作用，为生产性服务产业的萌芽与初期发展阶段提供积累资本，共同构成多元化与市场化的资本运营方式。西部装备制造产业以实体的经济运营模式为基础，成熟、稳定，同时，高端知识与技术蕴含较低，但具有很强的包容性与学习性，对新产品和服务消化吸收，及时进行再创造。因此从产业规模以及产业发展潜力角度选取评价指标。产业在区域内并不是均衡分布的，具有地域差异性和分布层级的差异性，产业分工明显，是由技术经济的生产要素不同分布和资源禀赋所导致，造成不同区域内形成本地区特有的产业发展优势。因此，将显性区位优势引入指标体系。总体指标选取如表7-1所示。

表7-1 西部装备制造产业（运输设备制造业）发展水平评价指标

一级指标	二级指标	指标解释	变量名
产业规模	资产总额	资产总额	A1
	实收资本	实收资本	A2
	工业销售产值（当年价格）	工业销售产值（当年价格）	A3
	平均用工人数（万人）	平均用工人数（万人）	A4
产业发展潜力	资产利润率	产业利润总额/产业总资产	A5
	产业增长率	（产业增加值-产业上年增加值）/上年增加值	A6
	总资本产出率	工业总产值/资本总计	A7
显性优势	市场占有率	产业销售收入/全国产业销售收入	A8
	劳动力吸纳率	产业年平均就业人数/某产业总产值	A9
	区位熵	（产业销售收入/地区所有产业销售收入）/（全国某产业销售收入/全国所有产业销售收入）	A10

本书以西部运输设备制造产业为例研究西部装备制造产业的发展，原因在于交通运输是造成西部开发力度不够，制约西部区域经济发展的重要瓶颈。交通运输的滞后导致西部对外运输通道数量少，运输能力差，资源优势到经济优势的转化率较低。运输设备制造产业的发展是西部开发的前提与基础，没有良好基础建设，西部开发即为空谈。鉴于上述原因，本书选取西部运输设备制造产业为具体研究案例，如表7-1所示。

4. 生产性服务产业评价指标选取

生产性服务业以先进的知识性人才储备为核心，以高、精、尖的前沿技术为基础，属于未来主导与支柱产业。生产性服务业中的高端先进技术部分逐步向西部装备制造业扩散与渗透，先进的技术经验融入各个生产要素当中，排列组合成新的产业结构，优化升级生产过程，使产业链纵深发展与横向拓展，最终提升其整体发展水平。生产性服务产业规模增长快，基本处于高速成长阶段，对其他产业发展具有很强的带动作用。因此，在选取评价指标时，首先从产业规模的维度对其进行综合评价。因为生产性服务产业属于技术知识密集型产业，产业附加值很高，位于价值链的高端位置，因此，该产业具有很强的产业发展潜力。生产性服务产业属于新兴产业范畴，快速发展模式的背景下也具有潜在的发展风险，如产业发展稳定性不足，产业结构的变动性较大，同时，近年来，中国企业的股份制改革浪潮兴起，企业间的兼并重组更加剧了对新兴产业市场格局的变动。因此，将产业结构的指标引入评价指标体系中。总体指标，如表7-2所示。

表7-2 生产性服务产业（软件与信息技术服务）发展水平评价指标

一级指标	二级指标	指标解释	变量名
产业规模	利税总额	利税总额	B1
	净利润率	净利润总额/主营业务收入	B2
	年均就业人数占总人数比重	就业人数/区域总人口数	B3
	信息服务总产值	信息服务总产值	B4
产业发展潜力	信息服务增长率	(增加值−上年增加值)/上年增加值	B5
	R&D投入率	R&D经费支出/主营业务收入	B6
	软件与服务出口率	软件服务出口额/主营业务收入	B7
	自主专利拥有率	专利申请数/所有企业发明专利数	B8
产业结构	信息技术服务产值占GDP比重	信息技术服务增加值/各地区GDP总值	B9
	国有企业与股份制企业比值	国有企业数量/股份制企业数量	B10
	信息技术服务市场集中度	规模以上信息服务企业产值/全国信息服务总产值	B11

第七章 西部地区装备制造业与生产性服务业耦合发展的实证研究

本书以软件与信息技术服务作为生产性服务产业的研究案例，原因在于信息技术服务是制造业科学发展的支撑与保障，工业软件服务是信息化的重要载体。"互联网+"的模式为"中国制造2025"护航，引领"中国梦"的实现。"云服务"与"云平台"是工业信息化的核心，软件与信息技术服务在装备制造产业的扩散与渗透，将加快制造产业经济方式的转变和产业结构的调整，重塑经济形态、重构创新体系，实现整体经济的突破性发展。构建智能工厂解决方案促使企业内部向纵向集成的方向发展，比如ERP企业管理系统，提升了企业管理水平的同时，降低企业生产成本，提升企业生产效率。

二、评价指标二次筛选

1. 数据来源与数据处理

本文实证研究所采用的数据主要为西部装备制造业中的运输设备制造业以及生产性服务业中的软件与信息技术服务相关数据指标，主要来源有：①专业统计年鉴：《中国工业统计年鉴》《中国统计年鉴》《中国高技术统计年鉴》；②中国信息技术发展年度报告，世界信息技术产业发展报告；③理论估算：对于个别残缺数据，通过专业网站等途径获得信息，进行相关计算得出所需数据。其中，在选取西部地区运输设备制造产业数据样本的时候，选择西部地区11个省市、自治区（四川、重庆、贵州、云南、陕西、甘肃、青海、宁夏、新疆、广西、内蒙古），由于西藏地区数据缺乏，故不予研究。

上述有关西部装备制造业与生产性服务业的量化指标是通过归纳总结以往文献、梳理相关领域专家和学者的已有研究得出，具有较大的主观性，缺乏一定的准确性和可靠性，为了更好地研究两产业耦合发展的程度以及协调度，需要进一步采取更为科学的研究方法对上述指标进行筛选提取。因此，本书采用SPSS的主成分分析法对上述已有指标进行剔除整合，为下文研究提供更为科学的数据依据。主要利用主成分分析方法的"降维"思想，即在较少的信息量损失的前提下把多个指标转化为几个综合指标。通常把转化后的综合指标称为主成分，其中每个主成分都是原始变量的线性组合，且各主成分之间互不相关，这就使主成分比原始数据具有优势。

在用主成分分析法之前，因为指标的数量级、量纲以及方向存在差异，为了消除变量间的量纲关系，去除数据单位限制，对现有数据进行0-1标准化（离差标准化）的处理，以便对不同单位或量级的指标进行比较和加权。0-1标准化处理，对原始数据进行线性变换，使数据指数落在[0，1]的区间内，转换函数如下：

$$x_{ij}^* = \frac{x_{ij} - \min x_{ij}}{\max x_{ij} - \min x_{ij}} \tag{7-1}$$

在式（7-1）中，x_{ij} 表示第 i 个指标 j 的功效数；$\max x_{ij}$ 为样本数据的最大值；$\min x_{ij}$ 为样本数据的最小值。因为本文提取的样本数据中存在正向指标与负向指标，所以将标准化处理总公式依据具体情况进行修正，修正后的公式为：

$$\text{正向指标}: X_{ij}^* = \frac{X_{ij} - \min X_{ij}}{\max X_{ij} - \min X_{ij}} \tag{7-2}$$

$$\text{负向指标}: X_{ij}^* = \frac{\max X_{ij} - X_{ij}}{\max X_{ij} - \min X_{ij}} \tag{7-3}$$

依据式（7-2）与式（7-3）对数据进行标准化处理。

2. 效度检验

本书采用 SPSS19.0 统计软件对数据效度进行检测，采用 KMO 和 Bartlett 球形度检验的方式，检验因素模型的合理性。当 KMO 指标值越大时，说明变量间的公共因子越多，更适合进行因子分析。本书采用 0.7 的标准值作为衡量的指标，分别对西部运输设备制造业的 10 个指标（A1，A2，…，A10）以及软件与信息技术服务的 11 个指标（B1，B2，…，B11）进行检验。两产业的检验结果均大于 0.7（见表 7-3、表 7-4），说明数据之间的效度较高，适合做因子分析。

表 7-3　西部运输设备制造产业 KMO 与 Bartlett 检验

取样足够的 Kaiser-Meyer-Olkin 度量		0.851
Bartlett 球形度检验	近似卡方	1107.426
	Df	143
	Sig.	0.000

表 7-4　软件与信息技术服务 KMO 与 Bartlett 检验

取样足够的 Kaiser-Meyer-Olkin 度量		0.829
Bartlett 球形度检验	近似卡方	535.831
	Df	109
	Sig.	0.000

3. 主成分实证分析结果

表 7-5 相关系数矩阵的特征值及方差贡献率

主成分	特征值	方差贡献率（%）	累计贡献率（%）
1	16.893	63.827	63.827
2	4.996	19.173	83.000
3	1.521	6.280	89.280
4	1.362	5.608	94.888

由测算结果（见表 7-5）得知，A1，A2，…，A10；B1，B2，…，B11 共有四个主成分，其方差的累计贡献率高达 94.888%，对研究变量具有很强的解释作用，即有效的解释全部指标的主要信息。之后，将四个有效特征的向量按各自比重降序排列，进一步筛选出较强的解释变量（见表 7-6）。

表 7-6 相关系数矩阵的特征向量（依据比重降序排列）

第一主成分		第二主成分		第三主成分		第四主成分	
指标	特征向量	指标	特征向量	指标	特征向量	指标	特征向量
A3	0.995	B1	0.806	A5	0.623	B11	0.608
A4	0.983	B4	0.759	B2	0.429	A1	0.552
B6	0.978	A9	0.630	B1	0.287	B5	0.309
B5	0.970	A2	0.452	A3	0.192	B2	0.216
A1	0.968	A3	0.376	A2	0.186	A2	0.119
B7	0.951	B6	0.287	A10	0.152	A10	0.117
B9	0.928	A6	0.206	B4	0.095	B4	0.108
A6	0.914	A4	0.148	A1	0.048	A4	0.092
B3	0.905	B9	0.137	A9	−0.122	A5	0.086
A10	0.878	B5	0.094	B11	−0.136	B1	0.064
A2	0.793	B3	0.006	B3	−0.149	A3	0.055
B1	0.662	A1	−0.079	A6	−0.259	B3	0.049
B10	0.590	A10	−0.128	B9	−0.290	A9	0.032
A7	0.429	B7	−0.205	B5	−0.308	B7	0.008
B2	0.375	A7	−0.372	A4	−0.323	B8	−0.106
A5	0.286	A8	−0.416	B7	−0.365	A6	−0.135

续表

第一主成分		第二主成分		第三主成分		第四主成分	
指标	特征向量	指标	特征向量	指标	特征向量	指标	特征向量
B11	0.072	A5	-0.443	A7	-0.409	B6	-0.203
A9	-0.153	B2	-0.487	B8	-0.432	B9	-0.231
B8	-0.388	B11	-0.562	B6	-0.502	A7	-0.320
A8	-0.426	B10	-0.675	A8	-0.551	B10	-0.365
B4	-0.509	B8	-0.709	B10	-0.579	A8	-0.442

依据主成分的特征值、方差贡献率的比例，依次在四个主成分向量中选取数量分别为 10 个、3 个、1 个、1 个的指标。根据分量的降序排列，从第一主成分中选出 A3、A4、B6、B5、A1、B7、B9、A6、B3、A10 共十个主成分因素；从第二主成分中选出 B1、B4、A9 共三个主成分因素；从第三主成分中选出 A5 共一个主成分因素；从第四主成分中选出 B11 共一个主成分因素。经过科学计算方法的筛选，主成分因素总结如表 7-7 所示：

表 7-7 西部装备制造业与生产性服务业耦合系统筛选后评价体系

耦合系统	指标类型	指标体系	变量名
西部装备制造业（西部运输设备制造业）	产业规模	资产总额	A1
		工业销售产值（当年价格）	A3
		平均用工人数（万人）	A4
	产业发展潜力	资产利润率	A5
		产业增长率	A6
	产业结构	劳动力吸纳率	A9
		区位熵	A10
生产性服务业（软件与信息技术服务）	产业规模	利税总额（万亿元）	B1
		年均就业人数占总人数比重	B3
		软件信息服务总产值（万亿元）	B4
	产业发展潜力	信息服务增长率	B5
		R&D 投入率	B6
		软件与服务出口率	B7
	产业结构	信息技术服务产值占 GDP 比重	B9
		信息技术服务市场集中度	B11

三、指标权重计算

根据科学性、系统性和数据可得性的原则，同时借鉴该领域专家学者的研究成果，在计算耦合度与耦合协调度时，对指标的权重进行实际测算，保证研究的精确与准确性。权重计算模型：

首先，采用上文标准化后的数据值 X_{ij}^* 来计算第 i 年第 j 项指标占所有时段指标之和的比重，模型如下：

$$P_{ij} = \frac{X_{ij}^*}{\sum_{i=1}^{m} X_{ij}^*} \tag{7-4}$$

其次，计算指标信息熵和信息熵冗余度，公式如下：

$$e_j = -k \sum_{i=1}^{m} (P_{ij} \cdot In P_{ij}) ; \quad d_j = 1 - e_j \tag{7-5}$$

最后，计算指标的权重，公式如下：

$$\omega_i = d_j / \sum_{j=1}^{n} d_j \tag{7-6}$$

其中，X_{ij}^* 表示第 i 个年份第 j 项评价指标的值，$k = 1/Inm$，m 表示评价年数，n 表示指标数。下文中西部运输设备制造产业子系统评价权重 λ_i 和软件与信息技术服务子系统评价权重 β_i，均取自于 ω_i 值。

下面用筛选后的评价指标体系实际测算各自产业影响因子的权重（见表7-8）：

表7-8 指标评价体系权重

耦合系统	指标类型	指标体系	权重
西部装备制造业（西部运输设备制造业）	产业规模	资产总额	0.215
		工业销售产值（当年价格）	0.201
		平均用工人数（万人）	0.105
	发展潜力	资产利润率	0.112
		产业增长率	0.117
	产业结构	劳动力吸纳率	0.121
		区位熵	0.129

续表

耦合系统	指标类型	指标体系	权重
生产性服务业（软件与信息技术服务）	产业规模	利税总额（万亿元）	0.205
		年均就业人数占总人数比重	0.076
		软件信息服务总产值（万亿元）	0.183
	发展潜力	信息服务增长率	0.115
		R&D 投入率	0.169
		软件与服务出口率	0.139
	产业结构	信息技术服务产值占 GDP 比重	0.065
		信息技术服务市场集中度	0.048

通过比较各个发展指标的权重可知：西部装备制造产业发展系统中，在产业规模方面，资产总额与工业销售产值的贡献度较高，均达到了 0.2 以上。在产业发展潜力与产业发展结构方面，各个指标的贡献度较为均衡，权重值均在 0.1 左右。但相对而言，区位熵的因素贡献度较大，表明产业的专业化水平对于促进西部装备制造业发展尤为重要。生产性服务产业发展系统中，在产业规模方面，利税额对于产业的规模化至关重要，权重达到了 0.205。在产业发展潜力维度，技术研究开发投入与外贸出口对于生产性服务产业发展起着较为重要的作用，这说明产品研发与国际市场的发展关联着产业的总体发展进程。在产业结构方面，市场的集中程度，即内部市场环境，同样左右着产业整体的发展。

四、综合指标评价（产业发展水平评价）

计算 2005~2015 年西部装备制造业与生产性服务业的综合得分。运用如下模型（7-7）：

$$S_i = \sum_{j=1}^{m} w_j \cdot P_j (i = 1, 2, 3, \cdots, n) \tag{7-7}$$

其中，S_i 表示两产业各子系统的发展水平评价值，w_j 表示各系统指标的权重，m 表示各子系统指标数量，P_j 表示标准化后各指标功效数。西部装备制造业 U（西部运输设备制造业）与生产性服务业 W（软件与信息技术服务）各自系统的综合评分如表 7-9 所示：

第七章　西部地区装备制造业与生产性服务业耦合发展的实证研究

表 7-9　两系统综合得分

年份	U 西部运输设备制造业系统综合得分	年份	W 软件与信息技术服务系统综合得分
2005	0.316	2005	0.205
2006	0.327	2006	0.217
2007	0.289	2007	0.186
2008	0.274	2008	0.179
2009	0.388	2009	0.335
2010	0.401	2010	0.406
2011	0.485	2011	0.519
2012	0.529	2012	0.636
2013	0.576	2013	0.765
2014	0.603	2014	0.893
2015	0.612	2015	0.967

根据不同时段产业综合得分值的大小来判断在某一时间序列上经济系统或产业系统内部有序或无序的变化情况。西部装备制造业 U（西部运输设备制造业）与生产性服务业 W（软件与信息技术服务）系统的综合得分能在一定程度上反映各自产业的发展水平状况（见图 7-7）。

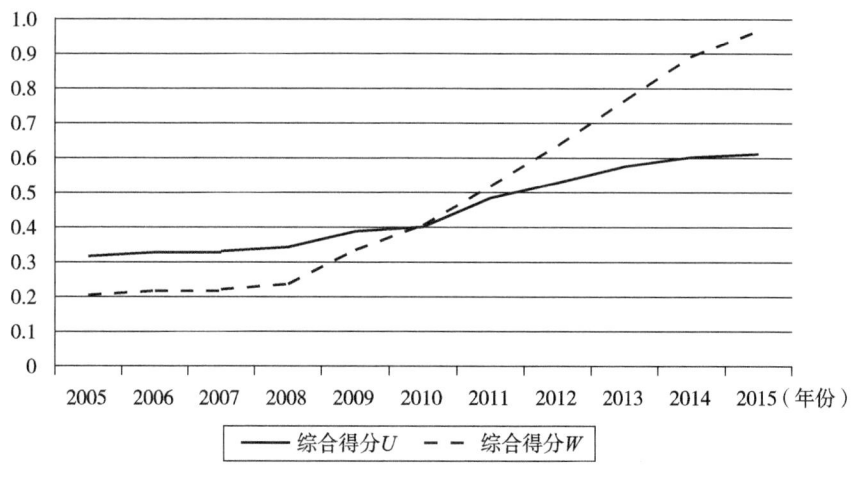

图 7-7　两系统综合得分折线

从折线图 7-7 中可以清晰看出，从 2005~2015 年，两产业的综合评分比较平稳，总体呈现出递增的趋势，综合评分越高，说明产业发展水平越好。因此，在微观层面，可以判断西部运输设备制造产业和软件与信息技术服务都朝着良好的方向发展。其中，从 2005~2008 年，两产业的增长速度步调一致，在宏观层面，世界金融危机造成的市场大环境的恶化，直接导致了两产业的发展受挫严重，但随着经济环境的趋好，以及国内政府的调控，2009 年以后继续呈现较大增长态势。两产业的评价值在 2010 年出现交汇，在 2010 年前，西部运输设备制造产业发展水平曲线位于软件与信息技术服务发展曲线的上方，但在 2010 年以后，软件与信息技术服务的发展速度已经超越了西部运输制造业，且与西部运输制造产业的差值越来越大，这说明软件与信息技术服务在经济结构转型的背景下，充分展现了高增长、高效率以及高附加值的特性。对于西部运输制造产业，虽然经济规模指标还继续保持增长，但产业发展速度已经大大放缓甚至预测未来有下降的趋势，这也在一定程度上说明了产业结构调整迫在眉睫。

五、耦合协调度测算——以西部运输设备制造业与软件信息技术服务为例

1. 耦合度与耦合协调度模型

设 λ_i 表示西部运输设备制造产业子系统第 i 个指标的权重，λ_{ij} 表示第 i ($i=1, 2, \cdots, m$) 个指标中第 j ($j=1, 2, \cdots, n$) 个变量的权重。U_i 表示第 i 个变量的贡献度，U 表示西部运输设备制造产业的综合贡献度，其贡献度可表示为：

$$U_i = \sum_{j=1}^{n} \lambda_{ij} \cdot U_{ij} \tag{7-8}$$

$$U = \sum_{i=1}^{m} \lambda_i \cdot U_i \tag{7-9}$$

设 β_i 表示软件与信息技术服务子系统第 i 个指标的权重，β_{ij} 表示第 i ($i=1, 2, \cdots, m$) 个指标中第 j ($j=1, 2, \cdots, n$) 个变量的权重。W_i 表示第 i 个变量的贡献度，W 表示软件与信息技术服务子系统的综合贡献度，其贡献度为：

$$W_i = \sum_{j=1}^{n} \beta_{ij} \cdot W_{ij} \tag{7-10}$$

$$W = \sum_{i=1}^{n} \beta_i \cdot W_i \tag{7-11}$$

借鉴物理学中的容量耦合概念及容量耦合系数模型来计算耦合度，设变量 u_i ($i=1, 2, \cdots, m$) 和 u_j ($j=1, 2, \cdots, n$) 分别代表系统参量，则多个系统相

第七章 西部地区装备制造业与生产性服务业耦合发展的实证研究

互作用的耦合度模型可表示为：

$$C_n = n\left[(u_1 \cdot u_2 \cdots u_n)\prod(u_i + u_j)\right]^{\frac{1}{n}} \quad (7-12)$$

当只有两个系统的时候，即将耦合模型应用到西部运输设备制造产业和软件与信息技术服务耦合程度当中，产生耦合协调度函数，即：

$$C = 2\left[(U \cdot W)\prod(U + W)\right]^{\frac{1}{2}} \quad (7-13)$$

显然，耦合度 C 值介于 0 到 1。当 C 值趋向 1 时，西部运输设备制造产业和软件与信息技术服务的耦合度最大，说明这两个系统之间达到了优良的耦合状态，系统趋向新的有序秩序；而当 C 值趋向 0 时，西部运输设备制造产业和软件与信息技术服务系统的耦合度最小，说明这两个系统之间处于无关状态，将向无序状态发展（见表 7-10）。

表 7-10　耦合程度与发展阶段对照

C 值范围	耦合程度	发展阶段
0	无耦合	萌芽阶段
$0 < C \leq 0.3$	低耦合	成长阶段
$0.3 < C \leq 0.7$	中度耦合	发展阶段初期
$0.7 < C < 1$	高度耦合	发展阶段中后期

资料来源：李宝庆、陈琳（2014）对耦合程度与发展阶段的研究。

上述模型在数理状态下会相对准确地反映两个子系统之间的耦合程度，但是具体到产业系统的耦合程度上，有时会出现偏离现象，因为两者之间可能存在交错与不平衡的特性，会出现两者都贡献度低却高耦合的情况。同时，耦合度的大小（C 值的大小）在一定程度上量化显示出西部运输设备制造产业和软件与信息技术服务耦合现状及程度，但是两产业在宏观整体发展的水平与发展的阶段并未详细划分与说明，为了能够较为准确地表现出两者之间的耦合程度，借鉴前人在其他领域的研究成果，进一步运用耦合协调度模型进行研究，模型如下：

$$D = \sqrt{C \times T} \quad (7-14)$$
$$T = \alpha U + \beta W \quad (7-15)$$

其中，D 表示耦合协调度，C 为耦合度，T 是反映西部运输设备制造产业和软件与信息技术服务整体协同效应的综合评价指数。一般情况下，$\alpha + \beta = 1$，α 与 β 分别表示两产业间对于耦合度的贡献系数（见表 7-11）。

表7-11 耦合协调度参考值

耦合协调度	协调等级
0.00~0.09	极度失调
0.10~0.19	严重失调
0.20~0.29	中度失调
0.30~0.39	轻度失调
0.40~0.49	濒临失调
0.50~0.59	勉强协调
0.60~0.69	初级协调
0.70~0.79	中级协调
0.80~0.89	良好协调
0.90~1.0	优质协调

资料来源：李宝庆、陈琳（2014）对耦合协调度的研究。

2. 耦合度与耦合协调度计算

运输设备制造产业是装备制造业的子系统，软件与信息技术服务是生产性服务业的子系统，生产性服务业是服务于制造业的中间环节，之后逐步脱离出来自成一个新兴产业，故而两产业并不是对等的系统。在计算耦合协调度时，借鉴前人已有的研究成果，可赋予 $\alpha=0.6$，$\beta=0.4$。将相关数据代入耦合协调度模型计算，并以西部运输设备制造产业与软件与信息技术服务为实例，则耦合协调度计算结果如下。其中，C 表示两系统的耦合度，D 表示两系统的耦合协调度（见表7-12）。

表7-12 西部运输制造产业和软件与信息技术服务耦合程度动态演化

年份	耦合变量	C	D
2005		0.211	0.189
2006		0.219	0.193
2007		0.230	0.227
2008		0.263	0.205
2009		0.265	0.247
2010		0.278	0.255
2011		0.281	0.264

续表

年份 耦合变量	C	D
2012	0.285	0.289
2013	0.296	0.328
2014	0.309	0.375
2015	0.322	0.396

耦合度说明的是产业之间相互作用的强度。通过图 7-8 可知，西部交通运输制造产业和软件与信息技术服务耦合值（C 值）相对比较稳定，2005~2015 年，基本保持在 0.2~0.35 范围内，且耦合值大体呈现上升趋势。在 2005~2013 年，耦合值低于 0.3，处于低水平的耦合阶段。主要原因在于西部地区地理位置欠佳，缺乏区位优势，经济、资源的交互作用较弱，且软件与信息技术服务的出口率较低，进而大大削减了对西部运输设备制造产业的带动作用。2014~2015 年，耦合值大于 0.3，步入中度耦合阶段。主要原因在于国家经济结构的调整，真正落实发展信息化创新社会。软件与信息技术服务规模逐渐增大，规模效益愈加明显，而西部运输设备制造产业作为基础产业，虽然规模增长放缓，但效益相对稳定，产业生产要素逐渐向软件与信息技术服务渗透，两产业的耦合程度进一步增加。但离两产业间高度耦合状态的临界值 0.7 差距较大，达到平衡稳定协调发展还需产业间的磨合与时间的积淀。

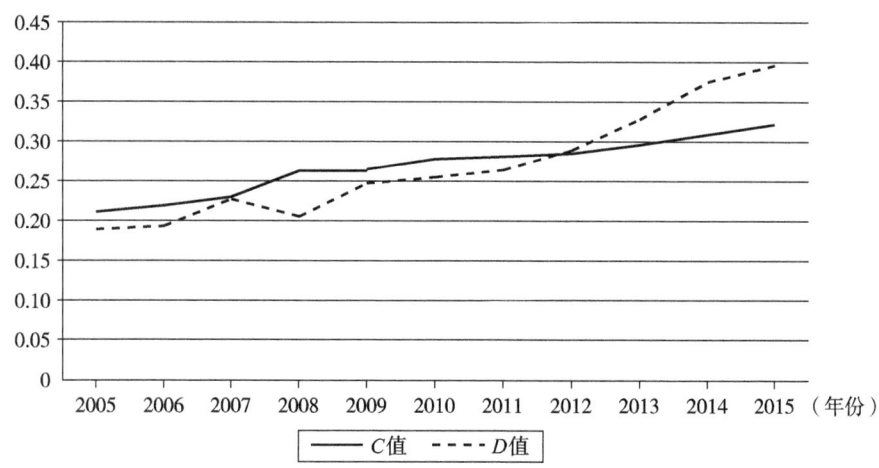

图 7-8　西部运输制造产业和软件与信息技术服务耦合度及耦合协调度

耦合协调度说明的是产业之间关联的程度。通过图7-8可知，西部交通运输制造产业和软件与信息技术服务耦合协调度值（D值）在2005~2015年，虽然存在波动，但大体呈现增长态势。耦合协调度值在0.15~0.4的范围内波动。2005年和2006年，两产业的协调度处于严重失调的等级；2007~2012年，两产业协调度处于中度失调的等级；在2013~2015年，两产业耦合协调度值处于轻度失调的等级。2007~2008年，耦合协调度呈现下降趋势，主要原因是全球经济危机加剧了产业出口率的下降，之后协调度值再次提升，相对来讲，两产业的互相拉动、配合、互动的局面增强，但从整体上来讲，两产业的协调度较低，离初级协调临界值0.6还有一定差距，产业间发展并不协调，实现两产业的互动耦合协调发展，任重而道远。

3. 耦合协调度影响因素分析

经过前文主成分分析方法的筛选，剩余15个指标，即A1，A3，A4，A5，A6，A9，A10，B1，B3，B4，B5，B6，B7，B9，B11。再依据各个指标所占的权重，分别从产业规模、产业发展潜力以及产业结构三大指标类型中挑出8个主要指标进行耦合协调度影响因素的实证分析。

（1）ADF单位根检验。经典的计量经济学模型认为，只有平稳的时间序列才能用于建立计量模型，如果采用数学特征随时间变化而变化的非平稳时间序列构建模型，则模型的结果是不准确的，极有可能出现"伪回归"现象。因此，在建立计量经济模型时，首先要对数据的平稳性进行检验。

能够对时间序列的平稳性做出检验的方法有很多，例如：DF检验法，增广DF检验法即ADF检验法，Phillips-Perron检验法，KPSS检验法等。在这些方法中，本书广泛运用并且效果较好的方法为ADF检验法。因而本书也采用此种方法对所用时间序列进行稳定性检验。ADF检验的原理如下：

提出假设：

H0：$\alpha=0$，序列存在一个单位根；

H1：$\alpha<0$，序列不存在单位根。

故有：

设：ΔX_t表示序列X的第t期差分（$t=1, 2, 3, \cdots, T$），即$\Delta X_t = X_t - X_{t-1}$，$\alpha$和$\beta$为待估参数，$\varepsilon_t$表示$\Delta X_t$序列的残差，$i$表示滞后期数，由AIC准则确定。则根据ADF检验的原理有：

$$\Delta X_t = \alpha X_{t-1} + \sum_{i=1}^{n} \beta_i \Delta X_{t-i} + \varepsilon_t \qquad (7-16)$$

式（7-16）表示对在零均值上下波动且不存在随时间变动而变动的趋势的时间序列检验方程。

设：c 为常数，其他变量含义同式（7-16），根据 ADF 检验的原理有：

$$\Delta X_t = \alpha X_{t-1} + c + \sum_{i=1}^{n}\beta_i \Delta X_{t-i} + \varepsilon_t \tag{7-17}$$

式（7-17）表示对均值非零且没有随时间变动而变动的趋势的时间序列检验方程。

设：ω 为时间趋势项系数，其他变量含义同式（7-16）和式（7-17），则根据 ADF 检验的原理有：

$$\Delta X_t = \alpha X_{t-1} + \omega t + c + \sum_{i=1}^{n}\beta_i \Delta X_{t-i} + \varepsilon_t \tag{7-18}$$

式（7-18）表示为对均值非零且具有随时间变动而变动的趋势的时间序列检验方程。

式（7-16）、式（7-17）和式（7-18）分别为单位根检验的三种不同形式，它们的零假设都为序列存在一个单位根，式（7-16）与式（7-17）、式（7-18）的差别为式（7-17）包含了常数项，式（7-18）既包含常数项又包含趋势项。

在实证检验中，一般是从式（7-18）到式（7-16）依次对序列进行检验。在这三个检验模型中，只要有一个模型拒绝了序列至少存在一个单位根的零假设，则认为所检验序列为平稳的时间序列。如果三个式子的结果都表明所检验时间序列为平稳时间序列，则认为该序列为非平稳时间序列。

根据上述的 ADF 检验相关原理，从式（7-18）到式（7-16）依次对时间序列进行平稳性检验。若相关变量在式（7-18）的检验形式下，检验结果判断为不存在单位根，则不需要再对式（7-16）和式（7-17）两种检验形式进行后续的检验。相关序列的检验结果如表 7-13 所示。

表 7-13 各变量的 ADF 检验结果

变量	检验形式	检验类型 (C, T, L)	ADF 统计量	1% 置信水平的临界值	检验结论
A1	式（7-16）	(C, T, 0)	-2.5414	-3.9679	非平稳
A1	式（7-17）	(C, 0, 0)	-1.1330	-3.4371	非平稳
A1	式（7-18）	(0, 0, 0)	1.9618	-2.5674	非平稳
D（A1）	式（7-18）	(C, T, 0)	-30.2958	-3.9679	平稳
A4	式（7-16）	(C, T, 1)	-2.3622	-3.9679	非平稳
A4	式（7-17）	(C, 0, 1)	-1.0134	-3.4371	非平稳
A4	式（7-18）	(0, 0, 1)	1.9048	-2.5674	非平稳

续表

变量	检验形式	检验类型 (C, T, L)	ADF 统计量	1%置信水平的临界值	检验结论
D (A4)	式 (7-18)	(C, T, 1)	-17.4069	-3.9679	平稳
A5	式 (7-16)	(C, T, 0)	-4.5414	-8.4535	非平稳
A5	式 (7-17)	(C, 0, 0)	-4.1330	-8.2354	非平稳
A5	式 (7-18)	(0, 0, 0)	-5.5589	-10.5674	非平稳
D (A5)	式 (7-18)	(C, T, 0)	-30.2536	-13.9546	平稳
A10	式 (7-16)	(C, T, 0)	-2.4543	-3.6575	非平稳
A10	式 (7-17)	(C, 0, 0)	-2.5868	-3.9764	非平稳
A10	式 (7-18)	(0, 0, 0)	-4.9618	-8.5521	非平稳
D (A10)	式 (7-18)	(C, T, 0)	-13.2438	-10.2803	平稳
B1	式 (7-16)	(C, T, 1)	-2.3242	-3.8865	非平稳
B1	式 (7-17)	(C, 0, 1)	-1.4542	-3.7536	非平稳
B1	式 (7-18)	(0, 0, 1)	1.7536	-2.7537	非平稳
D (B1)	式 (7-18)	(C, T, 1)	-17.6356	-3.9953	平稳
B5	式 (7-16)	(C, T, 1)	-1.2834	-2.4848	非平稳
B5	式 (7-17)	(C, 0, 1)	-1.7483	-2.8474	非平稳
B5	式 (7-18)	(0, 0, 1)	-3.2838	-6.3829	非平稳
D (B5)	式 (7-18)	(C, T, 1)	-19.8384	-8.3827	平稳
B6	式 (7-16)	(C, T, 0)	-3.8498	-5.3942	非平稳
B6	式 (7-17)	(C, 0, 0)	-4.3838	-7.8492	非平稳
B6	式 (7-18)	(0, 0, 0)	-6.4929	-9.7293	非平稳
D (B6)	式 (7-18)	(C, T, 0)	-15.3939	-11.9982	平稳
B7	式 (7-16)	(C, T, 0)	-2.6743	-3.9954	非平稳
B7	式 (7-17)	(C, 0, 0)	-1.6643	-3.2344	非平稳
B7	式 (7-18)	(0, 0, 0)	1.8643	-2.6424	非平稳
D (B7)	式 (7-18)	(C, T, 0)	-29.5424	-3.9643	平稳

D (A1)、D (A4)、D (A5)、D (A10)、D (B1)、D (B5)、D (B6) 和 D (B7) 分别表示一阶差分后的序列。检验类型 (C, T, L) 中, C 表示检验形式中的截距项, T 表示时间趋势项, L 表示滞后期数, 滞后期数由 AIC 准则

确定。

从表7-13中的检验结果可以看出，序列均为平稳时间序列。其中一阶差分后的序列为平稳时间序列，故均为一阶单整时间序列。

（2）协整分析。由于现实中的经济时间序列往往是非平稳的，所以若要使用非平稳的时间序列建立计量经济模型，需要对数据进行协整分析，以确定数据是否满足建模条件。

两个或两个以上的时间序列存在协整关系意味着这些非平稳时间序列变量之间至少存在一个线性组合是平稳的，这种情况通常被解释为不平稳的时间序列之间存在某种长期稳定关系（胡毅，2013）。也就是说，虽然时间序列为非平稳时间序列，但如果它们某种线性组合呈现出一定的稳定关系，则可以说这些非平稳时间序列之间存在协整关系。

在当前研究中，检验非平稳时间变量之间是否存在长期稳定关系的主流方法是 Engle 与 Granger（1987）提出的 Engle-Granger 协整分析法（又称 EG 两步法）和 Johansen 提出的基于模型回归系数的协整检验（又称 Johansen 协整检验）。一般认为，在检验两个以上的时间序列是否存在协整关系时采用 Johansen 协整检验比较方便（见表7-14）。

表7-14 变量 Johansen 协整检验结果

原假设（协整方程数）	特征值	迹统计量	p值	最大特征根统计量	p值
None	0.0104	18.2837	0.0176**	15.7362	0.0356**
At most 1	0.0053	3.8389	0.0863*	3.5373	0.0842*

注：**、*分别表示在5%、10%的显著性水平上拒绝原假设。

由于所有变量均为一阶单整时间序列，因此满足协整检验的前提条件。Johansen 协整检验结果表明，无论是迹统计量还是最大特征根统计量，均在10%的显著性水平上拒绝了序列不存在协整方程的原假设，因此可以认为，变量之间存在长期稳定的协整关系，能够进行下一步的最小二乘法回归。

（3）模型构建。准模型的构建，即：

$$K = f(A_1, A_4, A_5, A_{10}, B_1, B_5, B_6, B_7) \tag{7-19}$$

依据柯布—道格拉斯生产函数，将基准模型修改为：

$$K = a A_1^{\beta_1} A_4^{\beta_2} A_5^{\beta_3} A_{10}^{\beta_4} B_1^{\beta_5} B_5^{\beta_6} B_6^{\beta_7} B_7^{\beta_8} \tag{7-20}$$

为了量化计算，得到显性评价指标，对上述模型两边取对数，得到以下模型：

$$InK = Ina + \beta_1 A_1 + \beta_2 A_4 + \cdots + \beta_8 A_7 + \varepsilon \quad (7-21)$$

其中，ε 项为白噪声，表示暂未引入模型的自变量和随机误差项。用 c 表示 Ina，将上述模型进一步优化为：

$$InK = c + \beta_1 A_1 + \beta_2 A_4 + \cdots + \beta_8 A_7 + \varepsilon \quad (7-22)$$

用最终模型（7-22）实证量化分析西部运输设备制造业和软件与信息服务的耦合发展的影响因素。

(4) 最小二乘法回归计算如表 7-15 所示。

表 7-15 影响因素统计模型实证测算结果

变量	估计参数	系数	t 统计量
A_1	β_1	0.154**	2.256
A_4	β_2	−0.368	−3.155
A_5	β_3	0.132**	2.055
A_{10}	β_4	0.175**	2.303
B_1	β_5	0.215***	2.876
B_5	β_6	0.305***	3.427
B_6	β_7	0.470***	5.287
B_7	β_8	0.236***	3.113
常数	c	0.198***	2.487
R^2	0.408	F-statistics	78.363****

注：***、**分别表示在 1%、5%水平下显著。

R^2 的值为 0.408，表明实证模型具有较好的拟合优度，同时 F 检验的概率值通过了 1%显著性水平检验，说明选取的指标对耦合协调度的解释具有显著性。

(5) 耦合影响因素分析结论。在西部运输设备制造业方面，资产总额、资产利润率和区位熵因素均对耦合发展的协调度起正向关系，且作用较为显著，一方面说明产业规模化与提升产业链价值的作用，另一方面说明资金方面的重要性以及资本的推动力。而平均用工人数这一因素起负向关系，且作用并不显著，说明运输设备制造产业从业人数的增加并不能提升产业间的协同效应。软件与信息技术服务方面，利税总额、信息服务增长率、R&D 投入率和出口率均对耦合协调度表现为正向关系，且作用均显著。其中，R&D 投入率系数最高，软件与服务出口率其次，说明科技研发对产业协同尤为重要，拓展海外市场也对产业间的互动协调有很强的调控性。一方面，科技研发需要先进技术的支持；另一方面，需要大量高端人才的储备,说明技术和人才对产业耦合的重要性。

第三节 两系统耦合发展方式与对策

一、总体思路

实现西部装备制造产业的转型和生产性服务产业的发展是一个复杂、系统的工程,总体思路是:深度结合国家产业发展政策,以西部区域经济发展需求为基础,依据产业发展现状,实事求是地择优选择发展方式。因此,本书从"国家需求""区域需求""现实基础"三个维度(见图7-9)建立产业互动发展模式,以探求产业综合发展的最佳结合点,达到经济生态的平衡。

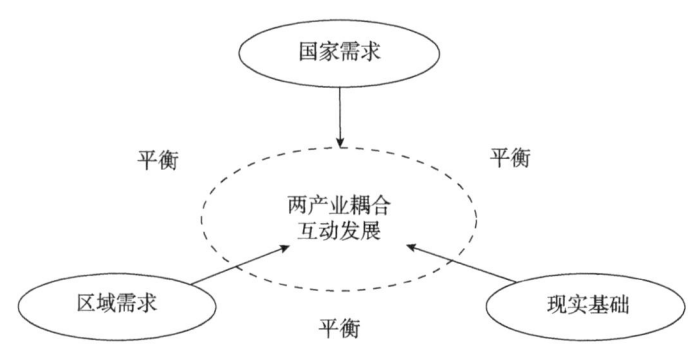

图7-9 三维度产业耦合互动模式

1. 面向国家需求

"国家需求"是指深入结合国家产业政策的指向,满足国家宏观整体发展需要。产业结构持续优化与升级是国家战略高度的重大选择,我国经济形态已由高速增长转向高质量增长模式,依托科学技术,发展多种产业盈利模式,构建新型经济业态,建设良性现代化经济体系是国家的重大战略目标。西部装备制造产业与生产性服务产业耦合度以及协调度相对较低,从产业经济发展以及国家整体经济发展角度,产业结构的调整以及产业间的互动耦合,协调发展是实现当代"中国梦"的一个环节。在"一带一路"倡议的背景下,西部地区两产业间的耦合协调发展，振兴西部产业经济，合作共赢是必然的趋势。

2. 面向区域需求

"区域需求"是指满足区域社会经济发展的现实要求。随着区域经济协同化与区域经济一体化的发展，经济、社会、资源与环境相互协调的科学发展模式逐渐成为区域发展主流。西部装备制造业与生产性服务业两系统通过物质与能量的内外交换，协调耦合，加快区域转型发展，深度契合区域经济发展的需求。通过互动耦合，延伸产业链条，增加产品的附加值，对区域经济发展具有极大的辐射与带动作用。通过技术、人才和资源的共享，加快西部两产业间的耦合协调发展，形成产业集群以及区域产业园区，促进区域经济体的良性耦合，亦是发展区域生态文明的需要。

3. 结合产业现有基础与能力

"现实基础"是指既要"仰望星空"，又要"脚踏实地"，依据产业发展的现实条件，实事求是地进行转型与升级。西部装备制造产业经济实体基础好，规模大，发展稳定性强，是国家经济"硬实力"的代表，而生产性服务产业科技含量高，经济效益好，产业带动性强，是国家经济"硬实力"的保障，两产业具备耦合发展的优良基础，如果能有效结合，将既能提升制造业的品质，又能促进产业的转型与升级，真正实现两产业的互惠共赢，释放巨大的经济社会效益，向世界呈现中国工业新格局，展现大国工业新形象。

二、耦合发展方式

基于总体研究思路，同时结合当前西部装备制造产业与生产性服务产业的发展现状，从技术、资金、人才三个维度出发，提出两产业耦合发展的两种方式（方式A和方式B，见图7-10）。

1. 三个维度

（1）技术。产业间的耦合发展需要先进技术的支持。一方面，技术研发以市场为导向，依托技术，生产满足市场需求的产品，形成市场化背景下的产业耦合发展格局。例如依托生产性服务产业的先进信息技术实现西部装备制造生产成本的降低和生产效率的提升。另一方面，在技术创新下，同时进行技术的承接，技术研发是一个探索、积累与创新的过程，新老技术相互承接，"取其精华，去其糟粕"。例如，西部装备制造产业与生产性服务产业的耦合发展也是一个逐步进化的过程，耦合要素、过程与作用机制都是不断变化的，通过先进技术的渗透与链接，形成两产业互动协同发展的新型业态。

（2）资金。产业间的耦合发展需要资金的推动。一方面，设立专项资金，用于两产业耦合发展的各项研发支出与补助;另一方面,通过风险机构投资的方式使产业股权结构多元化,使社会资本与政府资本有效结合,用资本的力量推动两产业的耦合协同发展。西部装备制造产业的规模大,转型慢,犹如一艘万吨巨轮转向迟缓,而生产性服务产业发展存在较大的不稳定性,犹如一叶扁舟在波澜的大海中行驶。两者的耦合发展需要资金方面的保障和助力。

(3) 人才。产业间的耦合发展需要人才资源的保障。一方面,需要健全的人才培育与激励体系,实现产学研的有效结合;另一方面,需要先进的管理理念与管理制度,形成协同发展的产业文化。西部装备制造产业的创新发展需要大量人才资源的保证,生产性服务产业集信息化、智能化于一体,更需要人才的汇集。

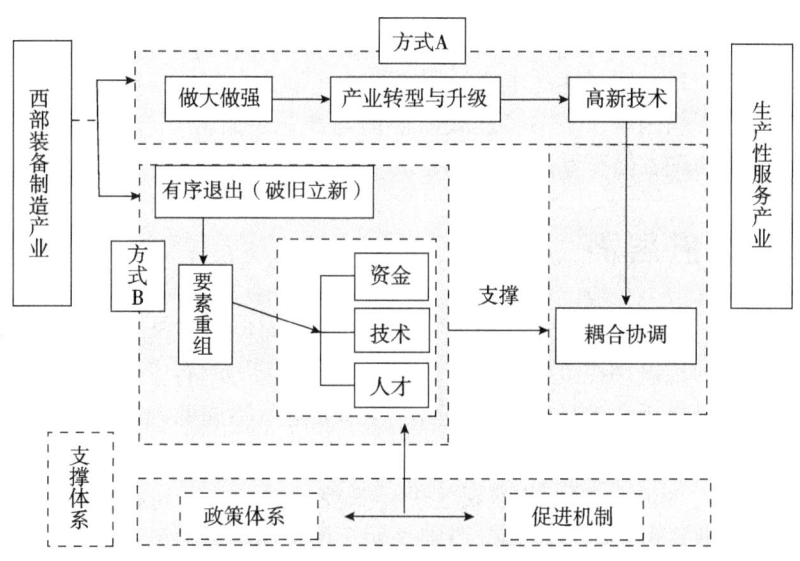

图 7-10 产业耦合发展方式的框架思路

2. 两系统耦合发展的两种方式(方式 A 和方式 B)

(1) 方式 A。在产业耦合发展的萌芽阶段(无耦合)、成长阶段(低度耦合)和发展阶段初期(中度耦合),重点发挥西部装备制造业在区域经济与社会发展中的基础性作用,优势领域继续"做大做强",使该产业领域形成规模化。西部装备制造产业积极响应国家西部发展战略的号召,进行产业的优化和升级,融合吸收高新技术,提升产品的质量,丰富产品的功能。同时,在生产性服务产业领域积极寻找投资机会,一方面是对新兴产业的资金扶持,另一方面是对高技术、高质量的服务领域逐步渗透,实现与生产性服务产业资金、人才、技术等重

要生产要素的协调耦合。

(2) 方式 B。在产业耦合发展阶段的中后期（高度耦合），重点发挥生产性服务业的高效率、高附加值和高增长率的作用，对于已有的产业资源，例如，人才、资金、技术等重要生产要素进行重组，并通过投资机构、金融中心等形式投入生产性服务产业领域。对于西部装备制造的落后产业领域，有序退出，破旧立新。促进两产业间技术、人才和资源上的共享，形成有效的产业集群，整合区域内所有资源的耦合，真正实现产业间的协同发展。

第四节　对策建议

对于西部装备制造产业与生产性服务产业间耦合发展的支撑体系，同时结合两产业间耦合影响因素，本书将从政府层面与产业层面两个角度进行分析说明，给出两产业间协调式耦合互动的策略建议。

一、政府层面

西部装备制造产业与生产性服务产业耦合系统是一个复杂的系统，在一定程度上需要政府的积极调控，使两产业的耦合系统朝着协调有序的方向发展。政府的宏观政策引导作用举足轻重，对于两产业需要进行不同的调控政策。国家的产业政策决定着产业的战略导向和产业的结构调整，政府通过制定财政、货币政策等"有形的手"对整体产业发展现状进行管控，支持鼓励高新技术产业，限制和规范落后产业，调整供需结构与投资结构，优化当前国内的产业格局。重点培育生产性服务业与调整改造西部装备制造业是产业发展的阶段性目标，政府的产业政策体系是从宏观上达成目标的政策保证，两产业间互相依存，互利共赢。发展装备制造产业政策有利于维持稳定的经济现状，发展生产性服务业的政策有利于推动中国经济又好又快地发展，构建信息化与创新型社会格局，走可持续发展道路。

1. 在西部装备制造产业方面

(1) 加快推动新旧动能转换。高技术与高附加值的产业已经成为当前经济社会发展的主流形态，部分落后产业领域已经不适合当前的产业环境，政府应当统一规划与管理，统筹发展，有序淘汰高能耗低产出的产业部门，逐步淘汰落后产能。同时，改造传统动能，积极培育新动能。

（2）积极推进环境管制。"先污染，后治理"的旧式产业经济发展模式已经过时，发展资源节约型与环境友好型的产业经济，构建生态文明与可持续发展系统是当前经济发展的中心。为了实现产业间长远的良性耦合发展，政府应当建立环境整治长效机制，实现生态环境的根本性改善，实现人与自然和谐共生，保证经济平稳发展的同时，构建美丽中国。

（3）有效引导产业转型与升级。西部装备制造产业技术优势欠佳，面临产业转型与升级的挑战。在政府的引导下，应当积极响应国家号召，以新技术、新工艺替代传统工艺，以高效生产方式替代落后生产方式，延伸产业链条，提升产品附加值，同时融入创新、协调、绿色、开放、共享的发展新理念，真正实现技术的变革，产业结构的优化。

2. 在生产性服务产业方面

（1）注重人才储备与技术创新。在人才储备方面，政府积极推进"研企"结合，产学研结合的人才培养模式，搭建高校、科研机构与企业的桥梁，在理论研究的基础上更加注重实践。同时完善人才培养机制与评价机制，制定高端人才激励政策和人才引进政策，吸引高层级留学人才归国发展，积极储备国内外高素质、高学历、高技能的现代化人才。在技术创新方面，政府提高对技术研发与创新领域的资金投入，给予必要的财税支持，鼓励技术创新与工艺改进，保障新技术领域企业的良好生存环境。同时完善专利保护制度，保障创新研发企业的合法经济效益。生产性服务产业是融合高技术与高知识的产业，只有注重人才与技术创新两大重要生产因素才能实现两产业间的协调性耦合发展。

（2）政府推进产品与服务"走出去"战略，进行国际化产业布局。在实证分析过程中，产业出口率对于促进两产业的协调耦合发展影响较大。产业布局指的是产业地域的分布方式与分布结构。从地域划分维度上分析，产业布局包含国内布局与国外布局，国内外产业布局实质是一致的，但是跨国界的产业布局在国际上受到更多复杂环境与条款的制约。虽然国际产业布局存在较大风险与不确定性，但面对近些年国内经济下行压力与国内市场趋向饱和状态的危机，政府应当鼓励西部企业加大国际市场的拓展，扩大市场容量，拓宽区域贸易渠道，进行"走出去"布局，树立国际视野与战略思维，以实现外贸进出口总额的增长和企业平稳发展态势。

二、产业层面

1. 产业园区集聚化

产业的聚集是一个动态的演变过程，产业存在着地域分布的转移，发生产

地域转移的原因一方面是产业兴衰变化的地域非同步性,另一方面是生产要素的地域分布变化差异性。因此,西部装备制造业与生产性服务业的产业地域转移呈现相互承接的耦合关系。大量相关企业、机构集聚在同一区域内,形成新兴产业园区和产业集群效应。西部装备制造产业长期的发展,形成特定生产要素的特定聚集区域,为后期生产性服务产业的区域入驻奠定布局的基础。例如西部地区具有能源化工制造生产的基地与服务中心,依托西部强大的制造生产优势,重点推进新能源装备制造项目,利用当地丰富的光热资源,引进高端人才与前沿生产技术理念,实现太阳能光伏产业的资源优化配置与产业结构功能的升级。西部装备制造产业与生产性服务产业的协调耦合,一方面,产业基地与产业园区形成的规模效应有助于同一产业链的上下游企业减少原料采购成本与交易费用,使产品生产成本显著降低;另一方面产业集群化有助于企业间的交流与合作。

2. 资源共享

现阶段两产业资源共享率低是导致产业间耦合协调度低的原因之一。当今时代趋向于共享经济的发展方向,数据的及时对接,海量信息的有效存储与交换,透明化的产业链条,通过信息的完全对称性与共享协同性,从而实现新的产业发展业态与产业发展形势,推进产业信息与数据的开放与共享,搭建产业信息资源服务平台建设,整合区域创新资源以及科技人才,让社会各种资源高质量、均匀化分配,使西部装备制造产业与生产性服务产业的资源共享交流与互动,最终实现相互协调的科学发展。

3. PPP(Public-Private-Partnership)模式

生产性服务业属于知识密集型产业,需要大量的知识与科技研发投入,产业规模化需要风险投资的推波助澜,资本运作是生产性服务业拓开市场的有效方式之一。而西部装备制造产业固定存量资本实力雄厚,但产业发展新的经济增长点不足,因此,两产业间的互动耦合发展是一条共赢的发展道路。在两产业协调耦合发展,需要政府资本与社会资本的合作,政府进行远景规划与承担社会责任,民间企业(民间资本)发挥创新精神,两者风险共担,合作共赢,共享红利。一方面,PPP模式能汇集政府与社会各界的资本,构建多层次、多元化、多主体的产业体系;另一方面,PPP模式还能提升资本的配置效率,从资本的角度推动产业间的耦合发展。

参考文献

[1] Ansoff. Corporate Strategy [M]. New York: Mc Graw Hill. 1965.

[2] Bakar, Lily Julienti Abu&Ahmad, Hartini. Assessing the Relationship between Firm Resources and Product Innovation Performance: A Resource-based view [J]. Business Process Management Journa, 2010, 16 (3): 420-435.

[3] Bally, Lind J. Ubiquitous Convergence: Market Redefinitions Generated by Technological Change and the Industry life cycle [R]. New York: Paper for the Druid Academy Winter Conference, 2005.

[4] Botkin J W, Dimancescu D, Stata R. Global Stakes: The Future of High Technology in America [M]. Ballinger Pub. Co, 1982.

[5] Braddorn D, Hartley K. The Competitiveness of the UK Aerospace Industry [J]. Applied Economics, 2007, 39 (6): 715-726.

[6] Burton D F. High-tech Competitiveness [J]. Foreign Policy, 1993: 117-132.

[7] Coates J F. The Role of Formal Models in Technology Assessment [J]. Technological Forecasting and Social Change, 1976, 9 (1): 139-190.

[8] Connolly E, Fox K J. The Impact of High-Tech Capital on Productivity: Evidence from Australia [J]. Discussion Paper-University of New South Wales School of Economics, 2003 (4).

[9] Cooke P, Schien Stock G. Structural and Innovation Studies Management, Competitiveness and Learning Regions [J]. Enterprise, 2000 (3): 265-280.

[10] Corning P A. "The Synergism Hypothesis": On the Concept of Synergy and its Role in the Evolution of Complex Systems [J]. Journal of Social and Evolutionary Systems, 1998, 21 (2): 133-172.

[11] Dallas M. Competitive Strategies and Performance in the European Union High-tech Industries: An empiricalstudy [C]. San Diego, California: The 1997 Annual Meeting of the Decision Sciences Institute, 1998.

[12] Freitas, Isabel Maria Bodas, R. A. Marques, and E. M. D. P. E. Silva.

"University-industry Collaboration and Innovation in Emergent and Mature Industries in New Industrialized Countries." Research Policy, 2013, 42 (2): 443-453.

[13] Gao X, Guo X, Katz S, et al. The Chinese Innovation System During Economic Transition: A Scale-independent view [M]. Journal of Informetrics. 2010: 618-628.

[14] Gautier Krings et. Urban Gravity: a Model for Inter-city Telecommunication Flows [J]. Journal of Statistical Mechanics: Theory and Interment, 2009 (7): 1-8.

[15] Gebauer H, Edvardsson B, Gustafsson A. Match or Mismatch: Strategy-structure Configurations in the Service business of Manufacturing Companies [J]. Journal of Service Research, 2010, 13 (2): 198-215.

[16] Gerald Carlino, William R Kerr. Agglomeration and Innovation [M]. Harvard Business School, Work Paper, 2014.

[17] Geum Y, Kim M S, Lee S. How Industrial Convergence Happens: A Taxonomical Approach Based on Empirical Evidence [J]. Technological Forecasting and Social Change, 2016, 107 (10): 112-120.

[18] Gligorijević, Vera. Devedžić, Mirjana. Ratkaj, Ivan. Localization Factors and Development Strategies for Producer Services: A case study of Belgrade, Serbia [J]. Acta Geographica Slovenica, 2013, 54 (1): 131-140.

[19] Greenstein S, Khanna T. What does industry mean? [M]. US: The President and Fellows of Harvard Press, 1997: 14-28.

[20] Guerrieri, Palo, Valentina Meliciani. Technology and International competitiveness: The Interdependence between Manufacturing and Producer Services, 2005 (4).

[21] H Greenfield. Manpower and the Growth of Producer Services [M]. New York: Cambridge University Press, 1966.

[22] Huff D L. A Probabilistic Analysis of Shopping Center Trade Areas [J]. Land Economics, 1963, 39 (1): 81-90.

[23] Jean K. Chalaby. Television and Globalization: The TV Content Global Value Chain [J]. Journal of Communication, 2016 (66): 35-59.

[24] Jonathan Aylen. Stretch: how Innovation continues once investment is made [J]. R&D Management, 2013 (43): 271-287.

[25] Lexington M. Technology Management and Competitiveness: Is There any Relationship [C]. Hangzhou: The 3th International Conference on Management of In-

novation and Technology, 2002.

[26] Ludwig Bstieler, Martin Hemmert, Gloria Barczak. The Changing Bases of Mutual Trust Formation in Inter-organizational Relationships: A dyadic Study of University-Industry Research Collaborations [J]. Journal of Business Research, 2016 (74): 47-54.

[27] Luis Lanaspaa. Fernando Sanz-Gracia. The (strong) Interdependence between Intermediate Producer Services Attributes and Manufacturing Location [J]. Economic Modelling, 2016, 57 (12): 1-12.

[28] Luis Rabelo. Value Chain Analysis using Hybrid Simulation and AHP [J]. Production Economics, 2007 (105): 536-547.

[29] Malhotra A. Firm Strategy in Converging Industries: An Investigation of US Commercial Bank Responses to US Commercial-investment Banking Convergence [D]. Doctorial thesis of Maryland University, 2001: 18-26.

[30] Malone, Thomas W, Crowston, et al. What is Coordination Theory and How Can it Help Design Cooperative Work Systems [J]. Acm Conference on Computer-supported Cooperative Work. ACM, 1990.

[31] Marazita C F. Technology transfer in the United States: Industrial Research at Engineering Research Centers Versus the Technological Needs of US Industry [J]. Technological Forecasting and Social Change, 1991, 39 (4): 397-410.

[32] Maria Chiarvesio. Sourcing from Northern and Southern Countries: The Global Value Chain Approach Applied to Italian SMEs [J]. Transition Studies Review, 2013, 20 (3): 389-404.

[33] Markusen J. Trade in Producer Services and in Other Specialized International Inputs [J]. American Review, 1989, 79 (1).

[34] Martin Srholec. Understanding the diversity of Coop-oration on Innovation Across Countries: Multilevel Evidence from Europe [J]. Economics of Innovation and New Tech-nology, 2015, 24 (1-2): 159-182.

[35] McQuaid R W, Langridge R J. Defining High-technology Industries [C] //British Section Meeting of the Regional Science Association. 1984.

[36] Merchant J E. The Role of Governments in a Market Economy: Future Strategies for the High-tech Industry in America [J]. International Journal of Production Economics, 1997, 52 (1): 117-131.

[37] Nelson R R. National Innovation Systems: a Retrospective on a Study [M]. University of California at Berkeley, Center for Research in Management, Consortium

on Competitiveness & Cooperation, 1991.

[38] Northcott J. Microelectronics in Industry: Promise and Performance [M]. London: Policy, 1986.

[39] Osaka T. Regional Economic Development: Comparative Case Studies in the US and Finland [C]. Cambridge, UK: IEEE International Engineering Management Conference, 2002.

[40] Oseph F Francois. Producer Services, Scale, and the Division of Labor [J]. Oxford Economic Papers, 1990, 42 (4): 715-729.

[41] Park S H. International Relationships between Manufacturing and Services New Evidence from Selected Pacific Basin Countries, 1994 (3).

[42] Ponds R, F van Oort, Frenken K. The Geographical and Institutional Proximity of Research Collaboration [J]. Papers in Regional Science, 2007, 86 (3): 423-445.

[43] Porter M. Building the Microeconomic Foundations of Prosperity: Findings from the Microeconomic Competitiveness Index [J]. The Global Competitiveness Report, 2002, 2003: 23-46.

[44] Sagawe T. Industrial Free Zones in the Dominican Republic: National vs. Local Impact [J]. Journal of Geography, 1996, 95 (5): 203-210.

[45] Song Y M, Dyer B. Innovation Strategy and the R&D- marketing Interface in Japanese Firms: A Contingency Perspective [J]. Engineering Management, IEEE Transactions, 1995, 42 (4): 360-371.

[46] Stewart J Q. An Inverse Distance Variation for Certain Social Influences [J]. Science, 1941, 93 (2404): 9-90.

[47] Stieglitz N. "Industry Dynamics and types of market convergence". Paper to be presented at the DRUID Summet Conference on "Industry Dynamics of the New and Old Economy Who is embracing whom?" Copenhagen/Elsinore, 6-8 June, 2002.

[48] Studies in Science of Science [J]. 1994, 12 (2): 34-39.

[49] Sturgeon T, Van J. Gereffi G. Value chains, Networks and Clusters: Reframing the Global Automotive [J]. Journal of Economic Geography, 2008, 8 (3): 297-321.

[50] Triplett J E. High-tech Industry Productivity and Hedonic Price Indices [C] //OECD Proceedings: Industry Productivity, International Comparison and Measurement Issues. 1996: 119-142.

[51] UK: IEEE International Engineering Management Conference, 2002.

［52］Welsh R, Glenna L, Lacy W, et al. Close Enough But Not Too far: Assessing the Effects of University-industry Research Relationships and the Rise of Academic capitalism［J］. Research Policy, 2008, 37（10）: 1854-1864.

［53］Wong C W Y, Wong, C Y, Boon-itt, S. The Combined Effects of Internal and External Supply chain Integration on Product Innovation［J］. International Journal of Production Economics, 2013, 146（2）: 566-574.

［54］Xin-min Peng. Dong Wu. Tie Diversity, Ambidexterity Andupgrading of the Latecomer Firmin Global Production Networks: Evidence from China's Plastic Equipment Industry［J］. Chinese Management Studies, 2013, 7（2）: 310-327.

［55］Yang, Fiona F, Yeh. Anthony G O. Spatial Development of Producer Services in the Chinese urban system［J］. Environment and Planning, 2013, 45（1）: 159-179.

［56］Yiannis E, Spanos, Nicholas S, et al. Antecedents of Innovation Impacts in Publicly Funded Collaborative R&D Projects［J］. Tcchnovation, 2015（36-37）: 53-61.

［57］Yoffie D B. Introduction: Chess and Competing in the Age of Digital Convergence［M］. Boston, 1997: 223-245.

［58］白俊红, 江可申, 李婧. 应用随机前沿模型评测中国区域研发创新效率［J］. 管理世界, 2009（10）: 51-61.

［59］白俊红, 蒋伏心. 协同创新、空间关联与区域创新绩效［J］. 经济研究, 2015（7）: 174-187.

［60］白清. 生产性服务业促进制造业升级的机制分析——基于全球价值链视角［J］. 财经问题研究, 2015, 7（4）: 17-23.

［61］白永青, 沈能, 赵建强. 对我国高技术产业与传统产业协调互动性的理性思考［J］. 统计与决策, 2006（6）.

［62］曹东坡. FDI促进了中国区域创新的俱乐部收敛吗？［J］. 中国科技论坛, 2013（6）: 33-38.

［63］陈端吕, 彭保发, 熊建新. 环洞庭湖区生态经济系统的耦合特征研究［J］. 地理科学, 2013（11）.

［64］陈家海. 产业融合：狭义概念的内涵及其广义化［J］. 上海经济研究, 2009, 8（11）: 35-41.

［65］陈劲. 协同创新与国家科研能力建设［J］. 科学学研究, 2011（12）.

［66］陈劲, 阳银娟. 协同创新的理论基础与内涵［J］. 科学学研究, 2012（2）.

[67] 陈楷根,曾从盛,陈加兵.基于资源环境考虑的产业结构选择基准的探讨[J].人文地理,2003,18(6).

[68] 陈强.高级计量经济学及stata应用(第二版)[M].北京:高等教育出版社,2013.

[69] 陈伟.区域创新系统绩效评价研究[D].华中科技大学博士学位论文,2012.

[70] 陈向东,傅兰生,简学.传统产业对信息技术的选择吸收规律分析[J].研究与发展管理,1998(4).

[71] 陈正伟.我国高技术产业对经济贡献的特征分析[J].重庆工商大学学报(自然科学版),2006(5).

[72] 楚明钦.中国生产性服务业与装备制造业融合——基于第三次工业革命的分析[J].现代管理科学,2016(1):46-48.

[73] 邓晓凡.区域协同创新对创新绩效的影响研究[D].湖南科技大学硕士学位论文,2016.

[74] 丁生喜,王晓鹏.青海省区域创新环境对科技创新绩效影响的实证分析[J].科技管理研究,2016,36(5):71-75.

[75] 范建平,卫媛,吴美琴.考虑中间变量产出时滞性的两阶段评价[J].计算机工程与应用,2018(8):36-43.

[76] 傅庆.区域科技协同创新投入对创新绩效的影响研究[D].湖南大学硕士学位论文,2014.

[77] 高洪琛.区域经济学[M].北京:中国人民大学出版社,2002.

[78] 宫新栋,杨平,王元纲.协同创新环境下高校在研究生工作站产学研合作中的角色定位[J].江苏科技信息,2018(5).

[79] 官建成,何颖.基于DEA方法的区域创新系统的评价[J].科学学研究,2005,23(2):265-272.

[80] 郭朝先.中国碳排放因素分解:基于LMDI分解技术[J].中国人口·资源与环境,2010(12).

[81] 郝景芳.基于面板数据引力模型的中国对外贸易研究[D].清华大学博士学位论文,2012.

[82] 何晰,李建华."服务型制造"的创新机理及其竞争优势——对第三次工业革命先进生产方式的分析与思考[J].经济论坛,2014,4(6):72-75.

[83] 洪世勤.高技术产业对传统产业的溢出效应分析[J].经济问题探索,2007(6).

[84] 洪嵩,洪进,赵定涛.高技术产业与区域经济共同演化水平研究[J].

科研管理，2014（6）.

［85］胡晓珍，杨龙. 中国区域绿色全要素生产率增长差异及收敛分析［J］. 财经研究，2011（4）.

［86］胡毅. 面板数据下的 EG 两步法［J］. 系统工程理论与实践，2013，33（12）：3112-3119.

［87］黄群慧，霍景东. 产业融合与制造业服务化：基于一体化解决方案的多案例研究［J］. 财贸经济，2015，12（2）：137-146.

［88］黄群慧，霍景东. 中国制造业服务化的现状与问题——国际比较视角［J］. 学习与探索，2013（8）：90-96.

［89］黄章树，苏小密. 全要素生产率与福建省三大主导产业产出增长的源泉分解——基于非参数生产前沿分析［J］. 系统工程理论与实践，2013（4）.

［90］惠树鹏. 我国高技术产业发展的区域效应研究［J］. 工业技术经济，2011（11）.

［91］冀俊，李少游. 基于重力模型的广西城市群雏形研究［J］. 资源与产业，2009，11（4）：121-127.

［92］简晓彬，周敏. 基于 VAR 模型的制造业价值链攀升影响因素研究［J］. 科技进步与对策，2013，30（15）：62-68.

［93］蒋伏心，华冬芳，胡潇. 产学研协同创新对区域创新绩效影响研究［J］. 江苏社会科学，2015（5）：64-72.

［94］蒋伏心，苏文锦. 长三角高技术产业同构对区域经济增长影响的研究——基于空间计量经济的实证分析［J］. 江苏社会科学，2012（3）.

［95］焦媛媛，李智慧，付轼辉等. 京津冀协同创新路径探析［J］. 未来与发展，2017（6）.

［96］孔翔. 传统产业集群及其对区域经济发展的影响［J］. 地域研究与开发，2005（6）.

［97］雷鹏. 制造业产业集聚与区域经济增长的实证研究［J］. 上海经济研究，2011（1）.

［98］李宝庆，陈琳. 战略新兴产业空间演化及区域经济耦合发展研究——以长江三角区域为例［J］. 人文地理，2014，1（135）：94-98.

［99］李洪伟，任娜，陶敏等. 高技术产业与经济增长关系的实证研究［J］. 技术经济与管理研究，2013（11）.

［100］李津. 高技术产业与我国区域经济增长关系的研究［J］. 中国市场，2014（8）.

［101］李京文，关峻. 基于群体智能的产业集群动态演化机理研究［J］. 武

汉理工大学学报, 2008 (5): 56-64.

[102] 李靖华, 李海波. 中国彩电产业生命周期分析 [J]. 山西财经大学学报, 2002, 24 (1): 48-53.

[103] 李凯, 代丽华. 韩爽. 产业生命周期与中国钢铁产业极值点 [J]. 产业经济研究, 2005 (4): 61-68.

[104] 李强, 郑江淮. 基于产品内分工的我国制造业价值链攀升: 理论假设与实证分析 [J]. 财贸经济, 2013, 8 (9): 95-102.

[105] 李少林. 战略性新兴产业与传统产业的协同发展——基于省际空间计量模型的经验分析 [J]. 财经问题研究, 2015 (2).

[106] 李世才. 战略性新兴产业与传统产业耦合发展的理论及模型研究 [D]. 中南大学硕士学位论文, 2010.

[107] 李守波. 高技术产业与传统产业融合发展研究 [J]. 当代经济, 2006 (3).

[108] 李雯. 装备制造业升级与生产性服务业互动关系及影响因素分析 [J]. 世纪桥, 2014, 2 (46): 96-96.

[109] 李新, 王敏晰. 区域主导产业选择方法研究述评 [J]. 技术经济与管理研究, 2008 (5).

[110] 李秀林. 高技术产业与传统产业融合发展的分析与对策 [J]. 社会科学辑刊, 2006 (5).

[111] 李秀珍, 金丹, 申倩光. "一带一路"协同创新与区域创新绩效 [J]. 商场现代化, 2017 (5): 228-229.

[112] 李遵白, 杨德林, 吴贵生. 新一代主导产业之物联网预测 [J]. 科技进步与对策, 2011 (11).

[113] 林伯强, 蒋竺均. 中国二氧化碳的环境库兹涅茨曲线预测及影响因素分析 [J]. 管理世界, 2009 (4).

[114] 林桂军, 何武. 全球价值链下我国装备制造业的增长特征 [J]. 国际贸易问题, 2015 (6): 3-24.

[115] 林木西, 崔纯. 中国装备制造业和生产性服务业互动发展的区域比较 [J]. 工业技术经济, 2013 (6): 3-8.

[116] 刘川. 产业转型中现代服务业与先进制造业融合度研究——基于珠三角地区的实证分析 [J]. 江西社会科学, 2014, 7 (5): 59-65.

[117] 刘丹. 云南省产业结构优化对经济增长效应的实证研究 [M]. 云南财经大学出版社, 2018.

[118] 刘国平, 曹莉萍. 基于福利绩效的碳生产率研究 [J]. 软科学, 2011

(1).

[119] 刘军跃，李军锋，钟升. 生产性服务业与装备制造业共生关系研究[J]. 湖南科技大学学报（社会科学版），2013，16（1）：111-115.

[120] 刘生龙，胡鞍钢. 交通基础设施与中国区域经济一体化[J]. 经济研究，2011（3）.

[121] 刘彦. 湖南高技术产业协同创新程度研究[D]. 湘潭大学硕士学位论文，2016.

[122] 楼永，王梦蕾. 基于两阶段动态模型的社会资本对区域创新影响研究[J]. 科技与经济，2017，30（1）：21-25.

[123] 鲁渤，汪寿阳，匡海波. 基于引力模型的区域物流需求预测研究[J]. 管理评论，2017，29（2）：181-190.

[124] 鲁传一. 资源与环境经济学[M]. 北京：清华大学出版社，2004.

[125] 逯宇铎，兆文军. 高技术产业化理论与实践[M]. 北京：科学出版社，2010.

[126] 路世昌，杨肃志. 辽宁省高新技术产业协同创新研究[J]. 资源开发与市场，2015（3）.

[127] 吕昕聪. 新疆南疆城镇化与产业协调发展问题研究[D]. 塔里木大学硕士学位论文，2014.

[128] 罗建强，彭永涛，张银萍. 面向服务型制造的制造企业服务创新模式研究[J]. 当代财经，2014（12）：67-76.

[129] 马亮，惠树鹏. 我国高技术产业与传统制造业联动发展研究[J]. 统计与决策，2014（6）.

[130] 马宁，官建成. 我国工业企业技术创新一致性的分析[J]. 科学学研究，2000，18（2）：77-82.

[131] 马晓河. 结构转型、困境摆脱与我国制造业的战略选择[J]. 产业经济，2014（12）：22-34.

[132] 马永红，王展昭. 区域创新系统与区域主导产业协同机理研究[J]. 科技进步与对策，2012（16）.

[133] 潘家华，张丽峰. 我国碳生产率区域差异性研究[J]. 中国工业经济，2011（5）.

[134] 齐梦溪，鲁晗，曹诗颂等. 基于引力模型的经济空间结构时空演变分析——以河南省为例[J]. 地理研究，2018（5）：893-897.

[135] 綦良群，蔡渊渊，王成东. 我国装备制造业与生产性服务业互动作用及效率评价研究[J]. 中国科技论坛，2015（1）：63-68.

[136] 綦良群, 李雪. 装备制造业与生产性服务业互动发展机理研究 [J]. 科技与管理, 2013, 15 (2): 49-52.

[137] 秦耀辰, 张丽君. 区域主导产业选择方法研究进展 [J]. 地理科学进展, 2009 (1).

[138] 任国强, 孟凡军. 高技术产业与传统产业R&D溢出的比较研究——基于经济权重矩阵视角 [J]. 软科学, 2015 (1).

[139] 沙巨山, 刘洪久. 基于DEA和灰色关联度的区域科技生态化创新绩效研究 [J]. 数学的实践与认识, 2018 (20).

[140] 邵建顺, 刘栋. 我国高新技术产业与传统产业融合发展探究 [J]. 内蒙古农业大学学报 (社会科学版), 2011, 13 (2): 77-78.

[141] 司林波, 孟卫东. 装备制造业技术协同创新绩效评价及政府作用力仿真研究——基于组合DEA模型和MATLAB仿真模型 [J]. 科技进步与对策, 2017 (8).

[142] 苏娜, 陈士俊. 高技术产业与区域经济协调发展机制研究 [J]. 西安电子科技大学学报 (社会科学版), 2009 (6).

[143] 苏屹, 李柏洲. 基于随机前沿的区域创新系统创新绩效分析 [J]. 系统工程学报, 2013, 28 (1): 125-133.

[144] 孙慧, 欧娜. 基于偏离—份额的新疆主导产业识别 [J]. 地域研究与开发, 2011 (5).

[145] 孙育红. 产业升级, 高技术产业化与传统产业高技术化 [J]. 当代经济研究, 2001 (5).

[146] 谭俊涛, 张平宇, 李静. 中国区域创新绩效时空演变特征及其影响因素研究 [J]. 地理科学, 2016, 36 (1): 39-46.

[147] 谭秀杰, 周茂荣. 21世纪"海上丝绸之路"贸易潜力及其影响因素——基于随机前沿引力模型的实证研究 [J]. 国际贸易问题, 2015 (2): 3-12.

[148] 唐强荣, 徐学军. 生产性服务业研究述评 [J]. 商业经济, 2007 (6): 11-12.

[149] 陶长琪, 宋兴达. 我国CO_2排放、能源消耗、经济增长和外贸依存度之间的关系——基于ARDL模型的实证研究 [J]. 南方经济, 2010 (9).

[150] 佟林杰. 京津冀区域科技创新协同机制构建研究 [J]. 石家庄经济学院学报, 2017 (4).

[151] 汪芳. 高技术产业关联理论与实证 [M]. 北京: 科学出版社, 2012.

[152] 王成东. 装备制造业与生产性服务业融合动因驱动强度测度研究——

基于效率视角的实证分析［J］. 科技进步与对策，2015，32（3）：61-64.

［153］王春艳，蔡敬梅，李卫东. 主导产业引领区域经济增长——基于禀赋约束理论模型［J］. 科技进步与对策，2013（13）.

［154］王康周. 服务型制造混合供应链管理研究［J］. 软科学，2013，27（5）：93-100.

［155］王乐乐，吴殿廷，姜晔. 我国省域工业主导产业的遴选与发展［J］. 地域研究与开发，2012（2）.

［156］王敏，辜胜阻. 我国高技术产业的关联效应研究［J］. 软科学，2015（9）.

［157］王香芬. 珠三角现代服务业与先进制造业融合发展的动因与趋势［J］. 商业经济，2014（20）：132-133.

［158］王英，周蕾. 我国对外直接投资的产业结构升级效应——基于省际面板数据的实证研究［J］. 中国地质大学学报，2013，13（6）：119-124.

［159］王永龙. 我国高碳发展模式下的碳生产率增长分析［J］. 经济学家，2011（9）.

［160］王玉珍. 现代服务业与先进制造业的耦合与发展［J］. 江苏行政学院学报，2008，（5）：32-36.

［161］王郁蓉，师萍. 优化高新技术企业创新环境的对策分析［J］. 企业导报，2013（16）：107-108.

［162］王云霞，李峰. 对山东省装备制造业转型升级的思考［J］. 东岳论丛，2015，36（3）：179-184.

［163］魏梅，曹明福，江金荣. 生产中碳排放效率长期决定及其收敛性分析［J］. 数量经济技术经济研究，2010（9）.

［164］魏一鸣. 人口、资源、环境与经济协调发展的多目标集成模型［J］. 系统工程与电子技术，2002（8）：1-5.

［165］吴寒冰，张学玲，王恕立. 生态文明视野下主导产业成长机制构建——以鄱阳湖生态经济区为例［J］. 江西社会科学，2013（11）.

［166］吴红霞，蔡文柳，赵爽等. 基于DEA模型的区域创新能力绩效评价研究——以河北省为例［J］. 中国管理信息化，2018，21（19）：121-124.

［167］吴雷. 高端装备制造业原始创新中技术投资模式选择研究［J］. 工业技术经济，2013，8（7）：60-67.

［168］吴晓波，曹体杰. 高技术产业与传统产业协同发展机理及其影响因素分析［J］. 科技进步与对策，2005（3）.

［169］吴永林，陈钰. 高技术产业对北京传统行业技术溢出的实证研究

[J]. 中国科技论坛, 2010 (3).

[170] 宣烨, 余泳泽. 生产性服务业层级分工对制造业效率提升的影响——基于长三角地区 38 城市的经验分析 [J]. 南京财经研究, 2014, 10 (3): 1-10.

[171] 杨春时. 系统论信息论控制论浅说 [M]. 北京: 中国广播电视出版社, 1987.

[172] 杨若愚. 市场竞争、政府行为与区域创新绩效——基于中国省级面板数据的实证研究 [J]. 科研管理, 2016, 37 (12): 73-81.

[173] 杨志江. 区域创新绩效评价研究方法及其应用研究 [D]. 广西师范大学硕士学位论文, 2007.

[174] 姚小远. 论制造业服务化——制造业与服务业融合发展的新型模式 [J]. 上海师范大学学报 (哲学社会科学版), 2014, 43 (6): 60-71.

[175] 尹洪涛. 生产性服务业与制造业融合的主要价值增值点 [J]. 管理学报, 2015, 12 (8): 1204-1209.

[176] 余光辉. 西部地区发展生产性服务业探索——以广西为例 [J]. 社会科学学, 2013, 4 (9): 152-155.

[177] 余泳泽, 刘大勇. 我国区域创新效率的空间外溢效应与价值链外溢效应——创新价值链视角下的多维空间面板模型研究 [J]. 管理世界, 2013, 7 (12): 24-28.

[178] 俞立平. 高技术产业协同创新深度的影响因素及其行业比较——以航空航天与计算机及办公产业为例 [J]. 广东财经大学学报, 2017 (5).

[179] 岳书敬. 基于低碳经济视角的资本配置效率研究——来自中国工业的分析与检验 [J]. 数量经济技术经济研究, 2011 (4).

[180] 臧欣昱, 马永红, 王成东. 基于效率视角的区域协同创新驱动及影响因素研究 [J]. 软科学, 2017 (6).

[181] 曾杰, 吴芷静. 辽宁省生产性服务业与装备制造业的互动发展研究 [J]. 产业经济, 2014 (10): 53-54.

[182] 张辉, 赵秋红. 基于主成分分析基本原理的经济指标的筛选方法 [J]. 山东财政学院学报, 2013 (2).

[183] 张敬文, 谢翔, 陈建. 战略性新兴产业协同创新绩效实证分析及提升路径研究 [J]. 宏观经济研究, 2015 (7).

[184] 张乃丽, 牟小楠. 战后中日主导产业与非主导产业的政策比较——基于产业政策史的视角 [J]. 山东大学学报 (哲学社会科学版), 2010 (5).

[185] 张倩男. 战略性新兴产业与传统产业耦合发展研究——基于广东省电子信息产业与纺织业的实证分析 [J]. 科技进步与对策, 2013 (12).

[186] 张圣祖. 区域主导产业选择的基准分析 [J]. 经济问题, 2001 (1).

[187] 张淑莲, 胡丹, 高素英等. 京津冀高技术产业协同创新研究 [J]. 河北工业大学学报, 2011 (6).

[188] 张晓芬, 陈思雨. 生产性服务业与制造业互动机理与发展模式研究 [J]. 辽宁工业大学学报 (社会科学版), 2016, 18 (1): 10-13.

[189] 张学文. 知识功能视角下的产学研协同创新路径: 来自美国的实证测量 [J]. 科学学与科学技术管理, 2014 (5).

[190] 张琰飞, 朱海英. 西南地区文化产业与旅游产业耦合协调度实证研究 [J]. 地域研究与开发, 2013 (2).

[191] 张永军. 技术进步, 结构变动与碳生产率增长 [J]. 中国科技论坛, 2011 (5).

[192] 赵康杰, 景普秋, 贾琳. 煤炭价格波动及其对资源型区域经济发展的影响——基于山西省的实证研究 [J]. 产经评论, 2011 (4).

[193] 赵银虎. 我国区域创新绩效评价研究 [D]. 郑州大学硕士学位论文, 2013.

[194] 赵玉林. 高技术产业经济学 [M]. 北京: 科学出版社, 2012.

[195] 赵玉林, 汪芳. 我国高技术产业关联效应实证分析 [J]. 经济问题探索, 2007 (1).

[196] 钟鸣长, 沈能. 高新技术产业与传统产业间的溢出效应分析——基于菲德模型的检验 [J]. 生产力研究, 2006 (7).

[197] 周静. 生产性服务业的发展模式 [J]. 企业经济, 2014, 8 (11): 102-109.

[198] 朱冬元, 宋化民. 技术创新概念分析与绩效评价初探 [J]. 软科学, 1996 (4): 55-57.

[199] 朱奎林. 中小企业"六位一体"协同创新模式研究 [J]. 企业科技与发展, 2016 (12).

[200] 朱苏远. 制造业服务化发展的模式和趋势 [J]. 竞争情报, 2015, 11 (3): 50-57.

后 记

本书的完成得益于前期项目研究的积累，先后完成陕西省软科学、陕西省自然基础基金、陕西省社科联重大项目、西安市社科基金重点项目、中央基本业务费等多个项目，先后参加国家社科基金项目1项，国家自然基金项目2项，在主持完成和参加项目的过程中，形成了本书的研究基础。2018年正值我国改革开放40周年，回顾我国产业发展和区域经济发展的历程，可以看到西部地区正在发生巨变，这种经济社会巨变的背后是传统产业的调整和高技术新兴产业的融合发展，以及与区域经济的协同共进。本书以陕西省为例，以实证研究的方法分析在资源环境约束下产业发展与区域经济之间的关系，为陕西省经济发展和产业结构调整尽一分自己的努力。

从合同签订之初至今，前期本人先后完成了一部分稿件，中间因为一些原因改变了想法，也听取了一些意见，针对自己研究的特定问题进行了梳理，借此机会将这部分已有研究成果汇总成书，全书的完成经过了近三年时间，虽不完善，但也算是本人对陕西省产业发展研究的一个总结。

本书的完成得益于在我身边一直支持和提供帮助的家人、朋友，在此我表示深深的感谢。此外还要感谢我带的研究生们，感谢研究生白海林、金慧宁、徐雪婷，他们帮我完成了大量的资料收集和数据的测算工作，尤其感谢孙明旭、白海林、程林对本书第五章、第六章、第七章付出的努力，我们之间不仅是师生情谊，而且也是非常重要的朋友及亲人关系。

在此，我还要特别感谢经济管理出版社的任爱清编辑和为本书出版付出心血的其他编辑老师，尤其是任爱清编辑非常耐心地等待我的修改，期间还给了很多中肯的意见，对此由衷地表示感谢。也感谢本书引用文献的各位学者、专家，本书现有的研究都是在前人研究成果的基础上完成的，站在巨人的肩膀上才让我们看得更远、更深。最后，也要感谢我所在的单位和学校，感谢西北工业大学经费的资助，正是多年来学校对本人持久的支持和帮助，才有了一系列研究成果，在此一并表示感谢。